ROME SOUS TRAJAN

TRAJAN

BIBLIOTHÈQUE DE VULGARISATION

ROME

SOUS TRAJAN

RELIGION, ADMINISTRATION, LETTRES ET ARTS

PAR

Maurice PELLISSON

Agrégé des Lettres

PARIS

A. DEGORCE-CADOT, ÉDITEUR

9, RUE DE VERNEUIL, 9

BIBLIOTHÈQUE DE VULGARISATION

ROME SOUS TRAJAN

PAR

Maurice PELLISSON

AGRÉGÉ DES LETTRES

PARIS

LIBRAIRIE GÉNÉRALE DE VULGARISATION

9, RUE DE VERNEUIL, 9

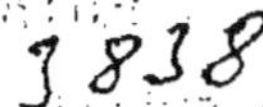

DU MÊME AUTEUR

Les Romains au temps de Pline-le-Jeune

LA VIE PRIVÉE... 1 vol.

ASNIÈRES. — IMPRIMERIE LOUIS BOYER ET Cⁱᵉ, 7, RUE DU BOIS

I

LA POLITIQUE

I

LA POLITIQUE

Avec Trajan, s'ouvre dans l'histoire Romaine la période qu'un écrivain a justement nommée « l'époque la plus heureuse pour le genre humain (1). »

Quand cette heure sonna, elle fut saluée par les plus honnêtes gens d'un véritable cri d'allégresse : Pline-le-Jeune, dont personne ne suspecte la sincérité, a exprimé sa joie avec quelque diffusion et quelque emphase ; aussi, quoique son témoignage ait sa valeur, nous ne nous en prévaudrons pas. Mais comment ne pas se souvenir des paroles de Tacite, « le plus grave des historiens de l'antiquité », l'homme sinon le moins passionné, au moins le plus concentré et le plus austère (2) ?

Et pourtant aucune révolution ne s'était accomplie ; point de système politique nouveau ; nulle modification constitutionnelle. L'empire subsistait tel qu'Auguste

(1) HAGEWISCH, *Essai sur l'époque de l'histoire romaine la plus heureuse pour le genre humain* (traduit par Solvet. — Paris 1834).

(2) Voir l'*Agricola III* : « Trajan rend chaque jour l'autorité plus douce, la sécurité publique ne repose plus seulement sur une espérance et un vœu, mais au vœu même se joint la ferme confiance qu'il ne sera pas vain. »

l'avait fondé ; il n'y avait de changé que le maître de l'empire.

C'est que l'empire n'était qu'une dictature : tant valait l'homme, tant valait le gouvernement. César, qui avait créé le système, lui donna par son génie un éclat prestigieux ; la sagesse d'Auguste, si déliée à la fois et si solide, put l'affermir ; et aujourd'hui encore des esprits élevés et des cœurs généreux oublient qu'il a été déshonoré par les Caligula, les Néron, les Domitien, quand ils songent à tout le bien qu'avec lui, par lui peut-être, les vertus des Antonins purent accomplir (1).

Saint-Evremond, ce lettré spirituel, qui fut à ses heures un historien perspicace, a fait du gouvernement d'Auguste un éloge, qui, avec certaines atténuations et corrections, conviendrait à merveille au régime de l'empire dirigé par Trajan et ses successeurs : « Auguste, dit-il, se fit appeler empereur pour conserver son autorité sur les légions, créer tribun pour disposer du peuple, prince du sénat pour gouverner : mais s'il réunit en sa personne tant de pouvoirs différents, il se chargea de divers soins et il devint l'homme des armées, du peuple et du sénat, quand il s'en rendit maître. Le peuple ne fut moins libre que pour être moins séditieux ; le Sénat ne fut moins puissant que pour être moins injuste ; la liberté ne perdit que les maux qu'elle peut causer, rien du bonheur qu'elle peut produire. »

Un pouvoir absolu, sans limites, sans contrôle, sans responsabilité, n'ayant d'autre frein que la perspective d'une révolution militaire qui le renversait ou qu'il étouffait ; une société qui avait abdiqué la direc-

---

(1) Voir en particulier le beau livre de M. LAFFITE : *Les grands Types de l'humanité* (chez Leroux).

tion d'elle-même, sans souvenirs, sans aspirations, sans haine et sans espoir; plus de mœurs publiques, qui, à défaut de garanties légales, auraient été une gêne pour le maître, un rempart pour les citoyens ; pleine licence pour commettre le mal, pouvoir sans bornes pour accomplir le bien : voilà ce que Trajan trouvait devant lui, quand l'adoption de Nerva l'appelait à l'empire.

Avec une haute intelligence, Trajan garda le pouvoir absolu que rien ne pouvait remplacer; avec une honnêteté supérieure, il ne voulut y voir qu'une charge et se fit des devoirs de tous les droits qu'il lui donnait. Héroïsme rare et austère; il vaut la peine qu'on le fasse ressortir en étudiant les institutions et la situation de plus près.

Quoi qu'en aient dit certains historiens, le gouvernement n'était point alors une *dyarchie*(1), mais l'absolutisme le plus complet qui fut jamais. Dès le temps de Claude, Sénèque n'hésitait pas à le déclarer très-expressément : « tout est permis à César, César est le propriétaire de l'univers : *Cæsari omnia licent, Cæsar orbem terrarum possidet* (2). »

L'empereur en effet avait le *pouvoir consulaire* à vie : Auguste en fut revêtu en l'an 19 concurremment avec les consuls annuels, qui, dès lors, nous le verrons, ne sont plus guère que des magistrats en peinture. De par le pouvoir consulaire l'empereur acquérait le droit de se faire escorter par les licteurs (*fasces*);

(1) C'est l'opinion de M. Mommsen.

(2) Sénèque, *Consolation à Polybe-26*. — « César garda le nom et les formes de la république, mais s'empara de tout le pouvoir; et ses successeurs ont conservé ce qu'il avait pris; ils s'appellent *empereurs ;* en vérité ils ont l'autorité d'un roi. » (Appien, préf. 6 — cité par Duruy au tome V de l'*Histoire des Romains*, p. 233).

c'était le signe de l'autorité exécutive. Il pouvait convoquer le Sénat, dont il était le premier membre : le nouveau régime emprunta même le nom qu'il prenait chez les anciens à cette prérogative ; les historiens le plus souvent désignent l'empire par le mot *principat* et appellent l'empereur *princeps : « Augustus cuncta discordiis civilibus fessa nomine principis sub imperium accepit.* Auguste reçut sous son obéissance le monde fatigué de discordes et resta maître sous le nom de *prince* (1). » Le prince pouvait soumettre des propositions au Sénat, des projets de sénatus-consultes ; ainsi toute l'initiative législative lui appartient. Le Sénat ne se réunit que lorsqu'il lui plaît, et ne vote que sur ce qu'il veut.

Par la puissance tribunitienne l'empereur pouvait rendre nul tout vote du Sénat, si le Sénat ne vote pas comme il veut : la puissance tribunitienne fut conférée définitivement à Auguste en l'an 23. C'était certainement l'instrument le plus efficace du pouvoir absolu. Depuis les Gracques, cheville ouvrière de la démocratie envahissante, elle s'était singulièrement développée. Par elle l'empereur jouit de l'inviolabilité pour sa personne ; par elle, il est investi du rôle de défenseur des droits du peuple, de patron et de chef suprême de la démocratie ; elle confère à celui qui en est revêtu le droit de protection et d'intercession, en vertu duquel les actes des magistrats et du Sénat peuvent être suspendus. Il n'est donc pas malaisé de comprendre les motifs qui ont engagé Auguste à adopter ce titre, et ses successeurs à le conserver ; on ne saurait s'étonner que depuis les fondateurs du principat on ait compté les

(1) Tacite, *Annales* I. 1.

années de règne par le nombre de *puissances tribuni-tiennes* (1).

En cette même année 23, Auguste recevait également le pouvoir proconsulaire à vie. On peut véritablement considérer cette date comme celle de la fondation même de l'empire. La puissance tribunitienne et le pouvoir proconsulaire en sont commé les assises.

Vers la fin de la République, on avait vu certaines lois conférer à des généraux des pouvoirs extraordinaires et sans limites (*imperia extraordinaria, infinita*).

Telles les lois *Manilia, Gabinia*, au profit de Pompée, telle la loi *Vatinia*, au profit de César. Elles constituaient pour des hommes ambitieux et habiles une véritable royauté; mais ils restaient enfermés dans une certaine région et la durée de leur autorité, indéterminée sans doute, devait toujours prendre une fin.

C'est là qu'il faut chercher l'origine du pouvoir proconsulaire des empereurs; mais il s'étend, lui, à l'empire tout entier et de plus il est donné au prince à titre viager. Sans doute on tient compte dans une certaine mesure de l'incompatibilité qui existait naguère entre le pouvoir proconsulaire et le séjour dans les murs de la capitale; les empereurs ne prirent le titre de proconsuls qu'en dehors de la ville (*extra pomœrium*); mais c'était là pure fiction. Ne sait-on pas que dès le temps de Tibère les légions prétoriennes entrèrent dans Rome?

(1) « Augustus postquam se consulatu abdicavit, tribunitia potestas annua facta est. » (*Fastes*, 731.)

Il ne faut pas oublier que, malgré cela, la puissance tribunitienne était conférée à vie.

Par le pouvoir proconsulaire l'empereur est chef des armées ; songeons qu'elles sont devenues permanentes depuis Auguste. Quel puissant outil de despotisme entre les mains d'un seul homme ! Au prince appartiennent exclusivement toutes les attributions de *l'imperium militare* : levée, nomination des officiers, distribution des récompenses aux soldats, déclarations de guerre, triomphe, licenciement. En vertu de ce même pouvoir il a le privilège de s'entourer d'une escorte militaire spéciale (*cohors prætoria*) d'où sortit plus tard une garde impériale (*cohortes prætoriæ*).

De cette attribution de l'empereur relevait aussi le gouvernement des provinces.

On sait qu'au temps d'Auguste (27 av. J.-C.) elles avaient été divisées en deux grandes classes, provinces du peuple et du Sénat (*provinciæ senatus populique*) et provinces de l'empereur (*provinciæ Cæsaris*). Les provinces du Sénat (car bientôt on ne parla plus même du peuple qui ne comptait pas) étaient celles qui, pacifiées depuis longtemps, ne possédaient pas de garnisons ; les provinces frontières, celles où pour une raison quelconque des troupes étaient cantonnées en grand nombre, étaient attribuées à l'empereur ; il les faisait administrer par un légat, qu'il nommait lui-même pour un temps déterminé et qui avait rang de préteur (*legatus Cæsaris pro prætore*) et aussi par un ou plusieurs procurateurs chargés spécialement de s'occuper des domaines impériaux et des revenus du fisc. Dans ces pays le pouvoir du prince pouvait donc s'exercer sans limite ; qu'on n'aille pas s'imaginer qu'en revanche le Sénat était indépendant dans les parties de l'empire qui lui avaient été laissées. En premier lieu le prince pouvait changer la qualité d'une province : sous Trajan la

Bithynie cessait d'appartenir au Sénat pour passer à l'empereur, et, d'autre part, quand l'empereur allait visiter une partie quelconque de l'empire, il y rendait des ordonnances, y parlait en souverain (1); les gouverneurs plus d'une fois s'adressèrent directement à lui, sans passer par le Sénat. Tous ceux qui occupaient un emploi, une fonction quelconque, ne se faisaient point illusion, savaient bien de qui ils dépendaient.

Aussi le pouvoir proconsulaire eut pour résultat de faire du monde entier la clientèle de l'empereur.

A tant de titres si effectifs s'ajoutait le *pouvoir censorien;* Auguste l'avait reçu en l'an 19 en même temps que le *pouvoir consulaire*; mais, à la différence des autres prérogatives, il ne l'obtint point définitivement. A vrai dire, même lorsqu'il existait des censeurs élus, il se réservait les attributions importantes inhérentes à cette fonction, et, en première ligne, le droit d'établir la liste des sénateurs (*electio senatus*), de faire la *recognitio equitum*, c'est-à-dire la faculté d'accorder ou de supprimer *l'equus publicus* (2), d'exercer enfin une surveillance générale sur les travaux publics. Domitien, qui n'avait pas l'apparente modération d'Auguste et qui, dans le pouvoir, poursuivait à la fois la proie et l'ombre, se proclama *censeur perpétuel* et ses successeurs conservèrent ce titre.

L'empereur enfin était *pontifex maximus*, c'est-à-dire qu'il devient le chef de la religion officielle, comme

(1) Suétone, *Auguste.* 47.

(2) On appelait chevaliers *equo publico* ceux qui recevaient de l'État un cheval, ou plutôt l'argent nécessaire pour l'acquérir (10.000 as, *æs equestre*) et en outre une somme d'argent destinée à l'entretien (*æs hordearium*). — Mispoulet (*les Institutions politiques des Romains.* Tome II — chez Pedone Lauriel.)

le czar l'est en Russie, et en même temps il est membre de droit de tous les collèges sacerdotaux. Il peut ajouter à chaque collège un aussi grand nombre de prêtres supplémentaires qu'il lui plaît. Par là l'autorité du prince prend assez tôt un caractère sacré : « Pareil au plus vite d'entre les astres, dit Pline à Trajan, vous pouvez tout voir, tout entendre, et en quelque lieu qu'on vous invoque y faire sentir à l'instant même, comme un Dieu tutélaire, votre présence et votre appui. Sans doute c'est ainsi que le père de l'univers en règle l'économie d'un signe de sa tête, lorsque abaissant ses regards vers la terre, il daigne compter les destinées des hommes parmi les soins de la divinité; car libre et dispensé maintenant d'une telle sollicitude, il ne s'occupe que du ciel, depuis qu'il vous a chargé de le représenter auprès du genre humain tout entier (1) ». Exagérations adulatrices ? — non pas. Ces paroles sont la formule même du gouvernement qu'Auguste avait fondé. « A toutes les dignités de l'ancienne république qu'ils e faisait décerner il voulut joindre une dignité nouvelle qui manquait aux magistratures républicaines; c'était celle que César, dans un discours célèbre, appelait la *sainteté des rois*, c'est-à-dire cette prétention d'être les représentants directs des Dieux et de régner en leur nom... Les royautés chrétiennes qui succédèrent à l'empire et essayèrent de le continuer ne négligèrent pas de recueillir cette partie de son héritage. Elles cherchèrent comme lui à se donner aux yeux des peuples une consécration religieuse, à les gouverner au nom du ciel et pendant tout le moyen âge les évêques répétèrent aux rois ce qu'on disait aux empereurs dans le Sénat

(1) PLINE, *Panégyrique*, 80.

romain: « Vous êtes l'image de la divinité (1) ». La religion comme l'État s'incarnait dans le prince (2) ; il dominait sur les consciences comme il pesait sur les volontés.

Bien plus, comme si l'on eût souhaité que le caractère d'absolutisme du régime nouveau fût sans aucune équivoque, comme si l'on eût voulu, pour parler comme le cardinal de Retz, déchirer les voiles qui couvraient le mystère de l'État, Auguste, en l'an 24, était dispensé de l'observation des lois. « On le délia, dit Dion Cassius, de toute obligation d'observer les lois, de telle façon qu'entièrement indépendant et maître absolu de lui-même, il pouvait faire tout ce qu'il voulait et ne pas faire ce qu'il ne voulait pas (3) ».

Pourtant, quelques historiens qui, à aucun prix, ne veulent que l'empire ait été une monarchie, font remarquer que cet énorme pouvoir n'était pas du moins héréditaire. « On a dit de ce régime que c'était une monarchie. Calomnie pure. Si l'hérédité, comme tout le monde en convient, est un des caractères principaux, le plus important peut-être, de la monarchie, comment appeler de ce nom un régime où, sur cinquante empereurs, cinq seulement ont succédé à leur père ? (4) ».

Il est vrai ! c'est une singularité de l'institution impériale qu'elle manqua d'une loi de transmission du pouvoir. En droit, l'empire n'était point héréditaire : en

(1) BOISSIER, *Religion Romaine d'Auguste aux Antonins*. (Hachette.)

(2) TACITE, *Annales III*. 36 : « principes instar Deorum esse. »

(3) DION CASSIUS. LIII, 28, cité par Madwig — *L'État Romain* — tome II (chez Vieweg.)

(4) LAFFITE, *Les Grands Types de l'Humanité*. Cours d'histoire positiviste, — tome II.

droit, le Sénat choisissait le successeur de l'empereur dont le pouvoir avait pris fin par la mort, l'abdication volontaire ou la destitution.

Mais en fait, les empereurs ont pu disposer du trône en faveur de leurs héritiers naturels ou adoptifs. Ils les désignaient au choix du Sénat en les investissant par anticipation des titres et honneurs attachés à la dignité impériale (pouvoir proconsulaire, puissance tribunitienne). Cette désignation, au point de vue de la stricte légalité, ne liait pas le Sénat, mais en réalité elle exerçait une influence décisive sur son choix. Ainsi Marcellus, puis C. et Q. César furent désignés par Auguste; ainsi par Tibère, les enfants de Germanicus; ainsi Néron par Claude, et Trajan par Nerva.

Cette dernière désignation eut un caractère particulier qu'il faut marquer. Pline, dans son Panégyrique (1) nous dit que Nerva, en adoptant Trajan, en l'associant à l'empire, en le choisissant pour son successeur, déféra au vœu public. « Ce serait orgueil et tyrannie de ne pas adopter celui que la voix publique élèverait à l'empire, quand même on ne l'adopterait pas. C'est cette règle que suivit Nerva. » Et Pline, qui apporte dans la politique sa facile candeur d'homme de lettres, espère que le système de l'adoption prévaudra désormais et que les détenteurs du pouvoir désigneront le candidat le plus digne de l'empire. Il se trouva que pendant une période les choses se passèrent comme le souhaitait Pline : Hadrien succéda à Trajan; Hadrien fut remplacé par son fils adoptif, Antonin, qui lui-même adopta Marc-Aurèle. — Mais y a-t-il là autre chose qu'une heureuse complaisance des évènements? « En théorie, cette com-

(1) PLINE, *Panégyrique*, 7.

binaison qui ferait passer toujours le pouvoir aux mains du plus capable, est excellente ; en pratique, elle est difficilement applicable. Sous quelle forme, à quel moment devait s'exprimer le vœu public ?

Pline n'en dit pas un mot. Puis ce vœu n'est pas toujours clair ; Trajan, qui ne demandait qu'à s'y conformer, mourut sans avoir désigné son successeur, et Hadrien témoigna plus d'une fois l'embarras qu'il éprouvait à choisir le sien. Pline, (qui n'eut jamais d'enfants) est d'ailleurs fort à l'aise pour conseiller à l'empereur de déshériter un fils méchant ou incapable, et il ne suppose pas qu'un conflit soit possible entre l'amour paternel et les nécessités de la politique. Un tel conflit était cependant inévitable. Le hasard qui laissa sans postérité Trajan, Hadrien et Antonin, l'ajourna près d'un siècle pour le bonheur du monde, mais le sacrifice que Pline jugeait si simple, parut impossible à Marc-Aurèle (1). »

Qu'on ne croie point que cette absence de loi de transmission du pouvoir, ait en rien diminué l'absolutisme des empereurs. — Souvenons-nous de l'idée traditionnelle que les Romains se faisaient du magistrat : aussi longtemps qu'il est en charge, il est irresponsable, *Sacrosanctus*. Notre contrôle sur nos gouvernements s'exerce au moment même où ils agissent : nous renversons un ministère sur un ordre du jour. A Rome, un magistrat ne devenait comptable de sa gestion que lorsqu'elle prenait fin. Or, qu'était l'empereur ? un magistrat qui cumulait les magistratures républicaines conférées à vie. Son inviolabilité ne cessait qu'avec lui-même. Qu'avait-il donc à ménager ?

(1) DE LA BERGE, *Essai sur le règne de Trajan*, p. 79 (chez Vieweg).

Pouvait-il trouver un obstacle, même une gêne dans le Sénat?

Mais après le tableau que nous avons tracé des attributions de l'empereur, que restait-il donc à cette assemblée? Ce grand corps dont Bossuet admire la politique, qui, à l'époque républicaine, avait mené à terme la grande entreprise de la conquête du monde, est alors incompétent en matière de guerre et d'affaires étrangères. A l'empereur appartient de décider de la paix et de la guerre, de recevoir les ambassadeurs, de conclure les traités internationaux, de répartir les armées et les commandements militaires.

Le Sénat, qui naguère, par le sénatus-consulte des Bacchanales, défendait Rome contre l'invasion des cultes étrangers, ne peut rien non plus en matière religieuse. Le prince, nous l'avons vu, est souverain pontife.

Le Sénat exerce-t-il quelque influence sur l'emploi des revenus publics? — Il y a sous l'empire trois trésors, l'*ærarium Saturni*, l'*ærarium militare*, le *fiscus Cæsaris*. Dans cette division le trésor de Saturne avait une certaine importance : y rentraient le produit des biens des condamnés, des successions vacantes ou caducaires, des amendes, etc...; en principe la disposition de ce trésor appartenait au Sénat. Mais très vite il cessa de nommer les fonctionnaires chargés de l'administrer; dès l'an 56, ce fut l'empereur qui désigna les deux *præfecti ærarii* qui y étaient préposés.

Tibère avait transféré le pouvoir législatif des comices au Sénat, mais ce pouvoir, c'était une ombre encore. L'empereur peut faire directement des lois (*leges datæ*, *constitutiones*) et si l'on voit, jusqu'à la fin des Antonins, un certain nombre de sénatus-consultes, on ne peut guère en tenir compte lorsqu'on met en regard les constitutions impériales qui sont presque innombrables.

Et d'ailleurs qu'importe la compétence du Sénat? Eût-elle été même très étendue, elle fût restée inefficace ; car par son recrutement cette assemblée se trouvait dans la dépendance du prince.

Depuis Auguste elle se composait de 600 membres : pour en faire partie les conditions exigées étaient le droit de cité complet, l'ingénuité, la possession du cens sénatorial (fixé à un million de sesterces) et vingt-cinq ans d'âge. Devenaient sénateurs ceux qui avaient exercé une des cinq magistratures suivantes : consulat, préture, questure, tribunat, édilité ; à toute autre époque, on eût pu trouver là les éléments d'une opposition ; mais nous verrons bientôt ce qu'étaient devenues alors ces magistratures. De plus l'empereur possède le droit d'*adlectio*, en vertu duquel il est libre de mettre qui il lui plaît dans la situation où il serait s'il avait géré une des magistratures donnant accès au Sénat (*allectio inter quæstorios, prætorios, consulares*, etc.). En somme, par là les sénateurs sont tous choisis directement ou indirectement par l'empereur ; l'assemblée est peuplée de ses créatures ; elle ne peut servir de contrôle à son pouvoir, mais seulement de décoration à son règne, et, comme si cela ne suffisait pas, le prince, depuis Domitien, en sa qualité de censeur perpétuel, a encore le droit d'opérer des radiations sur la liste sénatoriale.

La déchéance politique des anciennes magistratures républicaines est tout aussi profonde. Le consulat restait toujours la plus haute dignité, mais n'avait en quelque sorte qu'une valeur honorifique. Sans doute les consuls président le Sénat, et ainsi, vont de pair, pour ainsi dire, avec l'empereur ; sans doute ils sont chargés de l'organisation de plusieurs jeux publics, les jeux Actiaques, entre autres ; sans doute le jour de leur entrée en fonctions, ils montent au Capitole avec tout l'appareil triomphal (*processus consularis*) ; mais ce spectacle et cette pompe ne pouvaient leur faire illusion sur la valeur de leur rôle. Quelle influence pouvaient-ils exercer dans les conditions nouvelles où ils étaient nommés ? Le consulat avait cessé d'être annuel ; dès le temps de Tibère on ne l'exerçait plus que pendant six mois ; après Néron sa durée est tantôt de quatre mois, tantôt de deux (les consuls qui entraient en charge au début de l'année étaient dits *ordinarii* ; ils avaient l'éponymat ; on appelait les autres *suffecti*). Pendant un laps de temps si court, quelle initiative prendre ? Quel projet exécuter ? Quelle réforme accomplir ? Aussi leur activité se bornait-elle à remplir certaines attributions juridiques.

Le nombre des préteurs varia aussi sous les divers empereurs ; au temps de Nerva on en comptait dix-huit. — On sait quelle avait été sous la république l'importance de cette magistrature ; on sait comment le préteur, au début de sa gestion, faisait connaître par un édit les règlements qu'il appliquerait dans l'exercice de sa juridiction, comment ces édits, qui étaient, pour ainsi dire, la partie vivante et mobile du droit civil, suppléaient aux lacunes de ce droit, en corrigeaient les défectuosités, et devaient finir par le remplacer. Il semble que ce fameux *jus edicendi* soit tombé en désuétude dès le commencement de l'empire ; en tout cas il ne survécut pas à l'empereur Hadrien. « Le divin Hadrien, d'heureuse mémoire, lit-on dans le code, lorsqu'il eut réuni en un résumé tout ce que les préteurs avaient publié dans leurs édits annuels, employant à ce travail l'illustre Julien, dit aussi lui-même dans un discours qu'il fit publiquement dans l'ancienne Rome, que si quelque cas non prévu se présente, les magistrats doivent s'efforcer de le décider par induction des règles déjà existantes (1) ». Ce travail de Salvius Julien, cette coordination méthodique du droit prétorien est ce qu'on nomme *l'édit perpétuel*. Quelques uns croient qu'il ne supprima pas absolument le droit pour les préteurs de publier leur édit; dans tous les cas, ou ce travail eût été sans objet, ce qu'on ne peut supposer, ou il devait servir de règlement général et commun du droit honoraire. Si les préteurs, après ce moment, conservèrent le *jus edicendi*, ils ne purent en user que pour ajouter à l'édit perpétuel des dispositions accessoires ou y introduire des modifications de forme. Ainsi réduite, la préture ne conservait que ses attributions judiciaires.

Le Tribunat, dont naguère le nom avait été si retentissant et le rôle si actif, devient alors une pacifique magistrature (2). La puissance tribunitienne n'est-elle point passée aux mains du prince? Les tribuns gardent le droit de *coercition* et *d'intercession;* mais il ne s'étend pas aux ordres du prince. Ils peuvent présider le Sénat, et enfin partagent avec les édiles certaines fonctions, par lesquelles ils concourent à l'administration des quartiers de Rome.

Seule la questure a conservé du passé une certaine importance et même en a pris une nouvelle. Mais cette influence, c'est au prix de son indépendance qu'elle l'acquiert. Les questeurs deviennent alors les auxi-

____

(1) *Code*, I. 17. *De veter, jur. enucl. const.* 3. § 18.

(2) On se rendait compte de cette déchéance du tribunat. Voir Pline le Jeune. *Lettres*, I, 23.

liaires de César : ils sont devant le Sénat ses porte-
paroles : à sa place ils lisent devant l'assemblée les
propositions de sénatus-consultes émanées de l'initiative impériale.

L'étendue des prérogatives des diverses magistratures importe d'ailleurs assez peu. Leur indépendance
était comme épuisée à leur source même ; il n'y a plus
alors, pour ainsi dire, qu'un seul électeur : le prince.

Les comices subsistaient pourtant, mais à l'état de
pure formalité. Plus de compétence judiciaire:; à
mesure que l'on avance dans l'histoire de l'empire, leur
pouvoir législatif déjà si amoindri du temps d'Auguste
va s'effaçant de plus en plus; en matière électorale, leur
pouvoir, à l'époque de Tibère, est transféré au Sénat.
Et de quelle liberté le Sénat dispose-t-il dans le choix
des candidats? La réponse nous est donnée par un
paragraphe de la loi *de imperio Vespasiani* : « Que
tout candidat qui briguera une magistrature extraordinaire quelconque, que l'empereur aura recommandé
au peuple ou au Sénat, ou auquel il aura promis son
suffrage, soit élu extraordinairement. » C'était le dernier mot de la candidature officielle, qu'on avait trouvé
du premier coup. Ces magistrats ainsi nommés, on con-
tinuera pourtant à les proclamer au Champ de Mars
devant le peuple assemblé, peu de jours après l'élection
du Sénat. Étrange cérémonie où l'on faisait assister
les citoyens à la parodie de leur souveraineté perdue
(*Renuntiatio*) (1).

Cette prodigieuse abdication d'un peuple s'accomplit
presque sans résistance. A peine sous les Césars saisit-
on les traces d'une opposition patricienne ; mais elle

____

(1) PLINE LE JEUNE, *Panégyrique*, 72.

ne fut point populaire, et ceux-mêmes, qui gardaient des sympathies de moralistes et de lettrés pour l'ancienne constitution républicaine, ne trouvaient pas les opposants fort raisonnables; Tacite n'est pas très éloigné de blâmer Thraséa de son sacrifice inutile (1).

Peut-être un instinct obscur avertissait-il les hommes de ce temps que le pouvoir d'un seul était plus capable de travailler efficacement à la grande œuvre de la civilisation romaine.

C'est l'opinion de M. Fustel de Coulanges : « Il y a un temps où le désir général d'un peuple est de se gouverner lui-même; il y en a un où son unique désir est d'être gouverné..... Des peuples entiers ne sont pas serviles et ne le sont pas durant trois siècles..... ces générations ne subirent pas la monarchie, elles la voulurent. »

Mais ce qui est plus certain encore, c'est que, tandis que la constitution établissait l'absolutisme du prince, la lassitude des âmes, la détente des caractères, l'affaissement des mœurs, — des goûts des usages, des besoins nouveaux, — les modifications introduites dans la vie sociale par le mélange de tant de nationalités diverses, assurèrent à César la plus complète sécurité dans l'exercice du despotisme.

Dans son *Panégyrique* Pline dit bien nettement et bien haut comment alors chacun s'abandonne soi-même et s'absorbe dans le prince : « Sujets dociles nous sommes dirigés par l'empereur dans le sens qui lui plait, et le suivons en tout; car notre ambition la plus haute est de gagner son amour et son approbation, ce qu'espèreraient en vain ceux qui ne lui ressemblent pas.

(1) TACITE, *Annales* XIV, 12.

C'est par cette docilité continuelle que nous sommes arrivés à ce résultat remarquable que presque le monde entier conforme sa manière de vivre à celle d'un seul homme (1). »

Et d'abord il n'y a plus de traditions ; les vertus, les qualités, les défauts se transmettaient naguère comme des legs domestiques, et les individus doublaient leur originalité propre de l'originalité de leur race. Mais au moment où nous sommes, les anciennes familles ont disparu ; les unes se sont éteintes, d'autres sont tombées sous les proscriptions des guerres civiles ou des premiers Césars ; d'autres enfin, ruinées, vont se perdre parmi les déclassés ou les indigents. Il se produit alors de véritables bouleversements dans les conditions et les fortunes. Depuis que la *cité*, depuis que l'accès aux honneurs sont ouverts à tous les sujets de l'empire ou à peu près, on voit sortir de l'obscurité une foule de gens inconnus hier encore : quelques-uns devaient leur élévation à leur mérite, beaucoup à l'argent, plus encore à l'intrigue. Curtius Rufus, qui, disait-on, était fils d'un gladiateur, arriva au temps de Tibère aux premières dignités, et, comme on reprochait à Tibère l'élévation de ce parvenu : « Que voulez-vous, répondit-il, Curtius Rufus me paraît descendre de lui-même. » Tel, hier maître d'école, pouvait demain se réveiller consul.

> Si fortuna volet, fies de rhetore consul. (2)

Qu'importait à ces parvenus la perte de libertés qu'ils n'avaient pas connues ? et ne leur importait-il pas beau-

(1) *Panégyrique*, 45.
(2) Juvénal, *Satires*, VII.

coup au contraire de conserver un régime politique, sans lequel ils n'eussent pu jamais arriver au rang qu'ils avaient atteint ?

De même qu'il n'y avait plus de traditions de famille, il ne pouvait y avoir davantage, par suite de cette invasion perpétuelle d'hommes nouveaux, de traditions de corps, ou de traditions de classes. Le temps n'était plus de cette quasi-immobilité qui maintenait chacun à sa place dans un des trois ordres ; chaque jour les cadres étaient rompus ; chaque jour quelque mouvement nouveau se produisait ; cette société mouvante ne pouvait trouver une assiette ; au sein de ces variations constantes un esprit public ne se pouvait former.

L'amour du luxe, du paraître, des jouissances matérielles faisait d'ailleurs que la plupart des hommes dépendaient du prince, même dans leur vie privée (1).

Naguère l'ordre sénatorial empruntait son prestige à l'action qu'il exerçait sur la marche des affaires publiques : réduits, nous l'avons vu, à un rôle politique insignifiant, les sénateurs de l'empire voulurent du moins conserver cette considération qui s'attache à ceux qui, comme on dit, tiennent leur rang, et s'efforcèrent d'en imposer à leurs concitoyens par le faste de leur existence. Pour y réussir il fallait subir de lourdes charges ; entre toutes, celle de donner des jeux publics était surtout pesante ; parfois le cens sénatorial y passait tout entier : un préteur n'ayant dépensé que 100,000 sesterces pour les jeux donnés en l'honneur de la grande Déesse, on trouva qu'il avait fait les choses

(1) Pour tout ceci voir FRIEDLANDER, *Mœurs Romaines, d'Auguste à la fin des Antonins*, t. I (chez Reinwald).

d'une façon bien mesquine. Mais, sans parler de ces dépenses extraordinaires, le train de maison d'un sénateur, qui voulait faire figure, était véritablement ruineux. « Les sénateurs avaient des propriétés partout : point de lac dans lequel ne se mirât un de leurs palais, ni de golfe que ne dominât une de leurs villas. Les pinacles de leurs splendides habitations couronnaient toutes les hauteurs dans l'intérieur des terres, comme sur les bords de la mer. A Rome même leurs palais, avec les plantations de pins d'Italie, de platanes et de lauriers, les bains, les portiques, les allées carrossables et les jets d'eau compris dans leurs enceintes pouvaient se comparer à de grandes villes. Fronton, qui ne comptait point parmi les sénateurs riches, se fit bâtir une salle de bains qui devait coûter 350,000 sesterces ou près de 100,000 francs. Chaque grande maison, avec ses milliers d'esclaves ou d'affranchis de toutes les nationalités, formait comme un petit État (1). » Ajoutez les générosités obligatoires à toute une clientèle de solliciteurs faméliques, les encouragements aux poètes, aux artistes, les dons aux temples, aux municipes qui ont besoin de thermes ou de maisons d'écoles, etc…, et vous comprendrez qu'il ne fut pas rare de voir d'immenses fortunes fondre entre les mains de leurs possesseurs. Or, la ruine, c'était le ridicule : Rome entière avait fait des gorges chaudes d'un préteur qu'on avait rencontré sur la route de Tibur ayant pour toute escorte cinq esclaves chargés de sa batterie de cuisine. C'était parfois plus que le ridicule, c'était la déchéance : « Un membre du Sénat avait à l'approche du 1ᵉʳ juillet, terme principal des déménagements, établi sa demeure

____

(1) FRIEDLANDER, tome I.

provisoire dans un pavillon de campagne, en attendant
l'occasion de pouvoir louer à meilleur compte quelque
appartement restant vide après terme. Tibère eut à
peine connaissance du fait qu'il lui ôta la bande de
pourpre (1). » La ruine, il fallait donc tout faire pour
l'éviter, ou la réparer du moins, si elle était inévitable.
— Celui qui s'était mis dans cette situation critique
ne pouvait espérer en sortir que par l'aide de l'empereur ; aussi les demandes de secours adressées au
prince par les sénateurs ne sont-elles pas rares. Rarement elles étaient repoussées : Néron dota plusieurs
sénateurs de traitements d'un demi-million de sesterces. Vespasien, dont la générosité n'est point pro-
verbiale, parfit le cens de plusieurs sénateurs et dota
de grosses pensions des consulaires appauvris. — On
devine de quel prix il fallait payer ces largesses. Il
y avait aussi dans l'armée, dans l'administration des
provinces des postes très lucratifs réservés aux sénateurs : les titulaires en étaient désignés par le prince ;
ceux qui avaient besoin de les obtenir n'ignoraient pas
ce qu'ils avaient à faire.

Par sa richesse, par sa culture, par son activité consacrée aux grandes affaires, l'ordre équestre correspondait à peu près à ce que nous nommerions aujour-
d'hui la haute bourgeoisie. Il faut distinguer pourtant
entre les chevaliers du temps de l'empire : il y avait,
pour ainsi dire, deux catégories. Dans la première, qui
tenait un rang intermédiaire entre le premier et le
second ordre de la cité, prenaient place ceux qui par
leur naissance, par la possession du cens sénatorial
obtenaient de l'empereur la large bande de pourpre

(1) Friedlander, tome I.

(*le laticlave*). Ceux-là on les nommait *equites illustres*, *splendidi*. L'autre catégorie, plus humble, se recrutait surtout parmi les vieux soldats, qui, arrivés dans leur avancement jusqu'au grade de premier centurion de la légion, obtenaient pour retraite 400,000 sesterces et la dignité équestre. Mais, ni dans l'une ni dans l'autre de ces catégories, il ne fallait penser trouver un esprit d'opposition. Les hommes d'affaires, les hommes d'argent ont été de tout temps conservateurs. Dans nos sociétés modernes ces tendances s'expliquent par l'organisation du crédit et par les fluctuations que lui peuvent faire éprouver les crises politiques. A l'époque de l'empire romain, ces causes là agissaient peu; mais les raisons morales, qui aujourd'hui encore n'ont pas perdu toute influence en cette matière, étaient alors toutes puissantes; les hommes, toujours préoccupés des questions d'intérêt, ont invinciblement une pente à dédaigner les sentiments et les idées. Est-il un principe qui puisse, comme l'argent, victorieusement et sans retard, justifier de sa puissance? — Quant aux soldats retraités, gens pliés à la discipline, ayant pour la plupart vécu loin de l'Italie, longtemps oublieux de la vie civile, comment eussent-ils été tentés de combattre un gouvernement qui les payait, et qui était le gouvernement de l'armée. — Enfin, dans cet ordre équestre l'empereur jetait aussi l'hameçon de l'ambition; c'était parmi les chevaliers qu'il choisissait les titulaires d'emplois lucratifs et brillants. Après un stage dans les offices subalternes les favoris de l'empereur se voyaient nommés à des postes supérieurs de l'administration des finances impériales, receveurs généraux des droits du fisc, avec des pouvoirs très étendus et le titre de procureurs (*procuratores*). Au temps des Antonins, les affranchis qui avaient joué un rôle si important sous les princes de la famille Julia, furent bannis du palais; les chevaliers les y remplacèrent, et, par cette voie, purent atteindre aux hautes préfectures, au gouvernement civil et militaire de Rome, à la vice-royauté d'Egypte.

Quant à la plèbe, sa déchéance datait de loin. On a si souvent cité les vers de Juvénal qu'on hésite à les rappeler. Il le faut pourtant : à mesure que cette histoire de Rome est mieux étudiée, qu'on en écarte davantage les lieux communs de la rhétorique déclamatoire et de l'esprit de parti, on se convainc de plus en plus que cette foule n'était plus qu'une tourbe de *lazzaroni* préoccupée uniquement de ses plaisirs et de ses appétits, et qui ne voyait plus dans les révolutions politiques, dans les convulsions de l'État qu'un spectacle moins banal que les jeux du cirque et de l'amphithéâtre. Séjan vient de tomber : qu'en pense le peuple?

> Mais, dites-moi, que fait ce peuple magnanime?
> — Adorant la fortune, il maudit la victime.
> Si Nursia (1) propice avait abandonné
> Au glaive du Toscan le vieillard couronné,
> Tout ce peuple, à cette heure, aussi lâche qu'injuste
> Proclamerait Séjan empereur très auguste.
> Depuis qu'on ne vend plus les suffrages, eh bien!
> La tourbe de Rémus n'a plus souci de rien.
> Ce peuple impérieux, qui dispensait naguère
> Légions et faisceaux dans la paix, dans la guerre,
> Stupide, enseveli dans un repos fangeux,
> Il ne demande plus que du pain et des jeux! » (2)

Il faut bien dire pourtant que dans ces bas-fonds

(1) Divinité adorée en Toscane, pays natal de Séjan.
(2) JUVÉNAL, *Satires*, X (Traduction Jules Lacroix).

commence à lever le germe d'une société nouvelle. Sortis des rangs de l'esclavage, venus des lointaines provinces, il y a là des hommes actifs, entreprenants, patients et laborieux, qui, par le travail, protestent contre l'universel mépris pour le travail. Beaucoup, comme nous disons, parviennent; mais ils restent toujours des *parvenus*; ils ne peuvent atteindre à la considération, ils ne peuvent exercer d'influence politique, et, dans l'État, quelles que soient leurs opinions, leur action est à peu près nulle; ils n'ont d'autre rôle à jouer que de servir le prince.

De quelque côté qu'on se tourne, on ne peut donc trouver la trace d'un groupe de volontés décidées à résister à l'empire. Au temps des princes de la maison *Julia*, il y avait eu encore quelques coteries d'aristocrates attardés; quelques écrivains avaient fait aux Césars une guerre d'allusions et une opposition d'académie. Mais ces dernières velléités d'indépendance vont s'effaçant de plus en plus; à l'époque de Trajan, il n'en reste rien.

Le passé politique de Rome est mort : nul ne songe à un avenir nouveau. Tibère avait eu à se préoccuper de tentatives de restauration républicaine : après Caligula, le Sénat, sans se faire prier, détruisait l'œuvre de Chéréa et se rendait au vœu des prétoriens qui avaient salué Claude empereur; quand Néron mourut, on vit apparaître le bonnet phrygien (1) dans des rassemblements sur la voie publique, et ce fut tout. La république est oubliée; seuls quelques théoriciens, comme Tacite, ont une vague idée du gouvernement représentatif. Mais nul ne les comprend.

(1) Suétone, *Néron*, 57.

C'était donc bien le pouvoir, absolu que Trajan prenait en main, au sein d'une société où personne ne songeait à le combattre ni même à le discuter.

L'originalité de Trajan et de ses successeurs consiste dans l'effort qu'ils firent pour donner à leur gouvernement, les apparences de la liberté, sans rien abandonner de ce qui, dans leur pouvoir, était essentiel : avec une générosité habile, ils voulurent engager leurs sujets à garder dans l'asservissement une attitude décente, et par leurs qualités personnelles, ils tachèrent de légitimer le despotisme en le rendant bienfaisant.

Domitien venait de tomber : son règne avait été une sorte de cauchemar ensanglanté. Ceux qui avaient vécu au milieu de cette épouvantable hallucination, n'avaient pu jeter leur cri d'angoisse et de colère. Ces heures de tyrannie avaient plus qu'opprimé les consciences ; elles les avaient oppressées. A tout prix, il fallait respirer ; les bouches, jusque là baillonnées, avaient besoin de parler. Trajan ôta les baillons ; Pline, Tacite, Juvénal, les uns avec emportement, les autres avec une austère tristesse, vengèrent les souffrances des honnêtes gens, et la réaction qui pouvait se faire contre l'empire debout n'atteignit que l'empereur tombé.

Peut-être même Trajan encouragea-t-il avec trop de complaisance ce mouvement, d'ailleurs légitime, contre un passé odieux. Il n'y eut pas alors seulement des indignations généreuses ; d'âpres rancunes se firent jour et l'empereur toléra de violentes représailles. Au temps de Nerva, déjà, nous dit Frontin, « tout le monde accusait tout le monde. » Le vieux prince ferma l'oreille ; Trajan n'imita pas son père adoptif et alors, comme dit Tacite, on vit une jonchée d'accusés : *agmen reorum sternebatur*. Les délateurs, et tous ceux qui furent

dénoncés comme délateurs, devinrent la proie des réac-
teurs, sincères, peut-être, mais non pas toujours désin-
téressés. Pline nous a tracé le tableau de ces noyades,
que Carrier devait reprendre plus tard : « Rien n'a été
plus agréable, rien n'a été plus digne de ce siècle, que
de voir du haut de nos sièges les délateurs, le cou renversé et la tête en arrière, montrer leur face hideuse.
Nous reconnaissions leurs traits, nous jouissions,
lorsque ces pervers, victimes expiatoires des publiques
alarmes, marchaient, sur le sang des criminels, à des
supplices plus lents et à des peines plus affreuses. Jetés
sur des navires réunis à la hâte, ils ont été livrés à la
merci des tempêtes. Qu' ils partent, qu'ils fuient ces
terres désolées par leurs calomnies ! et si les flots et les
orages en laissent arriver jusqu'aux roches de l'exil,
qu'ils y habitent d'âpres solitudes et des côtes inhospi-
talières ; qu'ils y traînent une vie dure et tourmentée
de soucis, qu'ils pleurent en voyant derrière eux le
genre humain tranquille et rassuré (1). » Pour une fois,
Pline le Jeune, si placide d'ordinaire et un peu fade,
a trouvé des paroles passionnées. Ces lignes sont une
des meilleures inspirations littéraires de son *Panégyrique*. Elles ne comptent pas parmi celles qui font le
plus d'honneur au prince qu'il célèbre. — Mais en général
Trajan fut mieux inspiré dans ses actes. Il garda des
attributions impériales tout ce qu'elles avaient d'ef-
fectif et tâcha de faire oublier ce qu'elles présentaient
de menaçant. Il ne voulut exercer ni la préfecture des
mœurs ni la censure : « car, lui dit Pline, vous aimez
mieux éprouver nos cœurs par des bienfaits que par
des sévérités. Et peut-être aussi le prince sert-il mieux

(1) *Panégyrique*, 31.

la morale en souffrant les bonnes mœurs qu'en les imposant (1) ». La censure de Domitien avait été très rigoureuse ; Trajan évita de réveiller ces souvenirs. Il n'en gardait pas moins la puissance censorienne, puisqu'il conférait le droit de cité, nommait les sénateurs, accordait le privilège du *jus trium liberorum* (2) et avançait pour ses protégés l'âge des honneurs.

La puissance tribunitienne mettait entre ses mains ce redoutable instrument de tyrannie qui se nommait la loi de *Majesté* : il s'empressa de déclarer qu'il ne voulait point s'en servir. Dès le début de son règne, dit Dion (3), il écrivit au Sénat qu'aucun bon citoyen n'aurait à craindre sous son gouvernement, pour sa vie ni pour son honneur. On sait ce qu'était cette loi : sous la République elle s'appliquait à tous les attentats dirigés contre la souveraineté populaire. Avec l'empire la souveraineté passant du peuple à l'empereur, la loi de Majesté réprime alors exclusivement les actes s'adressant à la personne du chef de l'État. Et quel abus en avaient fait certains princes ! que de ruines les délateurs avaient consommées, que de sang ils avaient versé, au nom de cette vague et terrible majesté ! Qui n'a lu la belle page de Camille Desmoulins (1) sur les suspects du temps de l'empire ? Elle n'est aucunement déclamatoire, c'est de l'histoire éloquente. Ne pas se plier au caprice du prince, c'était violer la loi de Majesté. On était déclaré impie pour n'avoir pas approuvé un gladiateur... « Un prince ramassait dans l'arène des

____

(1) *Panégyrique*, 45.

(2) Voir au chapitre *des Lettres* ce que nous disons de ce privilège, à propos du poète Martial.

(3) DION CASSIUS, *Histoire Romaine*. LXVIII, 5.

(4) Dans le Journal le *Vieux Cordelier*.

accusations de lèse-majesté ; il se croyait méprisé, avili si ses gladiateurs ne recevaient nos hommages ; il prenait pour lui le mal qu'on disait d'eux, et sa divinité lui semblait violée en leur personne: insensé, qui, s'égalant aux dieux, égalait à lui-même de misérables esclaves (1). » On vivait la tête sous la hache ; la terreur habitait dans chaque maison ; car les esclaves étaient autorisés, dans les procès politiques, à témoigner contre leurs maîtres. Aussi le soulagement fut-il immense quand Trajan promit de laisser rouiller ce glaive (et il tint sa promesse), quand il déclara non recevable le témoignage des esclaves pour les crimes d'État. La vie sociale, un instant suspendue, reprit son cours : ce fut une vraie révolution que Pline a exprimée avec vivacité et effusion : « Vous avez banni des esprits la crainte de ce fléau, content d'une grandeur dont nul ne manqua plus que ceux qui avaient des prétentions à la majesté. Vous avez rendu aux amis la fidélité, aux enfants la tendresse, aux esclaves la soumission. Ceux-ci craignent, ils obéissent, ils ont des maîtres. Ce ne sont plus nos serviteurs, c'est nous qui sommes les amis du prince ; et le père de la patrie ne se croit pas plus cher aux esclaves d'autrui qu'à ses propres citoyens. Vous nous avez tous délivrés d'un accusateur domestique ; et par ce seul acte, heureux signal du salut public, vous avez éteint, pour ainsi dire, une autre guerre servile. Et en cela vous n'avez pas moins fait pour les serviteurs que pour les maîtres ; nous sommes devenus plus tranquilles, eux meilleurs (2). »

Quand Trajan déposait cette arme de *la loi de majesté*, il comptait sans doute sur l'estime et l'affection que

(1) *Panégyrique*, 33.
(2) Ibid. 42.

ses vertus et ses mérites devaient lui concilier ; mais ne jugeait-il point aussi que le pouvoir impérial était alors à l'abri de toute atteinte ? ne pensait-il pas qu'il n'y avait vraiment à craindre pour un prince que les révolutions qu'il eût fomentées lui-même en poussant à bout la patience de ses sujets et en soulevant la réprobation publique ?

A coup sûr, Trajan, esprit très ferme, très net, homme avant tout de bon sens solide et que son éducation et sa vie de soldat avaient habitué à savoir le prix de l'autorité, ne céda à aucun entraînement sentimental et ne voulut point faire de politique romanesque, quand il témoigna au Sénat une certaine déférence et qu'il s'efforça de lui donner l'illusion de son ancienne indépendance et de son prestige passé. Il avait une confiance absolue dans la force du principe gouvernemental qu'il représentait, et, sans vouloir jouer une comédie de libéralisme indigne de lui, il encourageait un réveil de la vie politique qu'il savait bien être sans danger.

Le Sénat fut donc entouré par lui de prévenances, et reçut alors du prince les hommages les plus flatteurs.

Trajan apportait dans la pratique de la candidature officielle une engageante courtoisie. Il invitait les candidats, et par de vives exhortations, « à implorer l'appui des sénateurs, à solliciter leurs suffrages, à n'espérer du prince que les honneurs qu'ils leur auraient demandés (1) ». C'était une recommandation plus discrète que dans l'usage ordinaire, mais non moins efficace.

Marque de déférence plus frappante encore : Trajan

(1) *Panégyrique*, 69.

ordonnait la restitution d'un certain nombre de monnaies frappées sous la République. — Il faisait rentrer dans la circulation générale des pièces où l'on voyait le triomphe de Paul Émile et de Marcellus offrant à Jupiter Férétrien les dépouilles opimes : il ne craignait même pas de restituer le denier de la famille Junia, portant d'un côté l'effigie de la Liberté, et représentant de l'autre le consul Brutus accompagné de ses licteurs. — Un pareil respect pour le passé glorieux de Rome, devait singulièrement toucher les grandes familles, et Trajan savait |bien qu'en ravivant ainsi lui-même ces souvenirs républicains, il leur enlevait, pour ainsi dire, toute vertu séditieuse.

Bien plus, le Sénat put croire un moment qu'il était revenu au temps où il brisait les sceptres et dictait des lois aux rois et aux peuples. Quand Trajan, dans la première guerre de Dacie, eut forcé la ville de Sarmiezegethusa, le dernier rempart de Décébale, et que le roi Dace fut obligé de demander la paix, l'empereur voulut que les conditions qu'il avait imposées au vaincu fussent ratifiées par le Sénat : les envoyés de Décébale durent s'adresser au Sénat à Rome, et l'on ne tint la paix pour définitive qu'après cette ratification. Trajan demanda au Sénat, lors de sa guerre contre les Parthes, de lui décerner les honneurs du triomphe ; il mettait fort régulièrement l'assemblée au courant de tous les événements militaires. Il faisait souvent mine de consulter les pères conscrits.

N'avait-il point l'air d'un homme qui demande un avis, quand après avoir installé Parmesthapès sur le trône, il écrivait aux sénateurs, « qu'il était impossible de tenir assujetties des régions immenses, si éloignées de Rome, qu'il semblait préférable d'en faire un royaume dépendant de l'empire dont le souverain recevrait l'investiture de l'empereur, et qui serait maintenu par la reconnaissance, l'intérêt et la crainte. »

Enfin, dernier témoignage de bienveillance donné à l'antique assemblée de Rome : Trajan accordait au Sénat le scrutin secret. Le vote jusque-là avait été public (*per discessionem*) : les sénateurs se rangeaient du côté de celui dont ils partageaient l'avis (*per discessionem pedibus ire in sententiam*); Trajan autorisait à voter à bulletin fermé (*per tabellam*).

Il n'eut pas à regretter son libéralisme. Nulle velléité d'indépendance gênante pour le pouvoir ne fut manifestée par les sénateurs; ils ne songèrent en aucune façon à s'ingérer dans la direction de l'empire et ne participèrent aux affaires publiques que dans la mesure où ils en furent priés. Toute leur initiative se borna à multiplier sur les monuments publics, les témoignages de leur admiration et de leur reconnaissance pour le maître. Et sans doute ces témoignages furent souvent sincères : sans doute plus d'un pensa vraiment que la liberté peut renaître par ordre et dit, dans son cœur, comme Pline le Jeune : « Vous voulez que nous soyons libres, nous le serons; vous ordonnez que nous exprimions hautement nos pensées, nous les exprimerons..... La foi de nos serments, la garantie de vos promesses ouvrent nos bouches fermées par une longue servitude, délient nos langues enchaînées par tant de maux (1) ». Il est difficile de ne voir qu'une comédie d'adulation dans cette scène décrite par l'auteur du *Panégyrique*, où les membres du Sénat se précipitent en désordre pour saluer l'empereur, et l'acclament avec

(1) *Panégyrique*, 66,

un si vif enthousiasme que les larmes montent aux yeux de Trajan (1).

C'était encore une autre forme d'hommage au Sénat et non la moins ingénieuse et la moins délicate que le respect témoigné par le prince pour les anciennes magistratures, dont les titulaires fournissaient au recrutement de l'assemblée.

Il faut voir dans Pline avec quelle gravité respectueuse Trajan recevait l'investiture de ces magistratures illusoires. « Je reviens à votre consulat..... et je vous louerai, avant tout, d'avoir assisté en personne à votre élection... Vous avez paru devant le peuple Romain sur l'ancien théâtre de sa souveraineté; vous avez essuyé jusqu'au bout la longue formule des comices..... Quel est celui de vos prédécesseurs qui a rendu cet honneur au consulat ou au peuple? Les uns languissamment assoupis, et gorgés encore du repas de la veille, attendaient les nouvelles de leurs comices; les autres ne dormaient pas sans doute, ils veillaient, mais c'était pour concerter du fond de leur appartement, l'assassinat des consuls par lesquels eux-mêmes étaient proclamés consuls (2). »

Et l'enthousiasme de Pline ne connaît plus de bornes quand Trajan prête serment : « Je reste confondu, pères conscrits, et j'en crois à peine mes yeux et mes oreilles..... Ainsi donc, un empereur, ainsi un César, un Auguste, un grand pontife s'est tenu debout en face du consul; le consul est demeuré assis, tandis que le prince était debout devant lui, et il est demeuré assis sans crainte, sans trouble...... Le consul assis a dicté

(1) Ibid, 73.
(2) *Panégyrique*, 66.

au prince debout la formule du serment ; et le prince a juré, il a prononcé, articulé distinctement les paroles par lesquelles il dévouait sa tête et sa maison à la colère des Dieux, s'il trahissait sa foi..... Je ne sais pas, non, je ne sais pas ce qu'il faut admirer le plus dans ce serment, de ce que nul autre ne vous en a donné l'exemple, ou de ce qu'un autre vous en a dicté la formule (1). »

Tant de lyrisme nous paraît d'abord un peu puéril. Prenons-y garde pourtant. Pline exprime ici le sentiment d'une partie de la société romaine ; ceux que nous appellerions *les honnêtes gens* aujourd'hui, je veux dire ceux qui étaient distingués par leur culture ou par leur fortune, ne dédaignaient point alors de briguer ces magistratures : si elles avaient perdu toute valeur politique, elles conservaient un prestige social. Nul n'ignorait que c'étaient là des apparences ; mais on souhaitait qu'elles restassent honorables et brillantes. Le prince qui s'en jouait, qui témoignait de son mépris pour ces ombres, choquait donc ceux qui les recherchaient par pure vanité et froissait les hommes, plus rares, qui les vénéraient encore comme les dernières formes d'une cité libre. Trajan avait une vue politique d'une haute sagesse, quand il comprenait ainsi qu'il est toujours de l'intérêt du pouvoir de respecter et d'honorer les traditions.

Le même esprit présida à sa conduite dans les rapports qu'il eut avec l'ordre équestre. Il laissa aux chevaliers toutes les fonctions que leur avaient réservées les autres empereurs ; quand il en créa de nouvelles, comme les *curatores civitatum* (2), il voulut qu'elles

(1) Ibid. 64.
(2) Ce sont des commissaires impériaux auxquels est attribuée

fussent dévolues à des membres du second ordre.
Titinius Capito, chevalier Romain, devint secrétaire
de Nerva et garda ce titre près de Trajan : ce simple
fait contient pour nous l'indication d'une politique nouvelle. — Jusqu'alors en effet toutes les fonctions de cour
avaient été données uniquement à des affranchis ; à des
affranchis avaient appartenu sous les premiers Césars
le ministère des comptes (*a rationibus*) c'est-à-dire
l'administration des finances impériales, le secrétariat
d'État (*ab epistolis*), le département chargé de statuer
sur toutes les pétitions et tous les griefs (*a libellis*). Les
princes de la famille Julia avaient par là voulu montrer
que leur palais gardait le caractère d'une maison particulière, et d'autre part aussi, comme ces fonctions
avaient la réalité, sinon l'appareil extérieur du pouvoir,
qu'ils ne tenaient aucun compte des rangs sociaux.
Mais Trajan comprit que l'empire était arrivé à un
moment où il n'était plus possible ni même désirable
de sauver l'apparence des origines démocratiques du
trône. — Les offices de la cour prenaient par la force
même des choses, l'importance et le caractère de dignité
des hautes fonctions publiques ; il lui parut qu'il convenait de les donner à des hommes que leur rang rendait considérables et non plus à des créatures. — La
nomination de Titinius Capito au secrétariat d'État
était le premier pas fait dans une voie qui devait ame-
ner les successeurs de Trajan à reléguer les affranchis
dans les positions subalternes. Quoique Trajan n'ait

la haute surveillance sur l'administration, soit d'une commune
libre, soit de toutes les communes libres d'une province. Ils
étaient d'abord nommés extraordinairement, quand une ville avait
été ruinée par des dépenses inconsidérées ou des dilapidations
scandaleuses ; leurs fonctions devinrent ordinaires vers le iiie siècle.

pas accompli sur ce point une réforme radicale, les tendances de sa politique n'échappèrent pas à l'attention, et Pline les loue très fort dans son *Panégyrique*. « La plupart des princes, dit-il, étaient à la fois les maîtres des citoyens et les esclaves de leurs affranchis : ils se gouvernaient par les conseils, par les caprices de ces hommes ; c'était par leur entremise, ou plutôt c'était à eux que l'on demandait les prétures, les sacerdoces, les consulats. Vous, César, vous marquez à vos affranchis beaucoup de considération, mais comme à des affranchis ; et vous croyez que c'est pour eux assez d'honneurs s'ils sont réputés gens probes et de bonne conduite (1). »

Quant à la plèbe, comment la relever de son irrémédiable déchéance? Trajan n'y songea pas. Comme ses prédécesseurs, il crut avoir assez fait pour elle en lui donnant du pain et des spectacles. Il veilla avec grand soin à la distribution du *Congiarium*. « Quelle générosité dans la répartition ! Quelle attention vigilante à ce que nul ne fût excepté de vos largesses!... Vous avez pourvu à ce que personne ne fût ni malade, ni occupé, ni absent : libre à chacun de venir quand il voulait, de venir quand il pouvait (2). » Il fit voir autant de générosité dans les jeux qu'il donna au peuple. « Quelle

(1) *Panégyrique*, 88.
(2) Id. 25. — Sur ces distributions de congiaires, M. de la Berge ne partage pas l'enthousiasme de Pline et fait les réflexions suivantes : « Ici nous nous trouvons en face de profusions qui appellent le blâme le plus sévère. Trajan distribua trois congiaires, le premier, en 99, à son retour de Germanie, le deuxième et le troisième, en 103 et 106, après chaque guerre Dacique. Le premier congiaire de Trajan fut sans doute, comme celui de Nerva, de 75 deniers. Mais tout à coup, après les guerres de Dacie, le montant de la distribution s'élève à 650 deniers par tête. On dira que le butin fait au cours de ces guerres était considérable... On ne

magnificence le prince a déployée dans ces jeux!... Il
n'a rien refusé de ce qu'on demandait ; il a offert ce
qu'on ne demandait pas ; il a fait plus : il nous a invités
à désirer et, quoique avertis, nos désirs ont été de-
vancés par plus d'une surprise » (1).

Il semble que Trajan ait discerné dans cette foule,
dont il connaissait l'incapacité politique, des tendances
sociales qui l'ont inquiété. Le mélange de tant de
nationalités diverses, l'obscure fermentation développée
par l'influence des cultes orientaux, l'état d'apathie
même où étaient plongées les classes inférieures et qui
les tenait comme dégagées des liens de la solidarité
civique, tout cela fit pressentir à l'empereur un danger
latent. Son esprit très net, mais un peu dur, entrevit
les périls de ce mysticisme complexe, de ces utopies
toutes nouvelles qui germaient; il n'en put saisir les
avantages, et, alarmé pour l'ordre de choses établi, il
voulut défendre le présent qu'il représentait contre un
avenir mystérieux, qu'il ne pouvait distinguer et qui
lui paraissait gros de menaçants orages. Très sévèrement, il apporta des entraves à toutes les associations
que tentèrent de former alors les humbles et les petits :
il était l'ennemi des *collegia*. Il voulait bien des réformes
que font les princes, il redoutait les réformes que les
peuples exigent.

Plein de l'idée de la responsabilité que lui imposait
son pouvoir, nul, plus que lui, n'eut sinon de dédain,
au moins d'indifférence, pour tous les hommages exté-

---

peut pourtant que trouver insensée une telle prodigalité et, ce qu'il
y eut de plus funeste, c'est que le chiffre habituel des congiaires
ne s'abaissa plus. » (*Essai sur le règne de Trajan*, p. 100.)

(1) *Panégyrique*, 33.

(2) — Voir le chapitre suivant sur *la Religion*.

rieurs, pour toutes les satisfactions de vanité qu'attire
le rang suprême. L'enivrement et le vertige dont quelques Césars montés à ce faîte de l'empire avaient été
comme frappés soudain, furent bien loin d'avoir prise
sur lui : il ne fut même pas atteint par l'orgueil, au
moins par celui qui se manifeste et se trahit. Il fallut
le contraindre à accepter le titre de *Père de la Patrie* :
« Vous ne souffrez pas, César, que nos actions de grâces
soient adressées à votre bonté en présence de votre
génie tutélaire ; vous voulez qu'elles le soient à la face
de Jupiter très bon, très grand. Que les temps sont
changés ! Naguère quel était le lieu où n'eût pénétré
un malheureux esprit d'adulation (2) ? » Mais Trajan est
venu : « Les siècles rediront qu'il fut un prince comblé
de gloire et de puissance, auquel ses contemporains
ne déférèrent jamais que des honneurs médiocres et
plus souvent n'en déférèrent aucun.... S'il arrive que
notre reconnaissance rompe le silence et triomphe de
votre modestie, rappelons-nous quels honneurs nous
vous décernons, et quels honneurs vous ne refusez
pas : on verra que ce n'est point par orgueil et par
dédain que vous rejetez les plus grands, puisque vous
ne dédaignez pas les moindres (3). »

Tout, en somme, dans la conduite que Trajan
observa vis-à-vis de ses sujets, semble prouver qu'il
s'efforça de respecter et même de relever leur dignité ;
il paraît avoir été pénétré de cette idée que s'il est difficile de régner sur un peuple insoumis, il est impossible
de gouverner un peuple servile.

Cette réforme des mœurs qu'il souhaitait, le temps

(1) *Panégyrique*, 52.
(2) Id., 54.
(3) Id., 55.

seul pouvait l'accomplir. — Trajan n'y travailla que
dans la mesure de ses forces ; mais, assurer la sécurité,
la justice, le bien-être aux gouvernés, c'est une tâche
que doit toujours tenter un prince ; Trajan s'y donna
avec ardeur et sans réserve.

Sous ce règne les peuples obtiennent tout, ou à peu près
tout ce qu'ils peuvent raisonnablement attendre pour
leur bien-être.

Dès longtemps l'alimentation de la capitale était
devenue un gros souci pour les gouvernements. Depuis
la crise de l'agriculture en Italie, la subsistance de Rome
était, comme dit Tacite, à la merci des flots et des tempêtes. Les grains de Sicile ou d'Afrique venaient-ils à
manquer ? la famine assiégeait les portes de la capitale du monde. Pour conjurer ce danger, Trajan s'avisa
d'un moyen que nul, depuis Pompée, n'avait employé et
qui réussit. Il permit la libre circulation des grains dans
toute l'étendue de l'empire, et la liberté produisit, au
dire de Pline, de merveilleux résultats : « Ne voyons-
nous pas toutes les années être pour nous des années
d'abondance ? et personne cependant n'éprouve aucun
dommage. Le temps n'est plus où, arrachées comme
une dépouille ennemie aux alliés qui réclamaient en vain,
les moissons venaient périr dans nos greniers. Les
alliés apportent eux-mêmes les richesses annuelles que
leur sol a produites, que leur soleil a nourries ; on ne
les voit plus, écrasés par des charges nouvelles, manquer
de force pour acquitter les anciens tributs. Le fisc achète
tout ce qu'il paraît acheter. De là viennent ces inépui-
sables provisions dont le prix est fixé dans de libres
enchères ; de là vient qu'on regorge ici, et que nulle
part on n'est affamé (1). »

(1) *Panégyrique*, 23.

Une ville comme Rome, avait peut-être encore plus besoin d'eau que de pain. — Cet important service des eaux fut une création d'Agrippa, qui y employa d'abord sa fortune personnelle et constitua « toute une *familia* de 240 *aquarii*, qui, à sa mort, passèrent au service de l'État (1). » Malgré les efforts du ministre d'Auguste, des Césars qui succédèrent au fondateur du principat, il y avait encore des imperfections dans ce service au temps de Trajan; l'eau, dite du *nouvel Anio*, était mauvaise; elle passait par des terres argileuses qui troublaient sa limpidité; l'empereur la fit capter plus près de sa source. La région située au-delà du Tibre était réduite à employer l'eau *Alsietina* qu'Auguste n'avait voulu faire servir qu'à l'alimentation de sa naumachie et qui n'était pas bonne pour la consommation : Trajan créa une prise d'eau au lac *Sabatinus*, et cette *aqua Trajana* est utilisée encore dans la Rome moderne. Il fondait aussi deux nouveaux établissements de bains : les *thermæ Trajanæ* furent exclusivement réservés aux femmes, (les bâtiments où ils se trouvaient installés servaient jusqu'alors aux deux sexes) et les *thermæ Surianæ* s'élevèrent sur l'emplacement qu'avait occupé la maison de Licinius Sura, un compatriote et un ami du prince.

Rome enfin dut à la sollicitude du maître une meilleure organisation de l'assistance publique, et surtout un développement singulier des secours pour l'enfance. L'enfance a été une des grandes préoccupations de ce temps. Trajan se fit honneur de la partager. « Il ne va guère à moins de cinq mille, dit Pline, le nombre des enfants de condition libre que notre

(1) Duruy, *Histoire des Romains*. Tome V, p. 265.

prince a recherchés, découverts, adoptés (1). » Le bienfait consista surtout dans la réglementation de ces secours ; ainsi moins d'humiliations pour les parents, plus de sécurité pour l'enfance. Pline a bien fait ressortir ces deux traits : « Autrefois, lorsque approchait le jour des largesses, on voyait des essaims d'enfants et cette foule, qui sera le peuple un jour, attendre la sortie du prince et remplir les rues sur son passage. Les pères, empressés de les montrer à sa vue, élevaient les plus petits au-dessus de leurs têtes, et leur apprenaient à bégayer des compliments flatteurs et des paroles adulatrices. Ceux-ci répétaient la prière qui leur était dictée, et la plupart en fatiguaient vainement les oreilles du prince ; ignorant ce qu'ils avaient demandé, ce qu'ils n'avaient pas obtenu, ils étaient renvoyés jusqu'au temps où ils ne le sauraient que trop. Vous, César, vous n'avez pas voulu même qu'on vous priât ; et, tout agréable qu'eût été à vos regards le spectacle de cette naissante génération de Romains, tous, cependant, avant de vous voir ou de vous implorer, ont été reçus et inscrits par vos ordres (2). »

Disons pourtant que, si cette sollicitude pour l'enfance fait honneur à la philanthropie de Trajan, il se pouvait bien aussi qu'elle lui fût inspirée par des considérations purement politiques. Dans ce peuple démoralisé, énervé par une existence factice, la dépopulation devenait de jour en jour plus menaçante ; bien des gouvernements se sont flattés de remédier à ce mal. Trajan, qui ne connaissait pas la série de toutes les tentatives essayées, pouvait avoir l'illusion de réussir ; en tout cas l'illusion était honorable et plus excusable chez

(1) *Panégyrique*, 28.
(2) *Panégyrique*, 26.

lui que chez les législateurs modernes qui ne veulent pas s'éclairer de l'expérience.

A Rome, cette assistance aux enfants avait surtout pour but d'assurer le recrutement des armées. « Ainsi, dit Pline, ces enfants élevés à l'aide de vos bienfaits, éprouvent dès l'enfance que vous êtes le père commun; ainsi, croissant pour vous, ils croissent aux dépens de vos trésors; ils reçoivent des aliments de vos mains, avant d'en recevoir une solde (1). »

Dans l'Italie cette organisation de l'assistance aux enfants servit encore à un autre dessein, grâce à un ingénieux système.

Cette province naguère si prospère, riche surtout d'une richesse agricole, avait été ruinée par les guerres civiles, par l'invasion de la grande propriété, par la concurrence servile qui rendait les petits propriétaires et les travailleurs libres impuissants, et enfin par la centralisation qui absorbait dans une ville toutes les forces vives d'une nation. Rendre le bien-être, à ce grand pays, faire renaître l'agriculture, cet art si vraiment romain, noble tâche, digne de tenter un prince comme Trajan! Il la comprit et voulut l'accomplir. Pour empêcher que la terre manquât de bras, il se garda de prendre, comme ses prédécesseurs, des colons parmi les Italiens; sur plusieurs points même, dans la Péninsule, il établit des colonies, à Veies, à Ostie, à Lavinium par exemple. Mais l'effort, qui fut, en ce sens, le plus original, consiste dans l'institution des *Alimenta*. Voici quel en était le mécanisme : Trajan plaçait de l'argent à fonds perdu sur des particuliers qui devaient en servir la rente perpétuelle à taux variable

(1) Id.

suivant les localités ; et cette rente était attribuée aux
enfants pauvres de la ville. Les débiteurs du prince
engageaient en garantie des propriétés territoriales.
« Or le fonds de terre servant de garantie était choisi
de façon que la rente de l'hypothèque ne fût qu'une
très faible partie du revenu que le fonds convenable-
ment cultivé pouvait fournir. Il y avait donc toujours
des acquéreurs disposés à prendre le domaine, même
sous cette condition, d'autant moins onéreuse d'ailleurs
que la culture était plus savante et plus soignée, et
que les avances mêmes, faites par l'empereur, permettaient d'améliorer cette culture (1). » On retrouvait
là, comme on voit, quelque chose de notre assistance
publique et de notre crédit foncier, se confondant pour
se prêter un mutuel secours.

Nous dirons ailleurs le grand essor imprimé par Trajan
aux travaux publics sur toute la surface de l'Italie, la
canalisation du Tibre, l'assainissement du lac Fucin
et des marais Pontins, les améliorations du port d'Ostie ;
nous montrerons ailleurs (2) quelle activité il déploya
pour assurer une meilleure viabilité. Les résultats de ces
grandes entreprises ne purent manquer d'être bienfai-
sants : mais ils ne doivent pas nous faire oublier une
mesure qui porte bien la marque des diverses réformes
de Trajan, pratiques à la fois et morales. Les candidats
aux diverses magistratures faisaient de scandaleuses

(1) DE LA BERGE, *Essai sur le règne de Trajan*. — Nous connaissons ce système des *Alimenta* par les tables de Velleia et de Cam-
polattari. M. Naudet a étudié les tables de Velleia dans un
mémoire inséré au tome XIII des Mémoires de l'Académie des
Inscriptions et Belles Lettres. — Voir aussi sur ce sujet ERNEST
DESJARDINS : *De tabulis alimentariis*.

(2) Voir ci-dessous, chapitre sur *les Beaux-Arts*.

dépenses pour s'assurer le succès. Une loi contre la brigue fut destinée à mettre un terme à ces excès : « Elle obligeait les candidats à mettre le tiers de leur bien en fonds de terre. Le prince était justement indigné que tout en aspirant aux charges de l'État, on regardât Rome et l'Italie, non comme son pays, mais comme une auberge, comme un séjour étranger qu'on habite en passant (1). » Les effets de cette mesure se firent immédiatement sentir. « De là, ajoute Pline, grand mouvement parmi les candidats : tout ce qui est à vendre ils l'achètent..... les terres ont augmenté de prix, particulièrement aux environs de Rome (2). »

Ainsi, dans ce pays si éprouvé, il y eut comme une véritable renaissance, et les médailles et les monuments publics attestent la reconnaissance que les Italiens vouèrent à ce prince qui leur ramenait l'abondance et la prospérité depuis si longtemps perdues.

C'est surtout par les provinces, on l'a dit et redit, que l'empire fut accueilli avec faveur. « Le nouvel ordre, écrit Tacite, fut loin de leur déplaire. Le gouvernement du Sénat et du peuple leur faisait toujours craindre les effets de la division des grands et de la cupidité des magistrats (3). » Avec le principat ces causes de troubles et de misères disparaissaient ; partout s'établissait la sécurité, et si les princes ne modifièrent pas d'abord aussi profondément qu'on l'a cru la législation que la république appliquait aux provinces, du moins ils s'efforcèrent de faire pénétrer de plus en plus l'équité dans leur administration. Les empereurs, même les

(1) PLINE, *Lettres*, VI, 19.
(2) PLINE, *Lettres*, VI, 19.
(3) TACITE, *Annales* I, 2.

plus mauvais, comme Domitien, restèrent sur ce point fidèles à la politique d'Auguste.

Un moment, paraît-il, on put craindre que Trajan ne suivît pas cette tradition. Homullus, un personnage consulaire, lui aurait reproché sa faiblesse vis-à-vis des mauvais gouverneurs ; les termes de ce blâme auraient même été fort durs, si l'on s'en rapporte à Lampride qui cite un historien contemporain, Marius Priscus : « Domitien, disait Homullus, avait des amis honnêtes et on ne souffrait que de sa méchanceté personnelle, tandis que tu abandonnes ton autorité à des favoris indignes, et l'on te hait justement (1). » — Mais à l'heure où Trajan entendait ces sévères paroles, il était occupé par la défense de la Germanie : avant tout soldat, il faisait la guerre; il ne tarda guère, quand il fut de retour à Rome, à devenir un politique et un administrateur. — Dès l'an 100, Pline, qui dans son Panégyrique, orne toujours mais ne ment pas, vante la façon dont les provinces sont gouvernées.

Dès cette époque en effet, le contrôle et la surveillance s'établissent. Nous voyons se succéder les procès de Marius Priscus (100) gouverneur de l'Afrique ; de Cecilius Classicus, que les habitants de la Bétique ont accusé (101), de Julius Bassus (103 ou 102), de Varénus Rufus, attaqué par les Bithyniens. — Sans doute Trajan laisse le jugement de ces affaires au Sénat, peu disposé à frapper fort les gouverneurs qui sont des personnages d'ordre sénatorial; sans doute la répression ne fut pas toujours assez sévère. Juvénal s'en plaint : « Ce Marius Priscus, condamné par une sentence illusoire (car à quoi bon une marque d'infamie, si l'on ne touche pas

(1) LAMPRIDE, *Alexandre Sévère*, 65.

à la caisse?) ce Marius Priscus fait la fête dès la huitième
heure et jouit du courroux des Dieux, tandis que sa province, qui a gagné son procès, pleure et se lamente (1). »
Mais pourtant on sent que l'ordre et la probité sont imposées; si peu terribles qu'aient été les peines infligées
aux accusés, les gouverneurs de province comprennent
que l'impunité ne leur est pas assurée; ils ont dû voir
dans ces procès l'attitude d'un gouvernement modéré,
mais fort, qui a su ne pas sévir contre le passé, mais
qui a pris ses garanties contre les désordres de l'avenir.
— Le fait est, que si, depuis l'affaire de Varénus Rufus,
on n'eut plus le spectacle de grands scandales de ce genre,
on doit en faire honneur à la sagesse du gouvernement
et non pas accuser sa faiblesse ou sa connivence.

Où trouver un témoignage plus expressif de la sollicitude de Trajan pour les provinces que la correspondance
de Pline et de l'empereur? — Devenu administrateur,
chargé d'une mission délicate et laborieuse, Pline, qui
est avant tout un honnête homme et veut bien faire son
devoir, n'a plus le loisir de polir sa phrase, de limer son
style; quand tant d'affaires le pressent, il faut bien
qu'il oublie les coquetteries du littérateur. Il aura toujours présente à l'esprit la recommandation du prince :
« Souvenez-vous que si vous avez été envoyé dans
cette province, c'est qu'il y avait beaucoup d'abus à
réformer (2). » Que d'objets variés dans cette correspondance! Les travaux publics y tiennent une large place :
construction d'un aqueduc à Nicomédie (3), réparation
du gymnase de Nicée (4), projet d'unir par un canal le

---

(1) Juvénal, *Satires*, 1, 29.
(2) Pline, *Lettres*, X, 14.
(3) Id., 46.
(4) Id., 48.

lac de Nicomédie à la mer (1), transfert d'un temple de
Cybèle (2), etc. etc..... Les finances provinciales préoccupent aussi très fort le légat; tantôt c'est une économie sur les dépenses des Byzantins, qui tous les
ans dépensaient douze mille sesterces pour envoyer au
prince un ambassadeur chargé de lui porter les félita-
tions de la ville (3); tantôt Pline demande à Trajan
l'abaissement du taux de l'intérêt pour le placement des
deniers publics (4). Ici ce sont des précautions de
sécurité publique : organisera-t-on un corps de pompiers à Nicomédie (5)? Là il s'agit de mesures d'assistance : comment faut-il traiter les enfants assistés
par l'État (6)? Ailleurs Pline veut s'éclairer sur les points
difficiles d'organisation municipale : il demande à
quelles conditions on peut être admis dans le Sénat de
Bithynie (7). Vient enfin la question religieuse qui, pour
nous, prime toutes les autres et le gouverneur entretient
le prince de son enquête sur les Chrétiens.

Trajan répond toujours à son correspondant et les avis
qu'il donne, les conseils qu'il propose, sont toujours
nets, précis, montrent partout l'homme qui a étudié les
difficultés qui lui sont soumises, sans lassitude, sans
impatience, avec un intérêt continuellement éveillé et
attentif.

Sans doute la mission de Pline était extraordinaire et
provisoire; le légat de Bithynie, il faut l'avouer, man-

(1) PLINE, *Lettres*, X, 50.
(2) Id., 58.
(3) Id., 52.
(4) Id., 62.
(5) Id., 42.
(6) Id., 71.
(7) Id., 118.

quait un peu d'expérience administrative et avait besoin
de s'éclairer ; il est impossible, à n'en pas douter, que
l'empereur ait eu avec tous ses représentants dans les
provinces des rapports aussi continus et aussi complexes. Mais, si l'on ne peut croire que Trajan se soit
imposé une besogne surhumaine en intervenant dans
l'administration de toutes les provinces comme en
Bithynie, on comprend du moins que, s'il déploya sur
ce point une activité exceptionnelle, elle avait pour
mobile une tendance générale de sa politique.

Ces lettres de Trajan à Pline n'attestent pas seulement d'exellentes intentions, un zèle très vif, une bonne
volonté infatigable, mais aussi un sens politique très fin.
Cet empereur, qui avait une haute idée de l'autorité,
puisqu'il l'exerçait si laborieusement, comprenait pourtant que la centralisation entraînait des abus, et que
bienfaisante en politique, elle devenait dangereuse en
administration. Volontiers Pline, en homme de son
temps, se fût persuadé que le gouvernement devait et
pouvait tout faire ; à ses yeux l'initiative des particuliers, des assemblées locales ne saurait compter; il
n'y pas à faire fond sur elle. L'empereur, avec beaucoup
de modération et de réserve, laisse voir que cette
théorie lui paraît dangereuse ; en plus d'une affaire, il
en condamne l'application. — Pline voudrait savoir si
pour être admis au Sénat de Bithynie et de Pont il faut
ou non payer une certaine somme. Il en réfère à l'empereur et lui dicte presque sa réponse dans un sens absolu
et rigoureux : « Il vous appartient, seigneur, d'établir des
lois destinées à subsister toujours, vous, dont les paroles
et les actions sont destinées à l'immortalité (1). » Mais

(1) PLINE, *Lettres* X, 113.

Trajan ne l'entend point ainsi : « Je ne puis faire, répond-il à Pline, une loi générale qui décide que pour être admis au Sénat de Bithymie, il faut ou non payer une certaine somme et en déterminer la quotité. Il me semble donc que, pour nous tenir à ce qui est toujours le plus sûr, il faut suivre la coutume de chaque ville contre ceux qui sont nommés sénateurs malgré eux (1). ». Trajan voudrait aussi que les gouverneurs fussent pénétrés de l'idée que les réformes ne se font point en un jour, que la continuité est nécessaire en administration, qu'il est des traditions qu'on doit respecter, alors même qu'elles ne paraissent plus respectables et que les précédents ne sont jamais absolument négligeables : « *Sequenda tibi exempla sunt eorum qui isti provinciæ præfuerunt.* » En somme, Trajan se montrait scrupuleusement attentif à ménager « les organes de la vie locale (2) ». Vaguement il pressentait les terribles excès de la centralisation ; l'empire, en effet, dont les débuts avaient été si heureux pour les provinces, devait finir par les ruiner. La république avait eu le tort de vouloir absorber le monde dans une ville : le principat eut le tort d'épuiser des millions de sujets pour une cour. Commencée par l'oppression violente des soldats, la conquête de l'univers s'acheva par l'invasion ruineuse des fonctionnaires. Mais ces heures sombres ne pouvaient encore être prévues par les provinciaux. L'administration impériale étendait et ne faisait pas peser sa main sur eux; le *chrysargire*, impôt levé sur le commerce et l'industrie, l'organisation des *curiales* (3), tout cela n'existait pas

(1) Id., 114.
(2) DE LA BERGE, *Essai*, etc., p. 121.
(3) Les Curiales étaient les membres du premier ordre, des citoyens d'une ville ou d'un municipe. Vers la fin de l'empire on les rendit

encore. Le temps était loin où l'on devait voir déserter les villes pour les forêts, où les habitants des Gaules, par exemple, ruinés par les excès fiscaux, devenaient des espèces d'outlaws (1), des *bagaudes*, comme on disait alors :

> Nous quittons les cités, nous fuyons aux montagnes,
> Nous laissons nos chères compagnes.
> Nous ne conversons plus qu'avec des ours affreux,
> Désespérés de mettre au jour des malheureux
> Et de peupler pour Rome un pays qu'elle opprime (2).

A ce moment, au contraire, il y a pour les provinces un merveilleux essor de prospérité matérielle. Les travaux publics y reçoivent une puissante impulsion : la surface entière de l'empire se couvre de monuments : on fait tout pour encourager le développement du bien-être et l'activité des transactions.

Sans doute ce mouvement s'accentua et se propagea surtout avec les successeurs de Trajan : mais il commence avec ce prince et nous ne pouvons omettre quelques-unes des mesures par lesquelles il inaugura cette œuvre.

C'est lui qui réorganisa le service des postes. — Il n'était pas, comme aujourd'hui, utile aux particuliers ; mal dirigé, il leur devenait nuisible. Il servait uniquement au gouvernement central et à ses agents : les provinces en supportaient les frais. Elles devaient entretenir

responsables de la rentrée des impôts, et ce fut la ruine de toute cette classe de citoyens.

(1) Ce mot désigne les Anglo-Saxons, mis hors la loi après la conquête normande, et qui, réfugiés dans les forêts, firent sous la conduite de Robin Hood une guerre de partisans.

(2) LA FONTAINE, *Fables*, XI, 7.

les relais qui permettaient aux fonctionnaires de se
transporter à travers l'empire : si le pouvoir tolérait
des abus, si les fonctionnaires, ou les amis du gouvernement usaient indûment et indiscrètement de ce
privilège, ces prestations devenaient pour les provinces
un impôt onéreux. Trajan s'efforça de remédier à cela
en instituant les *præfecti vehiculorum* qui veillaient
à ce que les prestations fussent équitablement réparties
et à ce que les permis de transport fussent donnés avec
beaucoup de réserve.

Sous Trajan aussi, furent portées trois lois de nature
à accroître la richesse et l'indépendance des villes provinciales.

Les honneurs municipaux paraissaient alors fort
enviables à nombre de gens : pour les obtenir on ne crai-
gnait pas de faire de grandes dépenses, et surtout de
belles promesses. Ces promesses, une fois nommé, le
candidat devenu magistrat ne les tenait pas toujours :
ainsi des édifices commencés restaient interrompus.

> .....pendent opera interrupta, minæque
> Murorum ingentes..... (1)

Trajan ne voulut plus que ces manquements de foi
fussent possibles : il établit que toute promesse faite à
une cité (*pollicitatio*) serait exécutoire pour celui qui
avait promis, ou pour ses héritiers.

Point de prospérité possible dans ces petites cités, si
elles n'étaient assurées d'une bonne gestion financière :
or, les comptables, en province, avaient joui des bénéfices d'une législation fort clémente pour leurs méfaits.
Abusaient-ils des deniers qui leur étaient confiés, ils

(1) VIRGILE, *Enéide*, II.

avaient aux yeux de la loi commis un simple *furtum*, et n'avaient point à craindre un procès criminel. Trajan assimila au *péculat* la soustraction des fonds municipaux, qui, ainsi devint passible de l'interdiction du feu et de l'eau et de la confiscation des biens.

Enfin, sous ce même prince, par le sénatus-consulte Apronien, les cités furent autorisées à acquérir des biens par voie de fidei-commis. Il n'est pas malaisé de saisir quel important parti elles pouvaient tirer de cette faculté qui leur était accordée.

Par la façon dont il géra les finances, Trajan servit encore les provinces : car cette administration fut bienfaisante pour tout l'empire.

Si, en cette matière, nous ne pouvons point signaler de grandes et originales tentatives, du moins faut-il rappeler bien des mesures honnêtes et utiles.

Partout dut être accueillie avec joie la nouvelle que Trajan renonçait à l'*aurum coronarium*, c'est-à-dire à l'impôt que payaient les provinces à chaque avènement. Le soulagement fut plus vif encore lorsque le prince refusa d'alimenter le fisc par le produit des poursuites de lèse-majesté : il voulut aussi que le fisc ne pût rien prétendre sur les biens des condamnés à la rélégation.

L'empereur allégeait considérablement les impôts établis sur les successions. Nous insisterons ailleurs (Chapitre de la *Philosophie*) sur les très graves conséquences morales entraînées par la réforme de l'impôt du vingtième. Ici rappelons seulement avec Pline la joie des contribuables débarrassés de cette lourde charge. « La parenté même la plus éloignée, et ces degrés où l'alliance s'éteint ne seront plus pour toute succession indistinctement assujettis au vingtième. Le père commun des Romains a fixé la somme à laquelle

pourrait toucher la main du receveur. Un héritage
pauvre sera déchargé de l'impôt. La reconnaissance de
l'héritier pourra, si elle veut, tout dépenser en frais de
tombeaux et de funérailles..... Quiconque est appelé à
une modique succession, peut la recevoir sans inquiétude, la posséder sans trouble. La condition est imposée
au vingtième de n'atteindre que celui qui devient riche.
Une rigueur est changée en un sujet de se réjouir, un
sacrifice en une chose désirable (1). » C'était là une
mesure excellente, inspirée par un haut esprit de philanthropie et de justice, très capable d'assurer à Trajan
une popularité du meilleur aloi.

Mais ainsi le Trésor se trouvait privé de revenus qui
l'avaient jusque-là abondamment alimenté. Il s'en
fallait bien pourtant que les dépenses fussent restreintes. Nous avons dit que Trajan se montrait peut-
être trop libéral dans la distribution des *congiaires*,
et il fallait, en outre, des sommes énormes pour accomplir la grande entreprise des travaux publics qui
lui était si chère.

Où donc trouver des ressources? Quelles recettes
nouvelles pouvaient suppléer à celles qu'on abandonnait et suffire aux dépenses ?

Plein de désintéressement, Trajan n'hésita pas à
aliéner une grande partie du domaine impérial; mais,
d'autre part il tirait un produit considérable des mines
de la Dacie qui étaient devenues propriété du prince,
après la défaite de Décébale et la conquête du pays ;
les carrières de marbre et de porphyre, bien exploitées,
lui fournissaient aussi d'importants bénéfices. — Son
désintéressement même lui servit à enrichir le fisc : il

(1) Pline, *Panégyrique*, 40.

avait déclaré qu'il n'accepterait aucun legs dicté par la crainte, mais qu'il recueillerait ceux que ses amis lui auraient fait librement. « Le prince n'est plus, tantôt parce qu'on l'a nommé, tantôt parce qu'on l'a omis, le seul héritier de tout le monde. Des titres faux ou iniques ne vous appellent pas aux successions et si l'on fait mention de vous, c'est parce que vous l'avez mérité. Vous êtes nommé par vos amis, oublié par les inconnus : rien de changé, depuis que vous êtes prince, si ce n'est que plus de personnes vous aiment maintenant... Continuez, César, à marcher dans cette voie ; l'expérience fera voir lequel vaut mieux pour augmenter, je ne dis pas seulement la renommée du prince, mais ses trésors, que les citoyens éprouvent le désir ou subissent la nécessité de l'avoir pour héritier (1). » Et l'expérience montra bientôt, en effet, que le désintéressement de Trajan lui fut plus profitable que la rapacité : il n'était presque jamais oublié dans les testaments.

La prospérité générale, la tranquillité profonde qui régnaient dans tout l'empire, rendaient plus aisée et plus abondante la rentrée de tous les impôts, et en particulier des impôts indirects. Un contrôle sévère était exercé sur les agents financiers : plus de dilapidations, plus de malversations. — Enfin Trajan se prescrivait la plus sévère économie pour toutes les dépenses qui lui étaient personnelles. A cette époque la cour cesse d'être une charge pour les contribuables. Quand il voyageait, l'empereur ne voulait pas de somptueux équipages ; il n'avait d'autre train que celui d'un simple particulier. Il sentit bien que cette simplicité plaisait aux Romains, et l'on ne peut lui savoir mauvais

____

(1) PLINE, *Panégyrique*, 43.

gré d'avoir publié l'état comparatif de ses dépenses avec celles de Domitien. Comme le pense Pline, cela pouvait même être d'un bon exemple : « Vous avez donc moins fait pour votre gloire que pour l'intérêt général, en déclarant, par un édit, ce qui avait été dépensé pour chacun de vous deux. Qu'ainsi l'empereur s'accoutume à calculer avec l'empire. Qu'il parte, qu'il revienne comme devant un jour rendre compte ; qu'il publie ses dépenses, c'est le moyen de n'en pas faire qu'il rougisse de publier. Il importe, d'ailleurs, que les princes à venir sachent, bon gré mal gré, combien coûtent leurs voyages, et qu'ayant sous les yeux deux exemples contraires, ils se souviennent que l'opinion que l'on aura de leurs mœurs dépend du choix qu'ils auront fait de l'un ou de l'autre (1). »

Quels que fussent les bienfaits de son administration, Trajan ne se dissimulait point que les pays qui formaient l'empire n'avaient pu tous encore oublier leur défaite : pour rendre impossible toute tentative de rébellion, pour étouffer toute velléité d'indépendance, il fallait avant tout compter sur la force des armes et tenir le monde dans le respect. De plus, malgré son énorme puissance, Rome, dès cette époque, n'était point sans inquiétude sur l'intégrité de ses frontières. — En Occident les Germains et les Daces étaient une perpétuelle menace : à l'avènement de Vespasien on avait craint une invasion dacique : sous Domitien ces peuples avaient imposé un tribut aux Romains ; quant aux Germains, Trajan, avant d'être empereur, s'était mesuré avec eux et il connaissait la redoutable force

____

(1) *Panégyrique*, 20.

d'expansion de ces tribus guerrières. — En Orient, les Parthes, souvent vaincus, jamais domptés, restaient fidèles à leur haine contre Rome, et se tenaient toujours prêts à envahir les frontières.

La prospérité du monde Romain n'eût été qu'une œuvre éphémère, si l'on n'eût assuré sa sécurité. Aussi Trajan donna-t-il ses soins les plus assidus àl'armée.

Cette tâche lui offrait d'ailleurs un attrait particulier; sa vie, avant son avènement à l'empire, avait été surtout celle d'un soldat.

Depuis les origines, l'armée romaine, composée d'abord de citoyens, puis de mercenaires à l'époque de Marius, avait atteint le dernier terme de son organisation avec Auguste, qui l'avait rendue permanente (1). Dans cette organisation savante et lentement élaborée par les efforts de tant de grands hommes de guerre il n'y avait plus place pour de larges réformes. Mais il ne manquait pas d'abus à détruire et d'améliorations à accomplir.

Trajan fit d'abord et surtout la guerre aux abus : le service militaire, naguère considéré comme un honneur, ne semblait plus à beaucoup qu'une charge. Pour s'y soustraire on jugeait bons tous les moyens : certains pères mutilaient ou affaiblissaient leurs enfants pour qu'ils ne fussent point soldats; Trajan punit ces manœuvres de la déportation et veilla à ce que les exemptions ne fussent accordées que très difficilement.

Les rudes travaux qui avaient formé les légionnaires, vainqueurs de l'univers, n'étaient plus guère en usage dans les armées romaines : Trajan les remit

____

(1) Voyez sur l'armée romaine au temps de César l'opuscule de Kraner traduit par Baldy et Larroumet, chez Klincksieck).

en honneur; il redoutait pour les troupes le séjour des villes; il voulait qu'elles se tinssent surtout dans leur camp, et prenait toutes les mesures pour les empêcher de s'habituer à l'oisiveté et au bien-être.

Il restaura aussi l'esprit de discipline. Jaloux de toute renommée, préoccupés du pouvoir redoutable dont disposait un général maître de ses soldats, certains Césars avaient trop souvent ruiné le respect des hommes pour leur chef en couvrant de leur autorité des fautes disciplinaires ou en disgraciant les capitaines les plus habiles et les plus vigilants; parfois aussi le favoritisme avait donné de hautes situations militaires à des hommes incapables de les remplir et qui compromettaient le prestige du commandement. — Quand il s'agissait de nommer un officier, Trajan faisait tout pour s'assurer de ses mérites : confier un grade lui paraissait une affaire d'importance. Marc-Aurèle s'en souvenait et déclarait que nul, s'il n'était éprouvé, n'obtenait un commandement de son bisaïeul : « *proavus non nisi exploratissimis dabat* (1). » Mais quand l'empereur avait donné sa confiance, il aidait celui qu'il en avait investi, à prouver qu'il en était digne. Par l'attitude que l'empereur gardait vis-à-vis d'eux les chefs pouvaient conquérir, près de leurs subordonnés, une précieuse autorité morale : « Qu'il est beau, dit Pline qui s'émerveille avec raison de ce changement, qu'il est beau d'avoir rétabli dans le camp la discipline détruite et abolie, en bannissant ces fléaux du siècle précédent, la fainéantise, l'indocilité, le mépris du devoir ! On peut sans péril imposer le respect ou s'attirer les cœurs. Un général ne craint plus

(1) *Lettre à Cornélius Balbus.*

ou de n'être pas aimé de ses soldats ou d'en être aimé. Sans s'inquiéter s'il plaira ou s'il déplaira, il presse les travaux, assiste aux exercices, veille à ce que tout soit en bon ordre : armes, retranchements, soldats. C'est que nous vivons sous un prince qui ne se croit pas menacé des attaques préparées contre l'ennemi. Cette faiblesse était bonne pour ceux qui, ennemis eux-mêmes, craignaient des représailles. De tels princes aimaient à voir toute ardeur militaire s'éteindre, les corps languir aussi bien que les âmes et jusqu'aux glaives oubliés s'émousser et se couvrir de rouille. Alors nos généraux redoutaient moins les embûches des étrangers que celles de leurs princes, le fer des barbares que le bras et l'épée de leurs compagnons d'armes (1). » Malgré leur renommée, les Corbulons de ce temps purent être innocents : ce bienfait fut vivement ressenti par les chefs, compris par les soldats et qui pourrait dire à quel degré il servit la patrie romaine et retarda sa décadence?

Soldat, au fond du cœur, Trajan savait bien aussi que pour exercer sur le soldat une influence véritable, il faut des exemples plus encore que des règlements. Il voulut être non pas seulement le maître de l'armée; il voulut non pas seulement lui imposer son autorité, mais encore mettre son âme en elle et vivre de sa vie. Etait-il dans un camp? Il partageait les rudes labeurs du légionnaire et ne s'épargnait pas plus que ceux qu'il commandait. « Sans vous contenter de voir un camp en perspective et de traverser rapidement les grades subalternes, vous avez exercé le tribunat de manière à pouvoir en sortir général et à n'avoir plus de leçon à recevoir à l'époque

(1) *Panégyrique*, 18.

où il faudrait en donner. Dix campagnes vous ont appris à connaître les mœurs des peuples, la situation des pays, les avantages des lieux, et à supporter toutes les eaux et toutes les températures, comme les fontaines de votre patrie et le climat natal. Combien de fois avez-vous remplacé vos chevaux ; renouvelé vos armes usées par la victoire (1) ! » En campagne c'était un marcheur intrépide, qui pendant les étapes les plus longues renvoyait son cheval : « Destiné à la représentation plutôt qu'à vous épargner des fatigues, votre cheval, exempt de fardeau, marchait avec les autres à la suite de l'armée, il ne vous servait qu'aux jours du repos lorsque ardent et bondissant, sous son maître, il soulevait autour des retranchements des tourbillons de poussière (2). »

Non content d'inspirer le respect aux soldats en payant ainsi de sa personne, Trajan leur inspirait aussi une profonde affection par le soin qu'il prenait pour que rien ne manquât à leurs besoins, visitant les ambulances après le combat, encourageant les blessés, et ne se retirant dans sa tente que lorsqu'il avait tout vu, tout prévu, pourvu à tout. « Jamais on ne vous vit entrer dans votre tente, sans avoir visité celle de vos compagnons d'armes, ni donner du repos à votre corps, si ce n'est après tout le monde (3). » Il avait enfin cet heureux don, qui gagne les cœurs, ce don de la familiarité sans faiblesse : il connaissait ses hommes, savait leurs sobriquets, pouvait leur rappeler leurs belles actions, et quand il se mêlait à leurs divertissements,

(1) *Panégyrique*, 15.
(2) Ibid.
(3) Id., 13.

était assuré qu'il gagnait de l'affection, sans rien perdre de son autorité. « Vous les appelez presque tous par leur nom, vous citez à chacun un trait de bravoure, nul n'a besoin de vous énumérer les blessures qu'il reçut pour la république puisqu'elles eurent en vous un témoin qui ne fit pas attendre ses éloges (1)....... Bannissant toute contrainte des jeux guerriers, vous lanciez tour à tour et attendiez les javelots, applaudissant à la vaillance des soldats et joyeux toutes les fois qu'un coup un peu rude heurtait votre casque ou votre bouclier; (car en frappant on s'attirait vos éloges; vous vouliez qu'on osât, et on finissait par ôser); témoin et arbitre des braves vous aimiez avant la lutte à égaler leurs armes, à essayer leurs traits, et, si une javeline leur semblait trop pesante, à la darder vous-même ». (2)

Après s'être ainsi fait le réformateur, bien mieux l'éducateur de son armée, Trajan sentait á merveille qu'il pouvait compter sur elle. — Dès l'an 99 une expérience décisive lui montra tout ce qu'il pouvait en attendre. A son retour de Germanie comme il jugeait les finances embarrassées, il pensa qu'il ne pouvait donner à la fois au peuple un *congiarium*, à l'armée un *donatinum* aussi élevés qu'avaient fait ses prédécesseurs; des réductions étaient nécessaires : il les fit. En restreignant ses libéralités, ce ne fut pas le peuple qu'il priva mais les soldats. Il n'y eut pas un murmure. Si l'on songeque peu d'années avant, Galba avait été renversé pouravoir refusé le *donativum*, on se rendra compte des progrès que la discipline et l'esprit militaire avaient accomplis grâce à Trajan.

Comment résister au désir d'employer cet admirable

(1) Ibid. 15.
(2) Ibid. 13.

instrument qu'il avait pour ainsi dire forgé de ses mains ?

Au début de son règne Trajan avait mérité l'éloge que lui adressait Pline dans son Panégyrique : « ce qui rend votre modération plus admirable c'est que vous aimez la paix, vous nourri dans la gloire des armes ; vous ne redoutez la guerre ni ne la provoquez (1) » A cette époque, en effet, il ne fit que des guerres défensives propres à assurer la sécurité de l'empire, et l'intégrité des frontières. — Après avoir réduit les Germains à une immobilité qui dura pendant tout son règne, il assura l'ordre sur les rives du Danube : les Daces et leur roi Décébale sentirent le poids des armes Romaines. Dans une première expédition l'empereur, qui commandait en personne leur infligea trois rudes défaites et prit leur capitale (103) ; comme ils se soulevèrent l'année suivante, Trajan reparut sur les rives du Danube, les unit par le fameux pont, chef d'œuvre d'Apollodore, et frappant des coups terribles et rapides, réduisit la nation au désespoir et Décébale au suicide. La pacification de la Dacie fut complète. Des colonies Italiennes s'établirent dans le pays si solidement que les descendants des colons envoyés par Trajan, les Roumains de Valachie, de Moldavie, de Transylvanie, conservent encore les signes et les souvenirs de leur origine.

En Orient l'œuvre de la défense des frontières fut conduite d'abord avec autant de bonheur et de sagesse. La soumission de l'Arabie était devenue nécessaire : elle s'accomplit sans difficulté. Mais, mis alors en présence des Parthes et des Perses, Trajan perdit de son sang-froid, de sa sûreté de vues, et, fit subir à la poli-

____

(1) *Panégyrique*, 16.

tique d'Auguste une déviation qui créa à l'empire une situation dangereuse, sinon immédiatement, au moins pour l'avenir.

« A la mort d'Auguste, son testament fut lu publiquement dans le Sénat. Auguste laissait à ses successeurs, comme la portion la plus utile de son héritage, l'avis important de resserrer l'empire dans les bornes que la nature semblait avoir elle-même tracées : à l'Occident, l'Océan Atlantique ; le Rhin et le Danube au Nord ; l'Euphrate à l'Orient et, vers le Midi, les sables brûlants de l'Arabie et de l'Afrique. Le genre humain était redevable de son bonheur à la sagesse d'Auguste ; les vices et les lâchetés de ses successeurs assurèrent encore la tranquillité de l'empire (1).

Il ne faut pas rendre Trajan seul responsable de l'abandon de cette politique prudente. Les contrées de l'Orient exerçaient sur l'imagination du peuple Romain une séduction singulière ; les merveilles qu'on rapportait sur ces pays, assez mal connus encore, piquaient la curiosité ; les contes qu'on faisait sur leur fabuleuse richesse excitaient la convoitise. Beaucoup, même parmi les plus sensés, souhaitaient de voir incorporer ces régions à l'empire, parce qu'ils y voyaient un champ vaste et fécond ouvert à l'activité commerciale. On ne peut guère douter aussi qu'il y ait eu à cette époque des tendances assez semblables à ce que nous nommons le *chauvinisme*. Le souvenir de leur ancienne gloire militaire n'était pas entièrement éteint au cœur des Romains ; n'entendons-nous pas Tacite se plaindre d'avoir vécu au sein d'une paix profonde, ou du moins, rarement troublée : *immota aut modice lacessita pax* (2). D'ail-

(1) GIBBON, *Histoire de la décadence de l'empire Romain.*
(2) TACITE, *Annales* IV, 32.

leurs les Parthes avaient infligé à la fierté nationale
une cruelle blessure ; les batailles de Carrhes et de Sin-
naca restaient inoubliables. En vain les étendards pris
à Crassus avaient-ils été restitués ; cette satisfaction
n'apaisa pas le patriotisme de tous ; beaucoup souhaitaient qu'une vengeance éclatante effaçât dans le sang
des Parthes la honte de ces anciennes défaites et répétaient les vers de Lucain :

Quumque superba foret Babylon spolianda tropœis (1).
Ausoniis, umbraque erraret Crassus inulta...

Il eut été sans doute très sage de la part de Trajan,
de résister à ce mouvement de l'opinion publique.
Mais, comme il correspondait à ses secrets désirs il
ne fit nulle difficulté de lui céder. Quoique fort peu
romanesque, Trajan professait pour Alexandre une
admiration enthousiaste. Quel rêve que de parcourir en
vainqueur ces pays naguère témoins des rapides et
brillantes victoires du jeune conquérant! Les Grecs ne
cessaient pas d'opposer leur Alexandre à tous les
hommes de guerre qui avaient illustré Rome; trois
ans, disaient-ils, lui avaient suffi pour soumettre
l'Orient, et vous, Romains, vous reculez devant les
Parthes. N'y aurait-il pas plaisir à imposer silence à
ces remarques malignes? Enfin il est bien visible que
Trajan aimait la guerre pour la guerre elle-même; il
avait reçu l'éducation d'un soldat; il possédait les
talents d'un général; rien de plus naturel qu'il sou-
haitât les déployer. Dion a vu juste en disant que Trajan
fit la guerre sous prétexte que le roi d'Arménie ne lui

(4) LUCAIN, *Pharsale* I.

n'avait point demandé l'investiture, mais en réalité pour satisfaire son désir de gloire, τῇ δ'ἀληθείᾳ τῆς δόξης ἐπιθυμίᾳ (1).

L'expédition fut d'abord heureuse et brillante : les conquêtes se succédèrent rapidement; en 114 l'Arménie est soumise, en 115 la Mésopotamie, l'Assyrie en 116. Trajan descendit jusqu'à l'embouchure du Tigre et de l'Euphrate dans le golfe Persique : « Si j'étais plus jeune, disait-il, j'irais conquérir les Indes. » Mais en cette même année 116, les Juifs se soulèvent : en 117, les Parthes secouent le joug. Tout est remis en question : les révoltés battent et tuent un général romain. Trajan lui-même échoue devant Atra, quoiqu'il ait chargé à la tête de ses troupes. Avant qu'il eût pu réparer cette échec, la maladie vint l'enlever. Après avoir remis le commandement de l'armée à Hadrien, il mourut à Sélinonte, le 11 août 117.

Ces guerres, glorieuses après tout, ont été la plus grosse faute du règne de Trajan. Mais cette faute ne doit pas faire oublier tous les services que ce prince avait rendus à l'empire et à l'humanité.

« Nerva, a dit Montesquieu, adopta Trajan, prince le plus accompli dont l'histoire ait jamais parlé. Ce fut un bonheur d'être né sous son règne; il n'y en eut point de si heureux, ni de si glorieux pour le peuple romain. Grand homme d'État, grand capitaine, ayant un cœur bon qui le portait au bien, un esprit éclairé qui lui montrait le meilleur, une âme noble, grande, belle; avec toutes les vertus, n'étant extrême sur aucune; enfin l'homme le plus propre à honorer la nature humaine et représenter la divine (2). »

(1) Dion, LXVIII, 17.
(2) *Considérations...* chapitre XV.

Avouons qu'il y a dans cet éloge quelque exagération et quelque emphase : mais il reste vrai dans ses grandes lignes. Trajan a joint aux plus nobles intentions une ferme intelligence : il a su comprendre les besoins de son temps et a travaillé à leur donner satisfaction. Ce qu'on demandait au deuxième siècle de l'ère chrétienne, c'était, a dit Marc-Aurèle, « un système politique basé sur l'égalité du citoyen devant la loi, une royauté plaçant le respect de la liberté des gouvernés au premier rang de ses devoirs. » Trajan a rempli en partie ce programme : n'y a-t-il pas là de quoi l'honorer à tout jamais ?

II

LA RELIGION

II

LA RELIGION

Dans l'évolution religieuse de l'humanité, l'époque de Trajan marque une crise solennelle dont on peut déjà prévoir le suprême dénouement. C'est l'heure, où le paganisme hellénique, depuis longtemps miné par l'invasion des peuples orientaux, commence à chanceler, c'est l'heure où une religion nouvelle, dont les progrès s'étaient d'abord accomplis obscurément, entre définitivement dans l'histoire, et où la société antique, qui se sent vaguement menacée, engage contre ces novateurs une guerre déclarée dans laquelle elle doit bientôt succomber.

Donnons-nous le spectacle de cette lutte mémorable, et, pour en faire comprendre les péripéties, efforçons-nous de saisir et de marquer l'état des âmes à cette époque où le trouble et l'angoisse ont succédé à cette paix des consciences, à cette sérénité des esprits que la culture grecque donna au monde pendant un court moment.

Le premier siècle de l'ère chrétienne est tout rempli par un mouvement de religiosité inconnu aux anciens âges. L'aspiration vers le mystérieux et le surnaturel,

le besoin de l'au-delà arrachent les esprits et les
cœurs à ce contentement intellectuel qui avait fait naguère l'équilibre de la personne humaine (1). A défaut
de croyances où l'on puisse se fixer, on se laisse entraîner à toutes les superstitions; plus elles sont trou-
blantes, plus elles séduisent, et les hommes les plus
cultivés et les plus graves ne savent point y échapper.
« On croyait de plus en plus à la fin prochaine du
monde. On mêlait à l'idée de cette destruction prochaine celle d'une régénération, et celle-là dominait
chez les poëtes qui avaient besoin d'espérances. On appelait et on attendait un sauveur (2). »

Aussi les thaumaturges trouvaient créance et les miracles étaient en faveur; ne sent-on point la sincérité dans l'accent de Virgile, rapportant les présages ou
prodiges qui accompagnèrent la mort de César? —
Sous Tibère, l'astrologie a élu domicile au palais des
empereurs; sous Néron, Lucain, qui peint les mœurs
de son temps en racontant la guerre de César et de
Pompée, conduit Sextus, le fils de son héros chez la
nécromancienne Erichto: (3) Suétone rapporte que

(1) «.... S'il y a un *au-delà*, il est pour les Grecs comme ce
pays des Cimmériens dont parle Homère, pâle contrée des morts,
sans soleil, enveloppée des brouillards mornes où, pareils à des
chauves-souris, les fantômes débiles viennent par troupeaux, avec
des cris aigus, remplir et réchauffer leurs veines en buvant dans
la fosse le sang rouge des victimes. La structure de leur esprit a
enfermé leurs désirs et leurs efforts dans une enceinte bornée,
celle que le plein soleil éclaire, et c'est dans cette arène, aussi
illuminée et aussi circonscrite que leur stade, qu'il faut les voir
agir. » (TAINE, *Philosophie de l'Art en Grèce* — chez Germer
Baillière.)

(2) HAVET, *Le Christianisme et ses origines. L'Hellénisme*
(tome II), chez Calman Lévy.

(3) LUCAIN, *Pharsale, VI*. 420-505.

Vespasien guérit miraculeusement un aveugle et un boiteux (1). Tacite, le plus grave historien de l'anti-quité, cet homme d'un esprit élevé, mais un peu dur, qui croit à peine aux Dieux et, en tout cas, doute de la Providence, enregistre, avec un sérieux convaincu, d'in-vraisemblables prodiges. C'est un songe qui détermine Pline l'Ancien, un pur athée, à écrire son livre, au-jourd'hui perdu, *De la Germanie*; et Pline le Jeune, ce tranquille lettré, nous conte des histoires de revenants, sans faire difficulté d'avouer qu'il y croit (2).

C'est que les âmes, après les longues guerres de con-quête, après les convulsions où avait péri la république romaine avaient subi un profond ébranlement et éprou-vaient une grande lassitude. « La fin de la guerre de *Trente ans*, l'épuisement de l'Europe après les Walds-tein, les Tilly, les longs ravages des mercenaires d'alors, donnent une faible idée de l'état des peuples anciens après les *Trois cents ans*, où les successeurs d'Alexandre, les Pyrrhus, les Agathocles et les merce-naires de Carthage mirent partout la mort, la ruine. Ajoutez par dessus Marius et Sylla, l'atroce combat de l'Italie elle-même, divisée aux soldats. Divisée sans profit; car la culture cessa. Même aux portes de Rome commençait le désert.

> Rarus et antiquis habitator in urbibus errat. (3) »

C'est dans la solitude que naissent les fantômes et les rêves : quand l'empire se repeupla, quand le régime nouveau eut ramené la prospérité matérielle, ces hal-

---

(1). SUÉTONE, *Vies des Douze Césars. Vespasien*, VII.
(2) PLINE LE JEUNE, *Lettres*, VII, 27.
(3) MICHELET, *Bible de l'Humanité*, chez Chamerot.

lucinations ne se dissipèrent pourtant point : elles restèrent dans l'air.

Nous savons, en effet, que la richesse, qui renaissait
avec l'ordre et la paix, n'était point équitablement dis-
tribuée ; malgré tous les progrès de la démocratie hâtés
par l'avènement de l'empire, d'énormes inégalités, des
disproportions choquantes subsistaient dans le monde
antique. A côté de l'extrême opulence, l'extrême misère ; beaucoup de nababs, mais aussi des millions de
mendiants. Ici d'incroyables voluptés, là des souffrances inouies. Ces violents contrastes déterminent
presque toujours dans une société un état physio-
logique particulier. De nos jours on a inventé le nom
de la *névrose;* la chose date de loin et cette étrange
maladie fut celle des hommes qui vécurent sous
les Césars et les Antonins. Tous, riches et pauvres,
exploiteurs et exploités, ceux qui jouissaient et ceux
qui souffraient, étaient en proie à un malaise in-
nommé : la satiété des uns, l'inassouvissement des
autres créait dans la société un état de fermentation
singulière. « On avait mal à l'âme » (1) comme on l'a
dit. Et ceux-ci, qui avaient épuisé tous les plaisirs,
sans être satisfaits, et ceux-là, qui avaient connu
toutes les souffrances, sans être consolés, n'attendaient
plus de la terre un remède à leur maladie. Ils éprou-
vaient un grand besoin de s'élever vers Dieu, de s'absorber, de se perdre en lui, et en même temps de fixer
leurs croyances, de les asseoir sur une base inébran-

(1) Le mot n'est-il pas de Mgr. Perraud, évêque d'Autun? En
tout cas, il l'a rappelé dans le discours qu'il a prononcé à l'Académie Française en recevant M. Duruy.

lable. Vaguement mystiques ils souhaitaient une autorité spirituelle.

Pour satisfaire ces tendances, il eût fallu que la religion officielle se renouvelât profondément. Montrons qu'elle n'en fit rien, que ses représentants ne songèrent point à une pareille entreprise.

On l'a dit avec une parfaite justesse, « l'État et la Religion ne furent jamais à Rome que deux aspects différents de la cité, séparés par l'abstraction, mais intimement unis par la réalité..... La religion fut le berceau de la cité ; mais comme la religion n'avait de forme propre et de réalité extérieure que dans la cité, il en résulta qu'elle devint partie intégrante de l'État et s'absorba en lui..... Elle tenait de l'État sa légitimité et son empire sur les consciences, et l'on ne pouvait ajouter ni au dogme, ni à la liturgie sans l'ordre exprès du Sénat... Dans une pareille subordination son influence tout entière fut mise au service de l'État » (1).

Quand la révolution opérée par Auguste, eut fait passer dans les mains d'un seul homme toutes les magistratures républicaines, l'empereur devint aussi souverain-pontife, et le régime impérial, faisant revivre les traditions de l'ancienne royauté, réunit le pouvoir religieux au pouvoir civil dans la main du souverain. Il serait donc superflu d'expliquer pourquoi et comment les empereurs ne voulurent point modifier le caractère de la religion officielle. Bien plus, au lieu d'essayer de la conduire dans des voies nouvelles, ils la poussèrent plus avant dans celles où elle était engagée. Sous la République on avait vu une *religion d'État* ; sous l'empire, la religion officielle ne fut guère que la *religion*

____

(1) Bouché-Lecler, *Les Pontifes de l'ancienne Rome.*

de l'État (1); or, l'État s'absorbant dans un homme, la religion s'absorba dans le culte de cet homme.

Nous avons été fort scandalisés, nous autres modernes, par l'apothéose impériale; il nous a paru monstrueux qu'on ait rendu un culte à des princes imbéciles ou scélérats, comme Claude ou Caligula. Pour justifier et expliquer ce culte, on a rappelé que l'apothéose avait des précédents dans les faits — puisqu'en Egypte on divinisait les Pharaons, qu'en Italie, même, les anciens rois Picus, Faunus, Romulus, Latinus, étaient honorés comme des Dieux — qu'elle avait aussi ses précédents dans les croyances populaires, qui des morts faisaient

(1) Les poètes ont fait vivre ces abstractions; sous le nom de *Rome*, ils ont divinisé l'État, l'*Imperium Romanum*.

Pour eux, Rome est universelle et éternelle; elle embrasse à la fois l'espace et le temps, la terre et le ciel. « L'Italie est audessus de tout; Rome, souveraine du monde, l'a faite la première sur la terre, tandis qu'elle-même tient au ciel. »

    ... Italia in summa, quam rerum maxima Roma
Imposuit terris, cœloque adjungitur ipsa.
        (MANILIUS, cité par HAVET. *L'Hellénisme*, tome II).

Voyez aussi ce passage de Preller : « Les Grecs avaient inventé à l'usage des Romains une déesse Roma... A partir de la guerre de Macédoine (170 av. J.-C.) l'usage se répandit de plus en plus parmi les peuple de la Grèce de diviniser Rome, le peuple romain, le Sénat romain et de représenter cette *Dea Roma* sur leurs monnaies, avec lacouronne murale et la corne d'abondance... A Rome, *Roma* est toujours représentée sur les monnaies comme une guerrière armée et environnée de trophées : c'est l'ancienne Ῥώμη de la légende grecque, la déesse personnifiée de la toute puissante ville, celle que les Romains appelaient quelquefois *Valentia* en traduisant son nom.... Il existait à Rome, outre les nombreuses effigies empreintes sur les monnaies, de nombreuses représentations de cette déesse, au Capitole, par exemple. » (*Les Dieux de l'Ancienne Rome*. Traduction de L. Dietz, chez Didier.)

des *Dii Manes*, et enfin dans les idées philosophiques, puisqu'aux yeux de certains philosophes, l'âme du sage non seulement est immortelle, mais divine (1), et que la vertu lui ouvre les demeures célestes (2). Toutes ces explications ont sans doute leur valeur; il n'en est pas, croyons-nous, de plus décisive que celle que nous avons donnée.

Dans l'intérieur de la ville, le petit peuple avait une vénération particulière pour les *Lares Compitales* qui n'étaient rien autre chose que les *Lares publici*. Quand Auguste réforma l'administration municipale de Rome, il divisa la ville en 14 régions et 265 quartiers. Ces quartiers ont à leur tête quatre *magistri vicorum* chargés de la police, commandant à des esclaves qui ont pour mission d'éteindre les incendies, prêtres enfin des *Lares Compitales*. Aux deux *Lares Compitales* les *magistri vicorum* ajoutèrent par reconnaissance le génie d'Auguste. Dans les provinces cette confusion de l'État et du prince dans un même culte est plus manifeste encore. « Ce culte s'adressait moins à tel ou tel César en particulier qu'à la dignité impériale dans son ensemble. Les prêtres de la province d'Espagne citérieure s'appellent *flamen Romœ, divorum et Augusti*. » L'empereur n'est que la forme vivante de l'État; c'est l'État tout entier, c'est la puissance de Rome qu'on adore en sa personne, comme on adore les manifestations particulières de l'État romain. N'a-t-on pas trouvé une inscription votive dédiée *au Génie des contributions indirectes* (3)?

(1) Voir Cicéron, *De legibus*, II. 11.
(2) Voir Horace, *Odes*, III, 2.
(3) Pour tout ceci voir Boissier, *La Religion romaine, d'Auguste aux Antonins*. Tome I, 184 et suiv.

Les Césars se confondant ainsi avec Rome, la ville divine, l'autorité de l'empereur prenait un caractère d'inviolabilité et de toute puissance. Il devenait déjà de son vivant sacro-saint, *auguste*, suivant le mot officiel emprunté à la langue sacerdotale des vieux rituels. Dès avant la cérémonie de la consécration, il est le représentant de la divinité sur la terre et il ne faut pas voir seulement une flatterie dans les paroles que Valère-Maxime adresse à Tibère dans la préface de son livre : « Les autres divinités ne sont que dans l'opinion ; mais la divinité, nous la voyons, nous la touchons en toi. Nous avons emprunté au monde le reste des dieux, nous lui avons donné les Césars ». Comment ces princes eussent-ils pu songer à rien changer à une religion qui aboutissait ainsi au culte de leur toute puissance ?

En matière de religion, le conservatisme le plus complet fut donc, pendant un siècle et demi, la doctrine des princes qui gardèrent vraiment la tradition impériale. Dion Cassius met dans la bouche de Mécène un discours où, suivant un procédé familier aux rhéteurs, il lui prête une prévision rétrospective et lui fait conseiller ce qui était déjà accompli (1) « Honorez, dit Mécène à Auguste, honorez toujours et partout les Dieux de la manière usitée dans l'empire et contraignez les autres à les honorer de même. Punissez de supplices les auteurs des religions étrangères, non-seulement par respect pour les dieux, mais encore parce que ceux qui introduisent de nouvelles divinités engagent plusieurs à suivre des lois étrangères d'où naissent les conjurations, les sociétés secrètes qui sont très désavantageuses au gouvernement d'un seul. » A

(1) Dion Cassius, XLIX, 43.

vrai dire cette tradition fut interrompue un moment, lorsqu'à la famille Julia succéda la maison des Flaviens. Ces nouveaux venus éprouvèrent le besoin de se donner aux yeux des peuples une sorte de consécration religieuse, de fonder une nouvelle dynastie mythologique. Les Césars s'étant appuyés sur l'ancienne religion, les Flaviens eurent recours aux cultes de l'Orient. Dévot à Sérapis, Vespasien reçut de ce dieu le don de faire des miracles. « C'est ainsi, dit à peu près Suétone, qu'un prince arrivé si brusquement au pouvoir acquit, dès son avènement, la majesté et l'autorité qui lui manquaient (1). » Mais Trajan reprit la politique d'Auguste. Pline le Jeune, esprit superficiel, ne se préoccupe guère, dans son Panégyrique, de la question religieuse. Pourtant il a noté d'un trait ce retour du prince son héros vers l'ancienne religion : « ce n'est plus le temps, dit-il, où les mystères d'une superstition étrangère et d'obscènes bouffonneries entouraient la table du prince (2). » Ces mots qui, évidemment, visent le charlatanisme et les danses bizarres des prêtres d'Isis, nous font entendre que, s'ils ne furent point frappés, du moins le nouveau prince leur interdit le palais impérial et les tint à l'écart. Du côté des empereurs, à cette époque, nul changement ne s'introduisit donc dans la religion nationale : le prince, qui était pape en en même temps qu'empereur, n'eût pas l'idée de créer de nouveaux dogmes, de rien changer aux anciens rites.

Les prêtres romains essayèrent-ils d'avoir quelque action sur les âmes, de renouveler la vie intime de ce grand corps du paganisme maintenu immobile dans sa

(1) *Vespasien*, VII.
(2) PLINE LE JEUNE, *Panégyrique*, 49.

forme extérieure par le pouvoir souverain des empereurs ? Non ; ils ne le voulurent point, et l'eussent-ils voulu, ils n'en auraient sans doute pas eu le pouvoir. Nous attachons aujourd'hui à la fonction du prêtre un caractère que les Romains ne lui ont jamais donné : le prêtre est pour un chrétien, à la fois un juge et un directeur, il rend des arrêts sur la vie passée, il guide dans la vie à venir : on lui demande d'éclairer les consciences et les intelligences ; on veut qu'il console les souffrances endurées, qu'il pardonne les fautes commises, qu'il prévienne les défaillances possibles, qu'il redresse les erreurs et dissipe les obscurités de l'esprit. Il est, aux yeux des croyants, comme l'interprète de la divinité, dont il transmet les ordres et les sentences aux hommes ; il sert en même temps d'intermédiaire entre Dieu et la terre, et fait parvenir aux cieux les prières d'en bas. Le prêtre tient l'âme tout entière du chrétien. — Pour les Romains les prêtres ne sont que des magistrats comme les autres : « on ne les regarde que comme les conseillers de l'État... comme ses aides ou ses suppléants dans les cérémonies qu'il faut accomplir....... comme les gardiens des vieilles coutumes, chargés de les faire connaître, de les observer eux-mêmes ; on leur demande surtout d'être instruits et vigilants..... Comme on ne donnait pas d'enseignement dogmatique dans les temples, qu'on n'y faisait pas d'exhortations morales, comme le culte ne consistait qu'en pratiques extérieures que tout le monde accomplissait par habitude, — les prêtres n'avaient point besoin d'être des personnages irréprochables ou des dévots convaincus pour dicter une formule, etc. — A Rome et dans les villes romaines les prêtres ne songent pas à s'isoler et à se distinguer ; ils vivent dans l'agitation des affaires et joignent ordinairement des charges civiles à leurs fonctions sacrées (1) ». Il se pouvait ainsi, sans que personne s'en scandalisât, qu'un parfait sceptique fût investi d'une fonction sacerdotale. Cicéron est absolument détaché des vieilles croyances : dans ses dialogues sur les dieux et sur la *Divination* il ne laisse rien subsister de la religion populaire ; il n'en fit pas moins partie du collège des augures et nul ne songea à arguer de ses opinions philosophiques pour l'empêcher d'abord d'y entrer, ou pour l'en faire plus tard exclure. Cotta, contemporain du grand orateur, professait les doctrines des académiciens ; cela ne l'empêcha point de devenir grand pontife. Un pareil clergé pouvait-il faire du prosélytisme ?

Il ne faudrait pourtant point croire qu'au sein de la religion romaine il ne s'accomplissait aucun changement, que le paganisme demeurait entièrement immobile. Bien au contraire, en dehors de toute action officielle et apparente, un profond travail s'achevait alors en lui ; mais ce travail ne devait point le renouveler ; il allait bientôt le dissoudre.

Si l'on considère la religion de Rome, on est frappé de ce fait que dès une époque toute voisine de son origine, elle porte en elle-même le germe de sa propre mort : or, à ce moment, les temps étaient venus.

« Les vieilles croyances latines n'avaient produit aucune de ces trois choses par lesquelles se développent les religions : mythologie, art, métaphysique. Rien de plus qu'une foi naïve à quelques dieux très mal définis, avec des pratiques exactes et minutieuses. » Et ces dieux, pâles fantômes, êtres indistincts, s'éva-

(1) BOISSIER, *La Religion romaine*, tome I.

nouirent très vite devant les brillants Olympiens qu'apporta avec elle la civilisation grecque. Comment ne point citer ici une belle page de Quinet toute pleine de vie et de vérité ? « Rome est fondée : pour la première fois, dans l'antiquité, la société nouvelle n'apporte pas un principe religieux qui lui soit propre. Elle vit du fond commun des cultes antérieurs, elle emprunte, elle concentre la tradition universelle du paganisme, elle n'agrandit pas les cieux païens. Ses croyances ébauchées s'effacent, au premier souffle, devant les croyances plus éclatantes du reste du genre humain. Nul souvenir inspiré du monde naissant ; nulle empreinte du commencement des choses ; le murmure des temples couvert par le bruit de la vie civile et par les orages du Forum ; l'homme accoutumé déjà au prodige de l'Univers ; la nature, dans sa majesté première, domptée, bornée par l'industrie et l'agriculture, les dieux sans Olympe, sans amour ni postérité... la raison d'État, surtout la *peur*, ce sentiment sénile succédant au besoin naïf d'adoration, à l'hymne, à l'extase, à l'enivrement, à la volupté ; — tout annonce que la sève des religions de la nature se refroidit et s'épuise ; l'âme de l'antiquité commence à dépérir. Le principe qui l'animait, ne se renouvelant plus, on pressent dès lors que la cité romaine qui vit et s'alimente de la substance de toutes les autres, sans presque rien y ajouter, sera la dernière société et la révolution suprême du monde païen (1). »

Et Quinet, continuant, développe avec une force ingénieuse cette idée que ce sentiment de peur, fonds de la religion des premiers Romains, a amené la destruc-

(1) EDGAR QUINET, *Le Génie des religions*, chez Pagnerre.

tion du paganisme. Ce peuple, en effet, qui tremblait
devant ses dieux, qui adorait plus volontiers les divinités terribles que les divinités aimables, qui offrait
moins de sacrifices au bon Jupiter qu'au méchant Jupiter (*Vejovi*), qui élevait des temples à la *Mauvaise
Fortune*, à la *Fièvre*, aux *Tempêtes*, à la *Terreur* elle-
même, ce peuple, qui reste perpétuellement courbé
sous la menace divine,

> Humana ante oculos fœde quum vita jaceret
> Per terras oppressa gravi sub relligione (1),

ce peuple, ne redoute pas moins les divinités étrangères que les dieux de sa patrie. Bien loin de les proscrire, il les accueille ; il va au-devant d'elles pour
tâcher de les désarmer. Sous les murs de Véies, il
offre l'hospitalité du Capitole à la déesse protectrice de
la ville ennemie. Rome conquiert le monde, et, à
chaque nouvelle victoire, elle est conquise par la religion des vaincus. Quand le temps, quand les progrès
de la raison, eurent fait disparaître des âmes cette pa-
nique intellectuelle (2), elle fut remplacée par une
sorte d'indifférence, et les Romains continuèrent à ouvrir les portes de leurs temples aux dieux étrangers.

Commencée dès la fin de la royauté, continuée sous
la République par l'installation du culte de la déesse
de Phrygie, par le grand scandale des bacchanales,
cette invasion se précipita sous l'empire et triompha
au Panthéon. Les conséquences de cette *théocrasie*,
comme dit Quinet, furent très graves et paraissent très
inattendues. « Ce qui semblait devoir rendre l'égare-

---

(1) Lucrèce, *De Natura rerum*, chant I.

(2) « *Religio, id est metus, ab eo quod mentem religat, dicta
religio.* » (Servius, *Commentaire sur l'Enéide.* VIII.)

ment universel fut précisément ce qui sauva la raison
humaine. De la confusion de tous les dieux dans le
système romain on tira cette conséquence qu'ils diffé-
raient seulement par les noms et que tous se rédui-
saient à un seul (1). » L'effort de la philosophie du
temps consista à rendre cette idée de jour en jour plus
nette et plus distincte ; car elle commençait à luire con-
fusément dans tous les esprits. Or qu'était-ce autre
chose que la négation même du polythéisme qui, impuissant à se renouveler, prononçait lui-même son
arrêt de mort (2).

Au fond des âmes, partout l'indifférence pour la religion nationale, sinon l'incrédulité ; les classes élevées
et instruites ne conçoivent plus cette religion que
comme une sauvegarde contre la brutalité et la sauva-
gerie des masses populaires : ce n'est plus à leurs yeux
l'aiguillon qui stimule au bien, c'est le frein qui contient les instincts redoutables. Le peuple n'en a guère
souci. Écoutez Pétrone : « Maintenant personne ne
croit plus que le ciel soit le ciel, personne ne jeûne, personne ne fait cas de Jupiter... Autrefois, les femmes,
pieds nus, les cheveux flottants, le front voilé, l'âme

(1) QUINET, *Le Génie des Religions.*

(2) « Quand on ne voulait plus voir qu'un seul Dieu dans la
nature, que pouvait-on faire de tous les autres ? On les regarda
comme autant de personnifications des attributs divers du Dieu
unique, « des figures et des noms, dit le poète Manilius, que la
nature a mis sur les vertus divines, pour que les choses revêtues
d'un corps imposent aussi davantage. »

    ... Cum divina dedit magnis virtutibus ora,
    Condidit et varias sacro sub nomine vires
    Pondus uti rebus persona imponere posset. (II, 248.)
    (HAVET, *Les Origines du Christianisme. Le Judaïsme*, p. 392.)

pure, allaient sur le coteau supplier Jupiter d'envoyer
la pluie ; et l'eau tombait par torrents, et tous se réjouis-
saient. Autre temps, autres mœurs ! » Écoutez Lucien :
il parle à Jupiter. « Avant peu l'on ne verra en toi qui
es le plus grand des dieux, qu'un Saturne qu'on dé-
pouillera de tous ses honneurs. Je ne dis pas combien
de fois les voleurs ont pillé tes temples ; ils ont été jusqu'à porter les mains sur toi-même à Olympie, et toi,
qui fais là-haut tant de tapage, tu ne t'es pas donné la
peine d'éveiller les chiens, ni d'appeler les voisins.....
on ne t'offre plus de sacrifices, on ne couronne plus tes
statues, si ce n'est quelquefois par hasard à Olympie ;
encore celui qui le fait, ne croit-il plus remplir un devoir rigoureux, mais simplement payer tribut à un antique usage. » (1) Écoutez enfin Juvénal : « Qu'il y ait
des Manes, un royaume souterrain, des grenouilles
noires dans le Styx, une barque de Caron, c'est ce que
ne croient plus même les enfants (2). »

Ces causes de ruine, ces germes de dissolution qui,
à distance, apparaissent aux historiens et aux critiques
modernes, la plupart des contemporains ne les distin-
guaient point. Souvent les religions ressemblent à ces
vieux châteaux que leurs maîtres abandonnent : à l'intérieur, le silence, la ruine ; mais à qui les voit du dehors, ils semblent toujours retenir leur grand air et
leur mine imposante. Le paganisme romain avait dès
longtemps épuisé, pour ainsi dire, toute sa substance ;
n'importe, au temps de Trajan, sa forme subsistait.
La forme ! depuis Bridoison, au moins, personne

(1) LUCIEN, (cité par DURUY, tome IV de l'*Histoire des Romains,*
chez Hachette.)

(2) JUVÉNAL, *Satires*, XIII, 35.

n'ignore ce qu'elle vaut; on sait de quelle puissance d'inertie elle dispose. La foi avait beau s'être évanouie : « il était bien difficile au païen d'oublier ses dieux ; il les retrouvait partout, non-seulement dans les temples et sur les places publiques, mais dans sa demeure privée, sur les murs de ces salles et de ces chambres où il vivait avec sa famille, en sorte qu'ils paraissaient se mêler à tous les actes de sa vie intime et que celui qui les abandonnait semblait rompre en même temps avec tous les souvenirs et toutes les affections du passé (1). » On les retrouvait aussi dans la vie civile, dont toutes les manifestations, la naissance, le mariage, la mort étaient accompagnées de cérémonies religieuses; on les retrouvait encore dans la vie politique; quiconque prenait une magistrature recevait de la religion une sorte d'investiture. Quoique le paganisme eût perdu ses forces vives, il restait et devait rester debout long-temps encore; il n'était plus qu'une religion de politique, qu'une religion de bienséance; mais ce sont là de puissants étais; ne savons-nous pas le temps qu'il faut pour qu'ils viennent à manquer?

La situation apparaît donc bien nette; la société romaine vit encore avec sa religion nationale, mais elle n'en vit plus. Peu de gens, sauf les esprits forts de profession, songent à la combattre et à la détruire; mais presque tous en sont détachés. Cette religion agit toujours sur les relations mondaines, sur les rapports sociaux, parce qu'elle est comme répandue dans l'atmosphère, parce qu'elle est comme l'air ambiant au milieu duquel on respire; mais elle ne suffit pas à ceux qui ont besoin de l'air plus pur et plus vivifiant des régions

(1) Boissier, *Promenades archéologiques* (Article sur *Pompéi*).

supérieures. Le citoyen lui appartient encore; mais l'homme intérieur lui échappe; son influence sur les âmes est annulée.

Où donc allaient-elles ces âmes malades dont nous avons indiqué, au commencement de ce chapitre, les aspirations et les inquiétudes?

Beaucoup demandaient soutien et reconfort aux religions orientales dont le crédit croissait de jour en jour. La grande masse des simples surtout, tout en continuant à rendre un culte aux divinités nationales, n'avait plus de véritable adoration que pour les Dieux de l'Orient.

Depuis les conquêtes d'Alexandre et le démenbrement de son empire, l'Orient lentement, mais sûrement, pénétrait la civilisation occidentale par son commerce, ses arts, sa langue même. Il entrait dans Rome, devenue cosmopolite, comme une armée dans une ville ouverte; au temps de Trajan, Juvénal déclare que l'Oronte s'est déversé dans le Tibre.

 In flavum Tiberim dudum defluxit Orontes;

et tous ces étrangers ont traîné avec eux le cortège des dieux de leur pays (1).

Alexandrie hellénisée avait été comme le centre où s'était accomplie d'abord la fusion entre l'Orient et l'Occident, qui plus tard devait être débordé.

Aussi fut-ce par un culte alexandrin que l'invasion des religions orientales marqua à Rome ses premiers succès. Dès le temps de Sylla (82 avant J.-C.) un collège Isiaque est fondé dans la ville de Romulus. Isis,

---

(1) Voir sur l'invasion, à Rome, des Orientaux et, en particulier, des Grecs, toute la Satire III.

Osiris, Sérapis sont portés au Capitole, et à travers
toutes les vicissitudes de la politique, tour à tour pros-
crits ou honorés par le pouvoir, ils conserveront toujours des fidèles enthousiastes et des dévots zélés (1).
On sait la légende d'Isis : femme et sœur d'Osiris, elle
en a un fils nommé Horus. Un jour Osiris disparaît : il
est devenu la victime de son cruel frère Typhon, qui l'a
tué et qui a dispersé par le monde ses lambeaux san-
glants. Isis, désolée, cherche en tous lieux l'époux
qu'elle a perdu : aidée par Anubis, un monstre, reje-
ton de l'exécrable Typhon, qu'elle a pourtant recueilli
et nourri, elle retrouve enfin celui qu'elle aime et fait
alors éclater sa joie. Il n'est pas malaisé de saisir le
sens de ce mythe qui évidemment se rattache aux cultes
solaires : on comprend aussi sans peine comment on a
pu en faire un symbole de la destinée humaine ; on voit
surtout quels éléments moraux et dramatiques il contient. Aussi rien de plus vivant que les fêtes où l'on
représentait l'histoire de la déesse ; d'abord les lamen-
tations, le deuil ; puis l'allégresse éclate quand Osiris
est enfin retrouvé. « Il est retrouvé, s'écrie la foule des
prêtres et du peuple : réjouissons-nous. »

Le culte de la *Magna Mater* et d'Attis, divinités
syriennes, avait été introduit à Rome dès le temps de
la seconde guerre punique. Mais il avait été entouré
par le Sénat de telles restrictions, on lui imposait une
telle surveillance qu'il ne se développa que fort lentement. Ce n'est guère que vers l'époque d'Auguste qu'il a
pris quelque extension. Claude, le premier, permit de célébrer la grande fête phrygienne du mois de mars, la fête
de la *Magna Mater*. A dater de cette époque, sous les

______

(1) Voir LAFAYE. *Histoire du culte des divinités d'Alexandrie
hors de l'Égypte*, (chez Thorin).

Césars, sous les Flaviens, sous les Antonins, les prosé-lytes se multiplient. Comme Isis a perdu son époux, la *Magna Mater* a perdu un fils chéri, le jeune Attis, et le retrouve après un long deuil. Comme dans la fête Isiaque, nous voyons dans la fête de la déesse phry-gienne des jours de désolation ; on promenait au milieu des gémissements et des cris quelque viande sanglante qu'on donnait pour la tête d'Attis. Puis venait un sapin, symbole du dieu trépassé, qui, porté par les rues, était invoqué et prié par la foule. Enfin au dernier jour de la fête, du sapin entrouvert jaillissait un enfant : Attis ressuscité était rendu à sa mère, et les dévots faisaient éclater une joie désordonnée.

A ce culte se rattachent les fameuses cérémonies du *criobole* et du *taurobole* : un bélier était immolé à Attis, (*criobole*), un taureau à la grande déesse (*tau-robole*). Celui qui se couvrait du sang qui coulait dans le sacrifice, croyait que ces divinités lui avaient ac-cordé la purification des souillures de la vie. Voici comment Prudence décrit un de ces sacrifices faits à la *Grande Mère*. « Il suivit la foule accourant de loin à la fête, car celui qui la donnait y déployait toutes les splendeurs que lui permettaient sa fortune, et le clergé y montrait toutes ses pompes. Dans le voisinage du temple, on creusait une fosse, et au son des instru-ments sacrés, le néophyte y descendait, revêtu d'habits magnifiques, le front entouré de bandelettes et la tête ceinte d'une couronne d'or. Au dessus de la fosse, re-couverte d'un plancher à claire voie, on amenait un taureau dont les cornes étaient dorées et les flancs à demi cachés sous des guirlandes de fleurs. Les ser-vants du temple le faisaient tomber sur les genoux, et un prêtre armé du couteau victimaire, ouvrait une large plaie par où le sang s'écoulait à flots. La fosse s'emplissait d'une chaude vapeur ; l'initié, les bras étendus, la tête renversée en arrière, tâchait que pas une goutte de ce sang n'arrivât à terre avant de l'avoir touché. Ses oreilles, ses yeux, ses lèvres, sa bouche, tout son corps devaient en être inondés. Quand il reparaissait ruisselant « de la pluie vivifiante », au lieu d'être un objet de dégout et d'horreur, il était regardé comme un bienheureux « régénéré pour l'éternité ». Et l'on portait envie à ce riche, achetant par un sacrifice hideux le repos d'une conscience peut-être coupable et la faveur des dieux, qu'on ne gagnait plus avec l'offrande d'une colombe, quelques grains d'encens et une vie honnête (1). »

L'Orient donna encore à Rome bien d'autres religions ; celle de Mithra (2), entre autres, paraît avoir pénétré sous l'empire romain vers le temps de Trajan ; en tout cas elle est déjà en pleine faveur à la fin du règne d'Hadrien. Mais il suffit à notre dessein d'avoir fait sommairement connaître la religion d'Isis et celle de la Grande Déesse. Nous y trouvons, en effet, tous les éléments qui donnèrent tant de popularité aux cultes orientaux et leur attirèrent les âmes.

La légende mythologique des Romains qui avait été complètement hellénisée après la conquête de la Grèce, ne présentait que des dieux à forme nette et précise, dont l'histoire pouvait bien être merveilleuse parfois, mystérieuse jamais ; en ces immortels rien que d'intel-

____

(1) Duruy, *Histoire des Romains*, tome V.

(2) Voir au musée du Louvre le grand bas-relief Mithriaque. Lire la description et le commentaire de ce monument (catalogué sous le nº 569) dans *la Notice de la Sculpture antique* par Frohner.

ligible; rien en eux qui dépasse la raison, rien qui trouble l'esprit; ce sont des hommes ou plus beaux, ou plus forts, ou plus sages; ce sont des héros, ce ne sont pas des dieux. Ils sont au-dessus de l'humanité, ils ne sont pas en dehors d'elle : il leur manque le mystère et le surnaturel. Avec les dogmes de l'Orient, on entre en plein miracle : « Dans la mère universelle furent conçus, avant tous les temps, une fille, un fils, Isis, Osiris, qui, étant deux, n'étaient qu'un, car déjà ils s'aiment tant dans le sein maternel qu'Isis en devint féconde. Même avant d'être, elle était mère. Elle eut un fils qu'on nomma Horus, qui n'est autre que son père, un autre Osiris de bonté, de beauté, de lumière. Donc ils naquirent trois, mère, père, fils, de même âge (1). »

Il est des temps où le désir général d'un peuple est de se gouverner lui-même; il y en a où son unique désir est d'être gouverné. De même on trouve des époques dans l'histoire où les hommes ont besoin de savoir et de comprendre, d'autres où ils souhaitent ignorer et croire. Les Romains, au premier siècle de l'ère chrétienne, aspiraient au mystérieux, à l'inintelligible : les dogmes orientaux avaient de quoi les satisfaire.

La raison abdique devant les dogmes : il faut bien que l'imagination et la sensibilité délirent. Le culte national des Romains se composait de quelques cérémonies où le fidèle doit assister froid et grave, n'y participant que par des gestes sobres, mesurés, réglés, — par des paroles dont le nombre et l'ordre sont rigoureusement prescrits : nulle initiative, nulle expansion : un

(1) MICHELET, *Bible de l'Humanité*.

mot changé ou omis, un mouvement fait à faux, et les dieux ne veulent plus rien entendre ; ils deviennent aveugles et sourds ; si zélé que soit le dévot, si vive que soit sa foi, il a perdu son temps, tout est à recommencer. Quelle différence dans les cultes orientaux ! — L'âme a besoin d'émotions fortes, les nerfs de sensations violentes ; ici, ils les trouvent. Les hommes sont blasés par les plaisirs ou endurcis par les souffrances : leur lassitude inquiète a des causes bien différentes, mais des effets semblables ; l'engourdissement, la stupeur ! Qui pourra les en tirer ? Qui les réveillera de ce sommeil du cœur et des sens ? — Voici venir ces cultes bruyants et affolants, avec leur mélange de volupté et de tourments, avec leur orgie de pleurs et de cris d'allégresse, avec leur mysticisme et leur sensualité. Plus de mesure : la bête est lâchée ; mais la bête humaine, la bête qui veut jouir, l'homme qui veut aimer ; plus de mesure : chacun est convié à aller jusqu'au bout de ses énergies, jusqu'à l'épuisement de ses désirs. La coupe est offerte à ces assoiffés d'infini ; on leur dit : « Buvez ». C'est assez : ils ne demandent point s'ils sont sûrs d'être désaltérés. « Les yeux hagards, saisi de vertige, l'initié se précipite hors du temple, où il étouffe à l'étroit ; il parcourt les lieux sauvages ; là il forme des chœurs de Corybantes, de Curètes, de Dactyles, qui, de retraites en retraites, cherchent la grande aïeule des montagnes, éternellement mère, éternellement vierge. Au bruit des sambuques et de la flûte phrygienne, il porte une torche ardente au fond des cavernes pour voir si elle n'y est pas endormie. Partout enivré des émanations de la déesse, il respire d'âcres parfums dans la chevelure des bois sacrés, et croit sentir s'émouvoir sous les fleurs le sein de la matrone des forêts. Il s'élève sur les cimes, il descend au fond des gouffres, il appelle : Evohé! Evohé! puis quand le soupir des Océans lui répond, à la volupté se mêle le désespoir de ne ·pouvoir atteindre cet infini décevant. Il épuise la coupe de l'orgie : sa soif s'accroît encore; il se déchire de ses mains; son corps garde d'affreux stigmates, et toujours il suit la grande madone amoureuse qui toujours se dérobe au bout de l'horizon sur un char attelé de lionnes rugissantes (1). » Et après cet excès, le corps s'affaisse, l'âme retombe sur elle-même : de quelque temps au moins, l'un n'aura plus besoin de mouvement, l'autre ne souhaitera plus d'essor.

Pour déchaîner ce délire d'une foule, il fallait un signal; les cultes orientaux avaient un clergé qui le donnait. Ce n'était plus ici la vestale montant au Capitole d'un pas rythmé, rigide comme un marbre dans ses voiles blancs aux plis droits : ce n'était plus l'augure à la tête voilée, ou les Saliens débitant avec lenteur et solennité leurs *axamenta*. Les prêtres des dieux d'Orient, leur ministère accompli, ne redevenaient point de simples citoyens, comme les Romains investis du sacerdoce. Consacrés au service du dieu ou de la déesse, ils formaient un clergé véritable qui prétendait n'avoir souci que des choses divines, et ils portaient un

____

(1) Quinet, *Génie des Religions*. — Nous eussions pu reconstituer à l'aide des auteurs anciens la description d'une cérémonie de quelque culte oriental (Lucien dans la *Déesse Syrienne* — Juvénal, *Satire* VI — Apulée, à la fin des *Métamorphoses*). Mais la page de Quinet, que nous citons ici, nous paraît rendre avec un éclat singulier l'entraînement à la fois ascétique et sensuel de ces cultes orgiastiques. Ici la poésie est, suivant le mot d'Aristote, plus philosophique que l'histoire. Pour plus de détails voir Maury, *Histoire des religions de la Grèce ancienne* (chez Didier).

costume particulier; les prêtres de Cybèle (1) se coiffaient de la mitre, les Isiaques se tonsuraient la tête. Ils ont des pratiques, étranges parfois, toujours saisissantes : les uns parcourent les rues en longues files et accompagnent leur procession, où ils se livrent à mille contorsions, du son des cymbales et des flûtes : d'autres, quand ils réunissent leurs initiés dans le temple, les aspergent d'eau consacrée, ou bien encore ils prescrivent les jeûnes, les abstinences, les ablutions lustrales. Ils vivent d'une vie commune, parfois dans des sortes de couvents, formant des confréries véritables, ils affichent une vie ascétique, affectent la pauvreté volontaire et vont par les bourgs et les villes demandant l'aumône. Leur but, qu'ils ne cachent point, est d'agir sur les âmes; chose inconnue dans les temples romains, ces prêtres étrangers font de véritables sermons. « A la fin des *Métamorphoses*, Apulée nous montre un prêtre profitant d'un miracle qui a vivement ému les assistants pour glorifier la déesse qui vient de manifester ainsi sa puissance. *C'est un sermon véritable qu'il prononce*; il n'y manque pas même les emportements et les cris de triomphe à l'adresse des incrédules : « qu'ils approchent, qu'ils regardent et confessent hautement leur erreur ! » Il termine en conju-

(1) On lui donne pour prêtres des eunuques... Les mains de ces ministres de la déesse font retentir comme un tonnerre les bruyants tambours et les cymbales sonores; les accents rauques de la trompe répandent au loin l'effroi et la flûte éclatante de Phrygie excite le transport dans les esprits. Le cortège sacré brandit ses armes avec tous les signes d'une fureur implacable... En même temps, ses ministres exécutent des jeux avec leurs armes, et, tout souillés de sang, bondissent en cadence, avec des balancements de tête qui font trembler leurs aigrettes menaçantes, etc. (LUCRÈCE. *De Natura rerum*, II, traduction CROUSLÉ).

rant celui qui vient d'être l'objet de la protection divine de se consacrer désormais au service d'Isis ; on croirait vraiment entendre un prédicateur chrétien dans une prise d'habit (1) ».

Juvénal, très frappé par le développement de ces cultes étrangers, mais qui leur est manifestement hostile, n'a noté que les bizarreries et le charlatanisme grossier de ce clergé : il nous a peint les Corybantes, les Galles et autres, comme un Jean de Meung ou un Rabelais nous ont représenté les Cordeliers ou les Jacobins de leur temps. Il ne faut point que ces caricatures du grand satirique nous fassent oublier l'influence exercée par ces hommes : à cette époque ils suscitèrent ou entretinrent la folie du divin qui, chez les humbles, se traduisait en orgie violente et brutale, et, chez les délicats et les cultivés, s'épurait, comme une flamme, jusqu'aux illuminations de l'extase.

Tel était le mouvement qui emportait une grande partie de la société romaine, à Rome même, et surtout dans les provinces. Le Romain, formaliste toujours, conservait son ancien culte, mais adorait d'autres dieux ; ainsi les Anglais laissent subsister dans leurs codes des lois qui datent de Guillaume le Conquérant.

Une évolution si profonde pouvait-elle s'achever sans une révolution ? N'y avait-il pas là de quoi préoccuper les pouvoirs publics ? Les empereurs, chefs de la religion officielle, papes de la religion d'État, pouvaient-ils voir avec indifférence ces nouveautés prendre possession des esprits ? Pouvaient-ils rester spectateurs impassibles ? N'avaient-ils aucun rôle à jouer ?

Nous touchons ici à un point délicat, d'une capitale importance.

(1) Boissier, *Religion romaine.*

Nous avons vu comment la religion Romaine non-seulement permettait, mais comportait même la tolérance. Insistons encore : « Pour les Romains tout n'était pas Dieu, mais Dieu était en tout : toute chose était le produit immédiat, la manifestation directe de la volonté divine, manifestation qui se spécialisait peu à peu et à laquelle l'imagination populaire, sensualiste, comme celle de toutes les races méridionales, finissait par donner sous l'influence de la langue et du culte une personnalité de plus en plus indépendante. Toutes les fois donc qu'on apprenait l'existence chez un peuple étranger d'une divinité inconnue, la seule idée que fît naître cette découverte dans l'esprit du Romain, était le désir de se rendre cette divinité favorable, de s'attirer sa protection. Nul doute ne s'élevait sur la réalité de son existence. Tout n'étant que des manifestations du Dieu suprême, celles qui s'étaient produites à l'étranger méritaient aussi bien d'être révérées que celles de Rome (1). »

Or ce syncrétisme religieux se trouvait à certains égards servir la politique impériale. Qu'ont voulu les successeurs de César et d'Auguste ? n'ont-ils pas tous tendu au même but, à l'incorporation du monde conquis, à l'assimilation des peuples vaincus ? Quoi de plus capable de les servir dans cette fusion des races qui vivaient sous la domination romaine que le mélange des religions ? les dieux étrangers, admis au Panthéon, devenaient d'abord des complices de la conquête, plus tard des auxiliaires de l'unification.

Mais d'autre part, ces religions, souvent s'emparaient

____

(1) Pélagaud, *Étude sur Celse* (thèse soutenue devant la faculté de Lyon).

de leurs adeptes, jusqu'à prétendre les conduire dans
tous les actes de la vie publique ou privée ; elles empié-
taient par là sur le pouvoir du prince, elles menaçaient
cette œuvre de centralisation politique si vigoureuse-
ment poursuivie depuis Auguste. Or, nous avons dit
que le principe de l'État laique était celui de l'empire
romain ; il n'admettait pas qu'une religion eût des conséquences civiles ou politiques à aucun degré. Dès
qu'il voyait apparaître la théocratie dans une religion,
il la frappait. C'est alors que les princes, jusque là
tolérants, ou même respectueux, se faisaient persécuteurs.

On a dit que la politique des princes vis à vis des
cultes étrangers avait été variable et flottante (1) : on a
rappelé qu'Auguste, qui avait pardonné aux Alexan-
drins leur révolte en faveur de leur dieu, Sérapis, faisait, à son tour, à Rome, détruire les temples que ce
même Sérapis avait dans l'enceinte de la ville. Trajan
qui, d'après Pline, bannissait de son palais les prêtres
Isiaques, allait consulter le Jupiter d'Héliopolis avant de
marcher contre les Parthes ; le jurisconsulte Paul édicte
des peines très sévères contre les prêtres orientaux, et
cependant Hadrien offre un sacrifice à Jupiter Cassius
aux portes d'Antioche, et Antonin le Pieux construit à
Héliopolis un temple magnifique. N'y a t-il point là de
contradiction ?

Nullement.

C'était à des motifs politiques qu'obéissaient les empereurs quand ils témoignaient leur respect aux divinités étrangères. C'était aussi pour des motifs politiques
qu'ils frappaient leurs sectateurs. Le pouvoir laisse libre-

(1) Voir Aubé, *Histoire des persécutions.*

ment se produire toutes les manifestations du sentiment religieux chez les peuples ou les individus. Il en
use avec les dévots, comme avec les philosophes ; il ne
porte pas plus atteinte à la liberté de conscience, qu'à
la liberté de penser. En vain chercherait-on trace de
poursuites contre des doctrines philosophiques ou religieuses. Les philosophes sont bannis: c'est qu'ils cons-
pirent. Tel culte est proscrit : c'est que la loi poursuit
non la conscience religieuse, mais des actes religieux
ou prétendus tels, dont la célébration pouvait servir de
prétexte ou de voile à des conjurations. Paul, en édic-
tant des peines contre ceux qui protègent les religions
orientales, ne songe point à défendre les divinités nationales; il veut prévenir des séditions : « *vaticina-
tores... quibus... populares animi turbantur, inco-
gnitas religiones... ex quibus hominum animi mo-
veantur* (1). » Cette politique est celle que Trajan suivit
avec les chrétiens.

Sous Trajan, en effet, le Christianisme apparaît au
grand jour de l'histoire; pour la première fois il attire
véritablement l'attention du pouvoir..... C'est que ses
progrès, d'abord lents et obscurs, deviennent alors
rapides et éclatants.

Quand saint Paul comparut à Corinthe devant le
proconsul Gallion, frère de Sénèque, le magistrat romain, qui pourtant était un homme d'intelligence
ouverte et d'esprit curieux, ne prit pas garde à ce juif
qu'on traînait devant son tribunal. Il enveloppait dans
la même indifférence dédaigneuse accusateurs et
accusé. « Puisqu'il est question, disait-il, de disputes
de mots, et de votre loi, c'est à vous de voir; je ne veux
pas être juge de ces sortes de choses. »

(1) Texte cité par Duruy (*Histoire des Romains*, tome V).

Un demi siècle plus tard, Pline le Jeune, envoyé en légation dans la province de Bithynie, vers l'année 109 (1), parle d'un autre ton. Pline n'est pourtant point un observateur pénétrant et attentif : il ne regarde et ne voit que les surfaces ; sa curiosité ne descend pas dans les profondeurs de la société (2). Mais s'il n'alla pas chercher la question chrétienne, cette question se posa et s'imposa à son esprit.

« L'affaire (une information contre les chrétiens) m'a paru digne de réflexion, écrit-il à Trajan, surtout à cause du nombre que menace le même danger. Une multitude de gens de tout âge, de tout ordre, de tout sexe, sont et seront chaque jour impliqués dans cette accusation. Ce mal contagieux n'a pas seulement infecté les villes ; il a gagné les villages et les campagnes (3). »

Il est vrai que Pline, toujours optimiste ajoute : « je crois pourtant que l'on peut y remédier et qu'il peut être arrêté. Ce qu'il y a de certain c'est que les temples qui étaient presque déserts sont fréquentés, et que les sacrifices longtemps négligés, recommencent (4). »

Il n'en reste pas moins ce fait à retenir ; en Asie Mineure, dans une province où la civilisation grecque a pénétré depuis longtemps, où l'administration romaine s'exerce sans difficulté, le Christianisme compte *une multitude* d'adhérents ; on n'est point tenté de croire que l'expression de Pline soit exagérée, quand on songe que

(1) Mommsen croit que les fameuses lettres sur les chrétiens datent du printemps de l'an 112. (Voir *Étude* sur PLINE LE JEUNE, trad. par C. MOREL, chez Vieweg.)

(2) Voir sur ce point : *les Romains au temps de Pline le Jeune* (chapitre X).

(3) *Correspondance de Pline et Trajan*, Lettre 97.

(4) Ibid.

la prédication d'Étienne et de Paul avait eu un grand retentissement dans les pays orientaux. Ne savons-nous pas d'ailleurs (et cela donne au témoignage de Pline toute sa valeur) que dans cette église naissante les hérésies apparaissaient déjà: Ignace, qui bientôt allait être martyr, dépense alors son zèle moins à propager la doctrine du Christ, qu'à la défendre par sa polémique contre ceux qui en compromettent la pureté (1).

Ces progrès de la foi chrétienne ne se bornent pas à l'Orient.

Longtemps on a cru que pendant le premier siècle les chrétiens avaient été rares à Rome. On n'avait pas assez pris garde à un passage, pourtant très fameux de Tacite. « Réprimée un instant, dit le célèbre historien parlant du massacre des chrétiens sous Néron, cette exécrable superstition débordait de nouveau, non seulement dans la Judée, où elle avait sa source, mais dans Rome même, où tout ce que le monde renferme d'infamies et d'horreurs afflue et trouve des partisans (2). » Ce n'est pas là un cri d'alarmiste; c'est l'expression de la vérité.

Sans doute l'histoire officielle, qui, à cette époque, ne se préoccupait que des drames éclatants et aristocratiques, a négligé d'écrire le bulletin des premières conquêtes du christianisme. Mais les modernes — plus attentifs — ont retrouvé la trace de ces progrès que les contemporains ignoraient ou dédaignaient d'enregistrer.

(1) Dès ce temps des esprits hardis, Cérinthe, Dosithée, Ménandre font prévoir l'hérésie gnostique. Ignace a affaire aux Docètes, qui ne reconnaissent dans la personne du sauveur que la nature divine.

(2) TACITE, *Annales*, XV, 44,

Lorsque saint Paul, poursuivi par les Juifs, s'avisa d'en appeler au jugement de César et fut conduit à Rome, on le laissa libre pendant près de deux ans : sa parole si originale, son enseignement si passionné firent alors de nombreux prosélytes. Sa propagande trouva de l'écho même dans le palais de l'empereur. « *Les frères qui sont dans la maison de César vous saluent,* » écrit-il aux Philippiens. Il semble que les esclaves, les affranchis, et surtout les affranchies, aient ouvert volontiers l'oreille à sa prédication : quelques-uns croient qu'Acté, la première maîtresse de Néron, celle qui lui donna un suprême et touchant témoignage d'amour en cherchant son cadavre, dont tous s'éloignaient, a été une de ces chrétiennes de la première heure. Pendant longtemps on a même prétendu que Sénèque aurait été gagné par l'apôtre à la religion nouvelle : c'est une opinion que les critiques les mieux informées abandonnent aujourd'hui (1). Mais du moins il est hors de doute que, d'assez bonne heure, le christianisme recruta des adhérents non pas seulement dans la classe servile et dans les couches inférieures de la société romaine, mais même parmi les grands personnages. On ne s'étonnera pas que ce mouvement de conversion ait surtout entraîné les femmes. De fortes présomptions inclinent à penser que Pomponia Grécina, femme du consul Plautius, et accusée en l'an 58, sous Néron, d'être imbue de superstition étrangère, avait embrassé la religion du Christ. Le christianisme de Flavia Domitilla, nièce de l'empereur Domitien, est moins douteux encore. Enfin les découvertes faites par M. de Rossi dans la Rome

(1) Voir plus spécialement la thèse de M. Aubertin sur les rapports supposés de Sénèque et saint Paul.

souterraine établissent irréfutablement que, d'une façon générale, les fidèles au 1ᵉʳ siècle multipliaient dans la ville éternelle. « L'architecture des cimetières du Vatican, de Lucius, de Processus et Martinus, de Ste-Agnès de Flavia Domitilla indique, aussi bien que le style des peintures qui les décorent et les personnages qui y furent inhumés, un âge très voisin des temps apostoliques (1). »

Le silence de l'histoire, l'inattention du pouvoir en présence de ces progrès de la plus grande des révolutions religieuses a de quoi surprendre. = « Je l'ai dit et je le répète : si l'on s'astreignait, en écrivant la vie de Jésus, à n'avancer que des choses certaines, il faudrait se borner à quelques lignes. Il a existé : il était de Nazareth en Galilée. Il prêcha avec charme et laissa dans la mémoire de ses disciples des aphorismes qui s'y gravèrent profondément. Les deux principaux de ses disciples furent Céphas et Jean, fils de Zébédée. Il excita la haine des Juifs orthodoxes, qui parvinrent à le faire mettre à mort par Pontius Pilatus, alors procurateur de Judée. Il fut crucifié hors des portes de la ville ; on crut peu après qu'il était ressuscité. » Voilà ce que dit M. Renan, du fondateur de la doctrine ; les historiens ne nous renseignent pas mieux sur ceux qui la propagèrent ; — ce silence de l'histoire, cette inattention du pouvoir, si étonnants qu'ils soient, s'expliquent pourtant par de bonnes raisons.

Le Christianisme, à ses premières heures, n'eut point vis à vis de la société romaine le caractère agressif et révolutionnaire qu'il devait prendre plus tard. Ce qu'il voulait conquérir, c'étaient les âmes : il n'avait affaire

(1) Voir BOISSIER, *Promenades archéologiques*, p. 123-199.

qu'à l'homme intérieur. Sur le citoyen, il ne prétendait rien. Vraiment, alors, son royaume n'était point de ce monde : « Jésus le maître a dit : « Rends à César ce qui est à César (Mathieu xxii, 21). Paul le disciple a dit : « Sois soumis aux puissants : qui leur résiste résiste à Dieu ».—«Acquittez le tribut aux princes, les ministres de Dieu, qui s'appliquent toujours aux fonctions de leur ministère. »— Et Pierre dit franchement : «Obéis même aux méchants maîtres (1) » (Pierre I, ii, 13-20). Avec de pareils principes la propagande des chrétiens marchait dans des voies couvertes et silencieuses : au milieu de l'effervescence religieuse qui régnait alors, qui donc, entre tant de sectes, eût pu remarquer une secte de plus, alors que sa conduite avait tant de modestie et d'humilité. Quel historien se fût avisé de tourner ses regards vers ces mystiques si doux et si résignés? Quel empereur se fût occupé de ces dévots qui disaient : « Ne résiste pas au méchant? » Néron et Domitien les frappèrent pourtant, mais nul ne vit dans ces persécutions autre chose que des caprices de tyran, Néron perdit des misérables pour se disculper de l'incendie de Rome; Domitien les poursuivit aux dernières heures de son règne, alors qu'il était en proie à une sorte de délire sanguinaire (2). Ce sont là des coups d'autorité frappés en dehors de toute loi écrite : ce n'est point une guerre ouverte et régulière qui commence.

Au temps de Trajan, tout va changer ; le pouvoir vou-

---

(1) MICHELET, *Bible de l'Humanité.*

(2) Quelques critiques doutent qu'il y ait eu persécution sous Domitien. On n'a en effet rien de précis sur ce point : le récit de Tacite manque, Suétone n'en parle pas, Dion Cassius est peu digne de foi. C'est au iie siècle seulement que Méliton désigne Domitien comme ayant été un persécuteur.

drait-il ne plus se préoccuper de la question chrétienne, il ne le pourrait point.

A la faveur du laisser-aller général, pendant les compétitions et les guerres civiles, grâce à la tolérance des empereurs Vespasien et Nerva, qui, par réaction contre les actes de leurs prédécesseurs, se montrèrent d'un libéralisme complet en matière religieuse, les chrétiens ont fait de jour en jour de plus nombreux prosélytes.

Avec leur nombre, leur hardiesse a cru. Ce ne sont plus alors des dévots soumis et presque passifs comme aux premiers temps. Sans doute ils ne prétendent point à gouverner les royaumes de ce monde ; mais ils aspirent à établir le royaume de Dieu sur la terre, et, en attendant son avènement, ils lancent l'anathème à cette société qui le retarde. A l'Évangile, ce livre de douceur et de soumission, a succédé l'Apocalypse, œuvre pleine de protestations et de menace. L'enthousiasme s'est exalté au cœur des fidèles ; ils sont dans toute la ferveur des croyances millénaires ; car ils attendent l'effet des prédictions de l'Apocalypse écrite trente ans avant Trajan (68 ap. J.-C,) ; et, dans cette conviction que les destinées de l'ancien monde touchaient à leur terme, ils ne se font plus scrupule de le braver.

Nous avons dit que la tolérance était au fond de la religion romaine, en était le fond même ; les divers cultes vivaient côte à côte, et se faisaient sans effort des concessions mutuelles. Ces concessions, les chrétiens n'y consentirent pas, non plus que les Juifs. Mais le Judaïsme, dit Friedlander, en rappelant un mot de Gibbon, religion admirablement organisée pour la défense et qui n'avait jamais eu de destination conquérante, s'isolait plutôt qu'il ne cherchait à s'étendre aux dépens du paganisme. Il n'en allait pas de même des chrétiens. Leur monothéisme n'était pas seulement exclusif; il était intolérant et agressif. « Aux avances que leur adressaient les philosophes ou les prêtres du paganisme ils répondaient par ces paroles impitoyables de leurs livres sacrés : « Les Dieux des nations sont des idoles; celui qui leur sacrifie sera déraciné de la terre. » C'est ce que les païens ne pouvaient comprendre, ce qui leur causait tant d'impatience et de colère. On n'en voulait pas précisément aux chrétiens d'introduire dans Rome un Dieu nouveau; rien n'était plus ordinaire depuis deux siècles; mais on s'étonnait et l'on s'indignait que ce Dieu refusât de prendre place avec les autres dans ce vaste panthéon où on les avait tous réunis (1).

L'attitude des chrétiens dans le monde ne peut plus passer inaperçue. Quand la foule se précipite aux jeux du cirque ou de l'amphithéâtre, le chrétien s'éloigne et, parfois sans doute, laisse échapper des paroles indignées. Au milieu de la joie des fêtes publiques il reste sombre et mélancolique; alors que chacun vit de cette vie en plein air, si chère aux Romains, le chrétien fuit les places, les bains, tous les lieux de réunion, se plonge dans le silence et la retraite... Parmi ces populations méridionales si expansives, si avides de bruit et de mouvement, il passe recueilli et silencieux, Une page, où Lucien nous a décrit une réunion de chrétiens, nous fait bien comprendre quelle impression pouvait alors produire leur conduite : « Je monte au haut d'un escalier tortueux et j'entre, non dans la salle de Ménélas toute brillante d'or, d'ivoire et de la beauté d'Hélène, mais dans un méchant galetas où je

(1) Boissier, *Religion romaine.*

vois des gens pâles, défaits, courbés contre terre. Dès
qu'ils m'aperçoivent, ils me demandent, tout joyeux,
quelles mauvaises nouvelles je leur apporte. « Mais tout
va bien dans la ville, leur répondis-je, et l'on s'y réjouit
fort ». Eux, fronçant le sourcil et secouant la tête : « Non
pas, disent-ils, la ville est grosse de malheurs ». Alors
comme des gens sûrs de leur fait, ils commencent à
débiter mille folies : que le monde va changer de face ;
que la ville sera en proie aux dissensions ; que nos
armées seront vaincues. Ne pouvant plus me contenir,
je m'écrie : « Misérables ! cessez vos indignes propos et
que les malheurs où vous voulez voir votre patrie
plongée, retombent sur vos têtes (1) ! » A vrai dire, quand
Lucien parle des chrétiens en son nom propre, il les
taxe plus volontiers de folie que de crime : « Les malheureux se figurent qu'ils sont immortels et qu'ils
vivront éternellement. De là vient qu'ils méprisent la
mort et se livrent volontairement au supplice. Leur
premier législateur leur a fait croire encore qu'ils sont
tous frères, une fois qu'ils ont changé de culte,
qu'ils ont renié les dieux de la Grèce, et vivent selon
ses lois. De là vient aussi qu'ils méprisent tous les biens
et les mettent en commun, sans pouvoir dire pourquoi,
par obéissance aveugle. Si donc il se présente parmi eux
un imposteur et un habile homme qui sait s'y prendre
comme il faut, il s'enrichit très vite en riant sous
cape (2). » Mais Lucien est un esprit cultivé, un satirique spirituel, peu prompt à s'alarmer, et, qui, en
toute chose, voit avant tout la folie humaine ; la foule
grossière et violente, prenait les choses plus à cœur,

(1) Cité par Duruy, *Histoire des Romains*, IV.
(2) Lucien, *La Mort de Pérégrinus*, 13.

Cette misanthropie irréconciliable des chrétiens la scandalisait et l'irritait. Elle la considérait comme un défi à la fois et comme une condamnation. Aussi soupçonnait-elle les chrétiens de haïr l'espèce humaine ; ce sont les termes mêmes de Tacite (*odium generis humani*) (1). De là aux plus effroyables accusations il n'y a pas loin. — Le langage symbolique des chrétiens put aussi leur attirer bien des dangers. Ils disaient qu'ils se nourrissaient du corps du Christ, on prétendit qu'ils sacrifiaient des victimes humaines et mangeaient leur chair. Ils allaient prononçant de sinistres prédictions ; quand quelque calamité venait à frapper le peuple, on les accusait de l'avoir déchaînée par leurs sortilèges. C'était l'occasion de désordres où la violence populaire se donnait carrière contre eux.

Ces désordres, un pouvoir fort, une administration régulière ne pouvaient les tolérer ; voilà une première raison pour laquelle Trajan devait nécessairement se préoccuper du christianisme.

Mais l'opposition des chrétiens ne se renfermait sans doute déjà plus dans le domaine de la morale. Selon toute apparence ils ne se contentaient pas toujours de se tenir à l'écart de la vie sociale ; leur abstention devait parfois s'étendre à certains actes de la vie politique.

La religion romaine étant, comme nous l'avons dit, une religion d'État, se trouvait mêlée à toute la vie du citoyen ; elle l'enveloppait. Les chrétiens pouvaient à la rigueur se dérober aux devoirs des magistratures et renoncer aux droits électoraux ; il leur fallait toujours subir le-service militaire, puisque en principe, tous les habitants de l'empire, à l'exception des esclaves, y sont

_____

(1) Tacite, *Annales*, XV, 44.

astreints (1). Or le serment est interdit au chrétien, et
le soldat romain doit prêter serment à l'empereur.
Quel serment! « Je jure du fond du cœur d'être l'ennemi de ceux que je saurai les ennemis de l'empereur;
si quelqu'un menace son pouvoir ou sa vie, je ne ces-
serai de le poursuivre d'une guerre d'extermination
jusqu'à ce qu'il ait payé son crime ; je ne préférerai pas
le salut de mes enfants au sien. Si je manque volontairement à mon serment, que Jupiter, très bon et très
grand, et tous les autres dieux frappent mes enfants et
moi, qu'ils me chassent de ma patrie comme un exilé,
qu'ils m'enlèvent ma santé et ma fortune (2). »

Certes il est dans tous les temps des consciences honnêtes qui savent faire plier la rigueur de leurs principes
devant la nécessité des situations, et qui ne refusent
de transiger que lorsqu'on exige d'elles, non un sacrifice, mais une lâcheté ou une infamie. Sans doute il y
eut alors, et en majorité, des chrétiens, qui ne crurent
pas trahir leur Dieu en servant leur patrie, fût-ce au
prix d'un serment à l'empereur. Mais on connaît aussi
les oppositions irréconciliables, les entêtements invin-
cibles du zèle de parti et du fanatisme religieux. N'est-
il pas probable que plus d'un néophyte enthousiaste se
souvenant des mots du divin maître : « tu ne jureras pas;
tu ne tueras pas, » refusa de se laisser enrôler dans la
milice ? — Ces résistances à la loi furent rares sans
doute, mais nous croyons que nécessairement il dut
s'en produire et qu'elles ne purent manquer d'inquiéter
les magistrats qui servaient l'empereur, et l'empereur
lui-même.

(1) L. 4, § 10. *Dig.* 49, 16, *De re militari.* L **11**, *cod.*
(2) *Corp. Insc. Lat.* II, 172.

Autre motif d'inquiétude pour la puissance politique. C'est une loi que les minorités tendent à se grouper, à s'associer : toutes comprennent que par l'association seule elles ont chance de prendre quelque force. Plus leur situation est médiocre et précaire, plus le lien qui les unit est étroit et solide. Ce lien ne se relâche que du jour où elles s'étendent ; mais elles ne sont plus alors des minorités, elles ont cause gagnée.

Les chrétiens n'eurent garde de méconnaître cette force que les faibles tirent de l'association. Ils profitèrent de certaines dispositions de la loi romaine qui, dès une haute antiquité, autorisait ce qu'on nommait des *collèges*, c'est-à-dire des groupements de nature diverse, corporations ouvrières, confréries religieuses ou *sodalités*, colléges funéraires. Nous savons par le *Corpus* des inscriptions grecques qu'à Euménie, en Phrygie, il y avait, au temps de Trajan, un collège de chrétiens qui s'appelait κοινόν τῶν ἀδελφῶν. Au premier, et au deuxième siècle surtout, l'empire se couvrit de *collegia funeratitia ;* composés de pauvres gens qui voulaient assurer à leur dépouille une sépulture décente, ils n'inquiétaient pas les princes. « Une fois autorisés, ils avaient le droit de posséder une caisse commune alimentée par les cotisations de leurs membres et les libéralités de leurs protecteurs, ils pouvaient se réunir tous les mois pour les affaires ordinaires et tant qu'ils voulaient pour célébrer les fêtes de l'association. » (1) Comme pour obtenir cette autorisation, il n'était point besoin de subir des formalités où leur foi fût engagée, les chrétiens ne se firent point scrupule d'user de la facilité qui leur était offerte, et

____

(1) Boissier, *Religion romaine*.

bientôt, comme il arrive, ils en abusèrent peut-être.

Trajan qui continuait avec fermeté l'œuvre de centralisation politique commencée par Auguste, tenait en défiance toutes les associations. Il faisait très exactement surveiller celles qui existaient déjà et ne permettait guère qu'on en établît de nouvelles. Un incendie ayant consumé une partie de Nicomédie, Pline, qui avait vu avec douleur l'inaction du peuple en présence de ce désastre, demanda à l'empereur l'autorisation de former une communauté de cent cinquante artisans ou, comme nous dirions, une compagnie de pompiers (1). La réponse de Trajan est significative : « Vous avez pensé qu'on pouvait établir une communauté à Nicomédie, à l'exemple de plusieurs autres villes. Mais n'oublions pas combien cette province, et ces villes surtout, ont été troublées par des sociétés de ce genre. Quelque nom que nous leur donnions, quelque raison que nous ayons de former un corps de plusieurs personnes, il s'y établira, au moins passagèrement, des intelligences de confrérie. » N'est-il pas possible que Trajan dans ces lignes fasse allusion à des sociétés chrétiennes ? elles avaient dû se multiplier en Orient, où les progrès de la religion marchèrent à grands pas. En tout cas, nous voyons quels étaient les sentiments de Trajan à l'égard des associations : celles que formaient les chrétiens, déjà suspects à l'opinion publique, appelaient sa surveillance plus que toutes les autres. Sans doute, enfin, l'empereur sentait vaguement qu'il y avait dans la religion nouvelle un principe mystérieux d'union, capable de créer des associations plus redoutables et plus étendues que les modestes collèges funéraires.

(1) Pline le Jeune, *Lettres*, X, 42 et 43.

Aussi, lorsque Pline adressa au prince sa consultation au sujet des chrétiens, Trajan ne paraît pas avoir été pris au dépourvu, sa réponse indique qu'il avait déjà songé à cette question. On voit que l'empereur n'a pas trouvé la solution qu'il eût souhaitée ; mais il est clair qu'il l'a cherchée.

Il faut citer ces documents célèbres (1) :

«..... Je n'ai jamais assisté, écrit Pline, aux informations contre les chrétiens ; aussi j'ignore à quoi et selon quelle mesure s'applique ou la peine ou l'information. Je n'ai pas su décider s'il faut tenir compte de l'âge, ou confondre dans le même châtiment l'enfant et l'homme fait ; s'il faut pardonner au repentir ou si celui qui a été une fois chrétien ne doit pas trouver de sauvegarde à cesser de l'être ; si c'est le nom seul, fût-il pur de crime, ou les crimes attachés au nom que l'on punit. Voici toutefois la règle que j'ai suivie à l'égard de ceux qu'on a déférés à mon tribunal. Je leur ai demandé s'ils étaient chrétiens. Quand ils l'ont avoué j'ai réitéré ma question une seconde et une troisième fois, et les ai menacés du supplice. Quand ils ont persisté, je les y ai envoyés ; car de quelque nature que fût l'aveu qu'ils faisaient, j'ai pensé qu'on devait punir au moins leur opiniâtreté et leur inflexible obstination. J'en ai réservé d'autres entêtés de la même folie, pour les envoyer à Rome, car ils sont citoyens romains.

Bientôt après les accusations se multipliant, selon l'usage, par la publicité même, le délit se présenta sous un plus grand nombre de formes. On publia un écrit anonyme, où l'on dénonçait beaucoup de personnes qui niaient être chrétiennes ou avoir été attachées au Chris-

(1) *Correspondance de Pline et Trajan*, Lettres 97 et 98.

tianisme. Elles ont en ma présence invoqué les dieux et offert de l'encens et du vin à votre image que j'avais fait apporter exprès avec les statues de nos divinités ; elles ont en outre maudit le Christ (c'est à quoi, dit-on, l'on ne peut jamais forcer ceux qui sont véritablement chrétiens). J'ai donc cru qu'il les fallait absoudre. D'autres, déférés par un dénonciateur, ont d'abord reconnu qu'ils étaient chrétiens, et se sont rétractés aussitôt, déclarant que véritablement ils l'avaient été, mais qu'ils ont cessé de l'être, les uns depuis plus de trois ans, les autres depuis un plus grand nombre d'années, quelques-uns depuis plus de vingt ans. Tous ont adoré votre image et les statues des dieux ; tous ont maudit le Christ.

Au reste, ils assuraient que leur faute ou leur erreur n'avait jamais consisté qu'en ceci : ils s'assemblaient, à jour marqué, avant le lever du soleil ; ils chantaient tour à tour des hymnes à la louange du Christ, comme en l'honneur d'un Dieu : ils s'engageaient par serment non à quelque crime, mais à ne point commettre de vol, de brigandage, d'adultère, à ne point manquer à leur promesse, à ne point nier un dépôt ; après cela ils avaient coutume de se séparer et se rassemblaient de nouveau pour manger des mets communs et innocents. Depuis mon édit, ajoutaient-ils, par lequel, suivant vos ordres, j'avais défendu les associations, ils avaient renoncé à toutes ces pratiques. J'ai jugé nécessaire, pour découvrir la vérité, de soumettre à la torture deux femmes esclaves qu'on disait initiées à leur culte. Mais je n'ai rien trouvé qu'une superstition extraordinaire et bizarre..... »

Voici la réponse de Trajan :

« Vous avez fait ce que vous deviez faire, mon cher

Pline, dans l'examen des poursuites dirigées contre les chrétiens. Il n'est pas possible d'établir une forme certaine et générale dans cette sorte d'affaires. Il ne faut pas faire de recherches contre eux. S'ils sont accusés et convaincus, il faut les punir; si pourtant l'accusé nie qu'il soit chrétien et qu'il le prouve par sa conduite, je veux dire en invoquant les dieux, il faut pardonner à son repentir, de quelque soupçon qu'il ait été auparavant chargé. Au reste, dans nul genre d'accusation, il ne faut recevoir de dénonciation sans signature. Cela serait d'un pernicieux exemple et contraire aux maximes de notre règne (1). »

(1) L'authenticité de ces lettres fameuses a été plus d'une fois mise en doute. Le premier auteur ancien, qui en ait parlé, est Tertullien. Or dans le texte de la *Correspondance de Pline et de Trajan* découvert en France, dans un manuscrit, vers l'an 1500, la lettre de Pline sur les chrétiens n'est pas toujours conforme aux citations de Tertullien. — De là des doutes et des objections que FABRICIUS a relevées dans sa *Bibliothèque Latine*, II, 22. Les doutes s'étaient dissipés, les objections étaient oubliées quand M. AUBÉ dans son *Histoire des persécutions* posa de nouveau la question : « Pline, dit-il, prétend qu'on instruit contre les chrétiens? Qui donc? Quand et où? Comment Pline, qui a traversé tous les emplois, ne saurait-il rien de la procédure suivie contre eux? — Le témoignage que lui, païen, rend à des chrétiens n'est-il pas suspect? — Comment admettre que les progrès du Christianisme aient dès lors fait déserter les temples? — Comment Pline n'aurait-il nulle part ailleurs parlé des chrétiens? » — M. Boissier croit à l'authenticité de la lettre de Pline : « Les incertitudes de Pline, dit-il, s'expliquent par ce qu'il y avait de vague dans l'édit « *non licet esse christianos* ». — Le morceau est écrit dans le style de Pline; un chrétien n'aurait pas fait, en introduisant une lettre apocryphe dans un recueil, des aveux compromettants pour des co-religionnaires. » M. Renan ajoute : « C'est à Amisus sur la mer Noire que la lettre fut écrite. Il est probable que les incidents qui en furent l'occasion s'étaient passés à

Ces lettres font honneur à ceux qui les ont écrites. Pline s'y montre avec son intelligente douceur et l'on y voit à plein la ferme modération de Trajan. Elles ont en outre pour l'histoire religieuse un intérêt décisif.

Jusqu'à ce jour les poursuites contre les chrétiens se sont faites sans éclat et n'ont été exercées que par des magistrats obscurs; s'il en était autrement, comment un grand personnage tel que Pline, lié avec les hommes les plus haut placés, n'en aurait-il pas eu connaissance? — Pas de règle fixe dans la procédure suivie à l'égard des chrétiens: nul sénatus-consulte, nul édit ou décret impérial sur cette matière. — Une direction, une règle légale, voilà ce que sollicite la lettre de Pline, voilà ce que fournit la réponse de Trajan.

Un point capital est acquis: la qualité seule de chrétien constitue un délit. Pline a demandé: « Est-ce le nom seul de chrétien, que l'on punit, sont-ce les crimes attachés au nom? » Trajan répond: « S'ils sont accusés et convaincus d'être chrétiens il faut les punir. »

Amastris, ville qui fut dès le IIe siècle le centre du Christianisme dans le Pont. Quand on s'est rendu compte de l'état de l'Asie-Mineure au Ier et au IIe siècle et des progrès exceptionnels qu'y fit le Christianisme,... on cesse d'être surpris d'y trouver le tableau d'un christianisme tellement répandu qu'on attribue à ses progrès le délaissement des temples, l'interruption des cérémonies et des sacrifices solennels. » — Enfin M. Aubé, revenant sur sa première opinion, dit : « S'il faut prendre un parti tranché, bien que tout embarras ne soit pas pleinement levé pour nous, nous inclinons plutôt à recevoir le texte de Pline, dans son intégrité, qu'à le rejeter même en partie. Nous ne découvrons en effet, dans cette lettre, aucune suture, nul point où se trahisse et puisse se prendre sur le fait la main d'un faussaire. » (Résumé d'une note de l'édition des *Lettres choisies de Pline le Jeune* par LÉON ROBERT, chez P. Dupont.) — On voit qu'après un pareil débat on peut sans scrupule accorder une valeur historique à ces documents.

Du reste dans ces deux lettres le zèle religieux est complètement absent; Pline parle sans émotion de *cette superstition* qu'il se contente de trouver extraordinaire et bizarre; il constate sans enthousiasme que les temples païens se repeuplent! Cette recrudescence de dévotion païenne le réjouit seulement comme une bonne affaire pour les marchands de bétail: « On vend partout des victimes qui trouvaient auparavant peu d'acheteurs. » Trajan ne nomme les dieux qu'entre parenthèse (*id est supplicando Diis nostris*). Si les chrétiens sont déclarés coupables *a priori*, ce n'est donc point l'intolérance théologique qui dicte l'arrêt.

Alors pourquoi cette rigueur? — Elle s'explique par les considérations que nous avons exposées plus haut. Les chrétiens refusent de sacrifier aux dieux de l'empire, partant à l'empereur. Ils tombent donc sous le coup de la loi *de majesté*. Ils sont *irreligiosi in Cæsarem*. — De plus on les considère tous comme formant une association illicite, ou comme détournant de leur but les associations autorisées où il peuvent entrer. Enfin Trajan, chef d'État, ne peut pas ne point tenir compte de l'opinion publique, très défavorable à la secte, et qui fait peser sur les chrétiens le soupçon de magie (1).

Or tous ces délits considérés comme inhérents à la qualité de] chrétien (*nomini cohærentia*), sont châtiés de peines, que nous pouvons trouver excessives, mais qui sont alors parfaitement légales. On connaît par Tacite les conséquences terribles de l'accusation de lèse-majesté (au IIe siècle ce crime s'appelle *impietas*) (2).

---

(1) Voir Edm. Leblant. *Sur les bases juridiques des poursuites dirigées contre les martyrs.* (Comptes rendus de l'Académie des Inscriptions, 1866.)

(2) Pline, *Panégyrique*, 33. — Suétone, *Domitien*, 10.

L'association illicite est punie de la décollation, si le coupable appartient aux premiers rangs de la société ; les hommes de condition inférieure étaient exposés aux bêtes ou brûlés vif. Brûlés vifs aussi les coupables de magie et leurs complices exposés aux bêtes ou mis en croix.

Trajan se rendait compte du danger que le Christianisme faisait courir à la société antique : mais comme il n'a aucun fanatisme et beaucoup d'humanité, comme il sait quelles effroyables violences pourrait déchaîner la haine populaire contre les chrétiens, comme il veut éviter les désordres et l'effusion du sang, il recommande aux magistrats de ne pas rechercher les chrétiens, de ne point accueillir les écrits anonymes pouvant servir de base à des accusations, de pardonner aux accusés qui se repentent.

Ainsi s'explique par des motifs politiques, très sagement politiques, la contradiction que Tertullien, avec sa fougueuse logique, fait ressortir dans le rescrit de Trajan : « Arrêt condradictoire ! Trajan défend de rechercher les chrétiens et ordonne de les punir comme coupables..... Si vous condamnez les chrétiens, pourquoi ne pas les rechercher ?..... Si vous ne les recherchez point pourquoi ne pas les absoudre ? » Quoi qu'en puissent dire les sectaires de tous les temps, il y a une politique droite, qui n'est pas une politique rectiligne.

Le rescrit de Trajan condamne les chrétiens théoriquement et en principe ; il déclare le duel ouvert entre l'ancienne et la nouvelle civilisation : cette déclaration de guerre ne pouvait guère être retardée. Mais en fait, le sage empereur, laisse les chrétiens dans une certaine sécurité. Défendre aux magistrats de poursuivre, c'était proprement désarmer la loi. Interdire d'accepter les dénonciations anonymes, c'était donner à ceux qui pouvaient devenir victimes, une précieuse garantie contre ceux qui voulaient se faire bourreaux.

Sans doute la réponse de Trajan, est incomplète : Pline pose des questions qu'il ne résout pas. L'empereur ne fixe pas la peine, ne dit pas si l'enfant sera puni comme l'homme fait. Lacunes graves (1) ! lacunes volontaires peut-être ! Aux yeux de Trajan, les chrétiens sont des criminels d'État ; et peut-être pense-t-il qu'en cette matière il y aurait plus de péril que d'avantage à préciser. « *Neque in universum aliquid, quod quasi certam formam habeat, constitui potest.........* Il n'est pas possible d'établir une forme certaine et générale en ces sortes d'affaires. » Les premiers chrétiens ont compris la valeur de cette modération de Trajan ; ils ont senti qu'après tout une loi, quelque hostile qu'elle leur fût, valait mieux que l'arbitraire, et ils n'ont pas compté Trajan parmi leurs persécuteurs. « Il n'est cité comme tel ni par Méliton ni par Tertullien ; Lactance omet également son nom et ne nomme

(1) M. de la Berge les signale avec beaucoup de vivacité : « La réponse du prince est insuffisante, car Trajan ne répond pas à toutes les questions posées par Pline ; il ne dit pas si l'enfant sera puni comme l'homme fait, ni de quelle peine l'un et l'autre seront frappés. Il n'explique pas, et c'est là le point important, qui embarrassait Pline, si le nom seul de chrétien est un crime, ou si l'on doit poursuivre uniquement les crimes que le Christianisme comportait aux yeux de la loi romaine. Dans toute la correspondance de l'empereur et de son agent, il n'y a pas d'exemple, même sur les sujets les moins graves, d'une réponse aussi sommaire, aussi incomplète et aussi vague. » — MM. Boissier, Renan, Aubé admettent pourtant l'authenticité du rescrit de Trajan, et, quant à nous, il nous semble que les difficultés soulevées par M. de la Berge peuvent se résoudre aisément.

pas d'empereur persécuteur entre Néron et Trajan Dèce (1). »

Le sang coula pourtant.

Comme M. Boissier, nous pensons que ceux-là qui s'efforcent de diminuer le nombre des martyrs font contre le Christianisme une polémique bien médiocre et bien puérile. « Nous n'avons aucun intérêt à restreindre le nombre des martyrs et à contester leur mérite ; il ne nous convient pas de jeter quelque ombre sur cette époque héroïque. Ces hommes proclamaient qu'aucun pouvoir humain ne peut porter atteinte à l'indépendance de l'âme. » Mais nous ne saurions non plus accepter les exagérations de certains écrivains ecclésiastiques. La société antique avait ses violences, ses brutalités ; elle ne faisait pas assez cas de la vie humaine ; nous l'accordons. Ce ne fut pas cependant une multitude de fauves, enivrés de l'odeur du sang, en proie à une sorte d'ivresse meurtrière, comme tendent à le faire croire certains récits soi-disant édifiants.

Avec le pieux Tillemont, nous dirons qu'il faut prendre pour des légendes les martyres des onze mille soldats, qui, sous Trajan, auraient été égorgés à Mitylène : légendes, les martyres de saint Césaire, de saint Hyacinthe, de saint Romule, de saint Eudoxe ; légende aussi la persécution alors exercée en Asie par le proconsul Arrius Antoninus ; légende enfin la fameuse lettre dans laquelle Tibérien, gouverneur de Palestine, mande à Trajan qu'il a beau envoyer les chrétiens au supplice, ils ne cessent de se présenter à son tribunal.

Ce qui est trop certain, c'est qu'en Bithynie il y eut des victimes : la lettre de Pline le prouve. Encore faut-

____

(1) DE LA BERGE.

il remarquer que la torture, que le légat de Trajan infligea à deux diaconesses de condition servile, ne peut
être regardée comme un acte de persécution : la torture
était alors considérée comme un moyen légal d'information juridique. Siméon, évêque de Jérusalem, subit
alors le martyre : sa condamnation fut causée peut-être
par des motifs politiques. En tout cas la date de son
supplice est assez voisine d'une révolte de la Palestine,
dont les instigateurs durent être recherchés et punis.
Quant à Ignace, évêque d'Antioche, c'est aussi sous
Trajan qu'il fut mis à mort; il fut victime bien plus des
préjugés populaires que du fanatisme de Trajan. Un
tremblement de terre venait de jeter à bas une moitié
de la ville : la foule accusa les chrétiens de ce désastre,
et des paroles imprudentes avaient bien pu attirer cette
accusation sur leur tête. L'empereur céda à la passion
du peuple et lui accorda une victime. Faiblesse qu'il
faut regretter et condamner ; mais elle n'a pas de quoi
nous surprendre et l'on ne peut guère s'indigner contre
Trajan parce qu'il n'a pas su dominer entièrement les
préjugés de son époque.

Quoi qu'il en soit, le duel, nous l'avons dit, est ouvert
entre la religion de l'antiquité et la foi nouvelle, entre
l'ancien régime de l'humanité et la civilisation que le
christianisme vient apporter au monde.

Dès ce moment on peut prévoir l'issue de la lutte et
par avance désigner le vainqueur.

Cette société, qui prétend proscrire le Christianisme,
y est déjà gagnée en partie et sur certains points lui a
elle-même frayé les voies. C'est là une idée que le beau
livre de M. Havet, sur les origines du Christianisme, a
mise en pleine lumière : « Depuis la première et poétique expression de la piété filiale et conjugale, du

dévouement à l'amitié, à la famille, à la patrie, de la
charité pour l'homme, pour le pauvre, pour l'esclave,
que l'on trouve déjà dans Homère, jusqu'à la philosophie de Platon, qui contient, non seulement en germe,
mais en réalité, toute la théologie chrétienne et tout le
mysticisme ascétique — jusqu'au stoïcisme de Sénèque
qui contient à son tour toute la morale du Christ, —
M. Havet nous fait voir cette âme chrétienne qui se
dégage peu à peu de l'âme antique et prend conscience
d'elle-même. Les pures conceptions des philosophes
n'étaient, sans doute, bien connues que des esprits
élevés : mais elles descendaient de là et s'insinuaient
dans la foule par mille canaux invisibles : une sorte
d'atmosphère religieuse se formait, où tout le monde
s'habituait à vivre ; *tout ce qui constitue le Christianisme*, dogme, morale, pratiques, existait, et l'on ne
connaissait pas encore le nom de Jésus. La croyance à
un seul Dieu, à de bons et de mauvais démons, à l'efficacité de la prière, à l'âme, spirituelle et immortelle....
à la fin du monde, à la résurrection des morts, -voilà
pour le dogme, — la charité, la chasteté, l'amour de la
retraite, le dégoût des affaires, le mépris du monde,
l'aspiration ardente à une vie future toute spirituelle, le
respect de la femme, de l'esclave, voilà pour la morale,
— les temples, les chapelles, les images, un clergé or-
ganisé, des confréries, des processions, des purifications,
des ex-voto, des miracles, voilà pour le culte ; l'Hellénisme avait inventé, appliqué tout cela (1). »

(1) Voir dans la *Revue Nouvelle* — 1ᵉʳ février 1885. — un article
de M. Couat, sur le livre de M. Havet : *Le Christianisme et ses
origines.* — Les lignes que nous citons sont empruntées à cet
article. — Nous croyons, avec M. Couat, que l'*Hellénisme* a
inventé tout cela, mais l'*Hellénisme* mêlé d'éléments orientaux.

Mais pour faire éclore ces germes, frêles encore et épars, il fallait une chaleur plus vive que la lumière de la philosophie antique, pour faire lever cette pâte incohérente encore, il fallait un levain ; le monde antique portait en lui le mouvement qui a amené les temps modernes, il fallait y donner le branle.

Ce fut la tâche du Christianisme.

Les Révolutions se préparent par les idées et s'accomplissent par les passions. — Le monde antique, comme lassé par un effort d'intelligence, ne s'attachait pas assez aux résultats qu'il avait atteints ainsi : il sentait le besoin d'une foi qui les vînt consacrer. « Or la religion nouvelle s'interdisait soigneusement toutes les recherches physiques et métaphysiques....... toutes les questions sur la nature et la substance de Dieu, toutes les hypothèses sur les lois et les forces de la nature et sur l'action du monde invisible, toutes les discussions sur la destinée en opposition avec la Providence. Elle ne disait qu'un fait et n'offrait qu'une espérance : or, l'homme avait besoin d'une pierre pour reposer sa tête. Il lui fallait un fait miraculeux, pour que, délivré du tourment du doute, il pût respirer, reprendre des forces et commencer ensuite le grand travail intellectuel (1). »

De même dans l'ordre social et moral, « ce qui a précipité la révolutien chrétienne, ce sont les souffrances et les ressentiments des multitudes opprimées, des vaincus, des mécontents, des esclaves. »

Cette transformation du monde ancien était nécessaire : elle fut bienfaisante et la reconnaissance de

_____

(1) BENJAMIN CONSTANT. Article *Christianisme* dans l'*Encyclopédie Moderne*.

l'histoire est assurée au Christianisme qui l'a accomplie.

Mais il serait injuste d'oublier ceux qui y avaient
travaillé avant lui, et bien que la philosophie antique
n'ait pas conduit cette œuvre jusqu'à son terme, nous
lui paierons notre tribut de gratitude, en indiquant dans
le chapitre suivant ses tentatives et ses travaux au premier siècle de l'ère chrétienne.

III

LA PHILOSOPHIE

III

LA PHILOSOPHIE

« Le monde, à l'époque romaine, dit M. Renan, subit une décadence scientifique et accomplit un progrès de moralité (1). » La philosophie a contribué à ce progrès mais n'a point échappé à cette décadence.

Son insuffisance s'explique par ses origines mêmes. « Importée de la Grèce à Rome, de même que l'art et la littérature, elle y eut un développement trop rapide. L'esprit romain est arrivé d'un coup aux dernières solutions de la philosophie hellénique, sans franchir les degrés intermédiaires. Moins subtil que l'esprit Grec, manquant de nuances, il a tout de suite traduit, dans sa prose précise, cette dialectique qui combinait avec art des éléments hétérogènes et permettait d'être à la fois Platonicien et sceptique, ou bien Epicurien et tempérant. A Rome, chaque école fut contrainte de manifester tout de suite toutes les conséquences de ses principes, au risque de se frapper de mort elle-même (2). »

(1) RENAN, *Les Apôtres*.
(2) DE PRESSENSÉ, *Histoire des trois premiers siècles de l'Église*.

On a souvent marqué l'antipathie du caractère romain contre le génie spéculatif ; cette antipathie, qui exista de tout temps, s'accentua encore à l'époque de l'empire, « En tout sens, dans ces jours de découragement, l'humanité s'abandonne. Ce qu'elle surprend en elle de curiosité ou de hardiesse, elle le désavoue, elle a honte de l'industrie, comme de la science, elle maudit le travail des métaux, elle condamne enfin la navigation, comme une audace sacrilège (1). »

> Audax omnia perpeti
> Gens humana ruit per vetitum nefas.

Sénèque en terminant son livre des *Recherches sur la nature*, se plaint qu'on ne se soucie plus d'apprendre, ni de savoir : « Aussi, ajoute-t-il, loin de faire des découvertes sur ce qui avait échappé aux anciens, on laisse se perdre bien des vérités qu'ils avaient trouvées. » Lui-même, d'ailleurs, ne renouvela point cet effort d'investigation scientifique qu'il avait tenté en écrivant cet ouvrage des *Quæstiones naturales*. Le cri de Virgile

> Felix qui potuit rerum cognoscere causas

est resté sans écho.

Non seulement les Romains négligeaient les hautes études philosophiques : ils professaient à leur égard un dédain bien marqué. Sur ce point, les hommes instruits ne pensent pas autrement que le vulgaire. Tacite passe à Helvidius Priscus, d'avoir appliqué son esprit à la philosophie : mais parce qu'il l'a conçue comme une préparation aux devoirs de la vie civique (2). Pline le

(1) HAVET, *Origines du Christianisme : l'Hellénisme* (tome II).
(2) TACITE, *Histoires*, III, 81.

Jeune, qui pourtant pousse si loin l'amour des choses
de l'esprit, loue Titus Ariston « de ne point courir les
gymnases et les portiques pour charmer par de longs
débats l'oisiveté des autres et la sienne. Les affaires,
le barreau l'occupent tout entier. Il plaide pour les
uns, il donne des conseils aux autres ; et cependant, il
ne le cède à aucun philosophe en probité, en désintéressement, en justice (1). » Quintilien, en sa qualité
de rhéteur, a contre la philosophie des préventions
qui vont jusqu'à la haine : aussi ne manque-t-il point
de se faire l'interprète de l'opinion publique en op-
posant le citoyen véritablement sage, qui se préoccupe non pas de discussions oiseuses, mais de l'administration publique, aux philosophes n'ayant souci que
de s'y soustraire le plus possible, comme à tous les
devoirs civiques en général (2). Enfin Lucien, si capable
de tout comprendre, raille lui aussi ceux qui se vouent
aux études spéculatives. Il nous représente un certain
Hermotime : le pauvre homme, vingt ans durant, a
pâli et maigri sur les livres des philosophes ; en fin de
compte, comme Bouvart et Pécuchet, les héros de Flau-
bert, il s'aperçoit que pour faire choix de la meilleure
des philosophies, il faudrait pouvoir les examiner toutes
et que trois cents ans ne suffiraient pas à cette besogne.
D'ailleurs ceux qui étudient la philosophie ne visent
pas à ce qui est le but suprême, *la manifestation du
savoir par des actes*, mais à un épluchement de mots, à
des questions insolubles, à des querelles misérables.
« Au lieu de chercher à cueillir les fruits, ils s'échinent

____

(1) PLINE LE JEUNE, *Lettres* I, 22.
(2) QUINTILIEN, *Inst. Or.* XI, 1, 35, XII, 2. 6. 7.

pour l'écorce, et se jettent mutuellement à la figure les feuilles de l'arbre (1). »

Tandis que la philosophie et les philosophes sont ainsi dédaignés par le monde, le pouvoir les tient en défiance. Sous les Césars, sous les Flaviens, ils connurent plus d'une fois la persécution. — La foule regarde les philosophes comme des inutiles, les princes les tiennent pour des révolutionnaires (2). On pourrait dresser une assez longue liste des condamnations à la mort ou à l'exil qui furent prononcées contre certains d'entre eux : il suffira de rappeler les plus nobles victimes, les Rubellius Plautus, les Thrasea, les Helvidius Priscus, les Sénécion. On sait de reste que, sous Domitien les philosophes furent expulsés en masse ; le *Néron chauve* voyait en eux des républicains ou du moins des ennemis du gouvernement établi. Situation peu encourageante ! victimes de l'injustice d'un pouvoir arbitraire, ils n'en peuvent appeler à l'équité, ni même à la compassion de l'opinion publique ; la société comtemporaine ne sent aucun intérêt pour eux ; et, à leur égard, n'est pas en fond de pitié.

L'avènement de Nerva et de Trajan fut le signal d'une réaction complète contre les actes et les tendances du règne précédent. Cette réaction profita aux philosophes. Les bannis furent rappelés : on glorifia les victimes. Les morts héroïques de tant de nobles citoyens forcèrent au respect, sinon pour leurs doctrines, au moins pour leurs personnes. Tacite qui, nous l'avons vu, n'aimait pas la philosophie, gravait pour la pos-

(1) LUCIEN, *Hermotime.*

(2) Sénèque, dans plusieurs de ses lettres à Lucilius, s'efforce de prouver que les philosophes ne sont point les ennemis du pouvoir.

térité les traits de ces martyrs de la conscience (1).

Trajan, par sa façon de traiter les philosophes, contribua très fort à dissiper la défaveur qui pesait sur eux : « De quelle considération, lui dit Pline dans le *Panégyrique*, n'environnez-vous pas les philosophes! comme vous avez ranimé, vivifié, rendu à leur patrie ces nobles études que la barbarie des derniers temps punissait de l'exil, alors qu'un prince dont la conscience était souillée de tous les vices bannissait, moins peut-être par aversion que par honte, des sciences ennemies du vice! Ces mêmes sciences, vos bras leur sont ouverts; vos yeux, vos oreilles en font leurs délices; ce qu'elles recommandent vous le pratiquez; vous les chérissez autant qu'elles vous honorent (2). » Dion Chrysostome, qui avait été proscrit par Domitien, était accueilli avec la plus haute distinction dans le palais du nouvel empereur; il prononça devant le prince et sa cour un discours sur les devoirs de la royauté; il ne veut point flatter et ne flatte pas en effet. On l'écoute avec intérêt, avec respect; on l'encourage à renouveler sa tentative; il y consent et à chaque occasion nouvelle, obtient le même succès. Bientôt Trajan l'a admis dans son intimité et l'on a pu dire par un rapprochement qui n'a rien de forcé que Dion fut l'aumônier ou tout au moins le prédicateur ordinaire de la cour à cette époque (3).

Ainsi les préjugés contre les philosophes vont s'effaçant de jour en jour. Ils avaient été jusqu'alors mis en

---

(1) Voir surtout le beau récit de la mort de Thraséa à la fin du xvi° livre des *Annales*.

(2) PLINE, *Panégyrique*, 47.

(3) C'est M. Duruy qui appelle Dion l'aumônier de Trajan.

dehors de la société ; ils y prennent sous les Antonins une place honorable. Etre philosophe, cela devient une profession (1). Adrien crée à Rome des chaires de philosophie, entretenues aux frais de l'État ; Antonin suit cet exemple, et Marc-Aurèle, enfin, installe la philosophie sur le trône.

Mais cette réhabilitation des philosophes ne s'est point accomplie sans qu'ils aient fait des concessions : le jour où l'opinion publique les a acceptés, c'est qu'ils ont subi sa pression et consenti à se plier à ses exigences.

Dès ce moment nulle trace d'aspiration spéculative, plus aucune ambition scientifique, — ce renoncement, cette abdication, dès le temps de Néron, les philosophes commencent à s'y résigner. Sénèque, que nous avons entendu plus haut, exhaler une noble plainte sur l'apathie intellectuelle des hommes de son temps, n'essaie pas de lutter contre le courant. Bien plus, lui-même fait chorus avec le vulgaire ; il écrit à Lucilius une lettre qui est véritablement un discours en règle contre les études libérales. « Jusqu'à un certain point, il respecte les hautes spéculations mathématiques comme une dépendance de la philosophie et encore n'y voit-il que des préparations accessoires à la seule science qui achève l'homme, la science morale. Mais il fait très bon marché de la philosophie, de l'histoire, de la géométrie même et de l'astronomie prises dans le détail. Il y a surtout une science qu'il ne comprend même pas, c'est la critique (2). » Ceux qui se préoccupent des grands problèmes, sont à ses yeux comme ces enfants qui

(1) Pline le Jeune a dit en parlant d'un philosophe : *professio sapientiæ*, et, dans ce passage, le mot *professio* a le sens de métier.

(2) HAVET, *Orig. du Christ : l'Hellénisme* (tome II).

embrouillent des nœuds pour avoir occasion de les défaire : « *nectimus nodos, ac deinde dissolvimus* (1). » Il formule brutalement ses conclusions : « Pour avoir une âme saine il ne faut guère d'étude : en toute chose, et même en philosophant, nous nous dépensons en superfluités ; nous portons notre intempérance générale jusque dans les travaux de l'esprit, et nous n'étudions pas pour devenir des hommes, mais pour rester des écoliers (2). »

Sénèque, du moins, n'avait pas toujours pensé ainsi ; peut-être n'en arrive-t-il là que par lassitude, par désespoir de venir à bout de l'inertie générale.

Mais ceux qui philosophèrent après lui ne paraissent pas avoir jamais eu d'autre sentiment. Musonius Rufus déclare qu'il ne faut pas d'étude à celui qui veut être un bon philosophe ; l'amas des raisonnements et des démonstrations ne sert de rien, dit-il, sinon à gonfler d'orgueil les sophistes (3). Pline le Jeune, dans un moment de ferveur, se sentait attiré vers une vie studieuse et contemplative. Qui l'en détourna? un philosophe, Euphrate. « Enchaîné à un emploi aussi important que fâcheux, je passe ma vie à siéger sur un tribunal, à répondre à des requêtes, à faire des règlements..... Je m'en plains quelquefois à Euphrate et il essaie de me consoler : « C'est, dit-il, la plus noble fonction de la philosophie, que de mettre en œuvre les maximes des philosophes, que de prendre en main les intérêts publics, d'apprécier, de faire éclater la justice et de la rendre. » — Voilà le seul point où il ne me persuade pas. Je suis

(1) Sénèque, *ad Lucil.* XLV.
(2) Sénèque, *ad Lucil.* CVI.
(3) Cité par Stobée. *Serm.* LVI. 18.

encore à comprendre que de semblables occupations puissent valoir le plaisir de passer tout le jour à l'entendre et à étudier (1). » Epictète veut que le stoïcien étudie la logique, mais c'est uniquement parce qu'à ses yeux elle se rattache à la morale par un lien très étroit : « se tromper est une faute ». Quant à l'étude, à la science en elles-mêmes, il les prise assez peu : « Montre-moi tes progrès. Si je disais à un athlète : « Montre-moi tes épaules, » et qu'il me répondît : « Voici les plombs dont je me sers, — Va-t-en voir ailleurs avec ces plombs, lui dirais-je. Ce que je veux voir, c'est le parti que tu sais en tirer. » Toi de même, tu me dis : « Prends ce livre de Chrysippe sur la volonté et vois comme je l'ai lu. » Esclave, ce n'est pas là ce que je cherche, mais ta façon de te porter vers les choses ou de les repousser, de les désirer ou de les fuir... Si elle y est conforme, montre-le-moi et je te dirai que tu es en progrès (2) ».

Mais en renonçant ainsi à certaines provinces de son domaine, la philosophie voulait du moins occuper plus pleinement celles qu'elle se réservait, les embrasser pour ainsi dire d'une étreinte plus forte ; elle se détournait de l'idéal, elle s'interdisait les grands problèmes et se confinait dans la pratique ; mais là elle chercha à exercer son action avec toutes les chances possibles de succès. Bornant son ambition à appliquer les principes de sagesse découverts par la pensée grecque, elle se mit en peine de faire réussir ces applications.

Pour atteindre ce but il lui fallait d'abord démêler les tendances des hommes de ce temps ; elle ne manqua point à cette tâche. Les philosophes de l'époque Anto-

(1) PLINE LE JEUNE, *Lettres*. I 10.
(2) EPICTÈTE, *Entretiens*, VI.

nine ont compris à merveille qu'à ce moment les exigences intellectuelles sont faibles, mais les besoins du cœur impérieux ; que les générations contemporaines sont travaillées par de vagues aspirations religieuses et par un ardent désir de perfection morale. Ainsi la philosophie devint avant tout pratique et édifiante.

Ce dessein d'exercer une influence, non plus sur les esprits, mais sur les âmes, non plus sur les pensées, mais sur les actes, sur la conduite, se marque par bien des traits.

Il faut noter tout d'abord ce fait, que les philosophes n'emploient plus alors la langue latine, mais enseignent et écrivent en grec. Sans doute les plus remarquables, Epictète, Dion Chrysostome, Plutarque, sont d'origine hellénique ; mais, sous Néron, Cornutus (1), plus tard Musonius Rufus (2), Favorinus (3), etc., Africains, Gaulois, Romains, ne se servent que de la langue de Démosthène et de Platon. Plutarque nous a avoué qu'il ne savait guère le latin ; mais il est bien probable que Dion Chrysostome et Epictète auraient pu, s'ils l'avaient voulu, mettre en œuvre l'idiome du Latium, quand ils s'adressaient à Rome, à leurs auditoires populaires. Ils ne l'ont pas fait. Pourquoi ? — Pourquoi cette langue, que Cicéron avait façonnée avec tant d'éclat pour le service de

______

(1) Cornutus, né à Leptis. — Consulter sur ce philosophe M. MARTHA (*Les Moralistes latins* — article sur Perse).

(2) Musonius, né au Ier siècle, fut compromis dans la conspiration de Pison, relégué dans l'île de Gyare par Néron. Rappelé à Rome par Vitellius, il fut excepté par Vespasien de la mesure qui bannissait les philosophes.

(3) Favorinus, né à Arles, mourut vers l'an 135. Il avait composé entre autres ouvrages des *tropes pyrrhoniens*, dont on trouve quelques fragments dans Diogène Laerce.

la propagande philosophique, que Sénèque venait d'illustrer par son prosélytisme moral, était-elle abandonnée par les nouveaux maîtres de la sagesse? — C'est qu'à ce moment, si « Rome, par son génie politique et la puissance de ses institutions, possède et gouverne le monde, la Grèce par les arts, par sa littérature, par sa langue devenue universelle, est la souveraine maîtresse des esprits et de l'opinion ». C'est la langue grecque qui sert de trait d'union entre les très diverses parties de cette société cosmopolite. A Rome même, dans une de ces conférences alors à la mode, on n'est pas sûr d'avoir un auditoire où la majorité entende le latin. Mais des Grecs grécisants, le philosophe Euphrate (1), le rhéteur Isée (2) sont entendus, sont écoutés et connaissent, non pas seulement les succès d'estime, mais les triomphes de la vogue. Sénèque avait pu écrire en latin; il ne s'adressait qu'à une élite aristocratique de la société de Rome : les philosophes nouveaux venus parlaient le grec parce qu'ils voulaient exercer leur influence sur le monde romain tout entier.

Rien de plus aisé et même de plus agréable que le rôle de conseiller amateur en matière de morale; comme on n'a point de mandat, on échappe à toute responsabilité : qui vous consulte, vous marque de la déférence; peut-on vous garder rancune si les conseils donnés ont un mauvais succès, alors que vous n'aviez d'autre autorité que celle qu'on voulait vous prêter? Et d'ailleurs ces conseils qu'on écoute souvent, si rarement on les suit! Il n'en va pas ainsi, et c'est justice, pour l'homme qui fait profession de diriger ses semblables. Un passant

(1) PLINE LE JEUNE, *Lettres*, I, 10.
(2)   Id.   *Lettres*, II, 3.

officieux vous met dans une fausse route; vous ne lui
tenez pas rigueur. Un guide patenté vous égare : désormais il n'aura plus votre confiance ni votre pratique.
Or, nous l'avons dit, à l'époque des Antonins, la philosophie morale était devenue une profession. De cette
profession les philosophes pouvaient avoir les bénéfices ; ils en avaient aussi les charges. Il leur fallait être
prêt à donner des avis en toute occasion : se présen-
tait-il un cas de conscience délicat ou embarrassant,
personne n'eût compris qu'ils pussent hésiter. Directeurs de conscience, ils l'étaient, on l'a dit (1) ; et, comme
aux modernes directeurs de conscience, ce qu'on leur
demandait, c'était moins des principes, une règle générale, que des recettes morales, pour ainsi dire, que des
solutions toutes prêtes pour les difficultés particulières,
et les problèmes qui se posent tous les jours à une âme
timorée et scrupuleuse. Comme les philosophes de ce
temps s'occupaient avant tout de morale appliquée, ils
furent bientôt contraints de devenir des casuistes, et
dans leur désir d'agir sur leurs contemporains, ils ne
résistèrent point à ces exigences. Aulu-Gelle nous a
conservé sur ce point une bien amusante et bien carac-
téristique anecdote. Le gouverneur de Crète, nous
conte-t-il, alla voir un jour, avec son père, le fameux
philosophe Taurus. Quand les deux nobles personnages
eurent été introduits, on n'apporta d'abord qu'une
chaise ; de là grand embarras et grand débat : l'un et
l'autre faisaient difficulté pour prendre ce siège. Le fils
voulait le céder à son père par respect, le père ne voulait pas laisser debout un magistrat du peuple romain.
Ils disputaient ainsi, quand survint Taurus ; le philo-

<hr>

(1) Voy. Martha, *Moralistes romains* (article sur *Sénèque*).

sophe profita de la circonstance pour traiter doctement la question ; il chercha à établir par une discussion savante lequel devait s'asseoir le premier, et leur fit à ce propos une leçon, qui ravit les auditeurs. Aulu-Gelle ne nous dit point si le philosophe parla debout ; on peut le supposer, et il nous semble que le gouverneur de Crète n'eût point commis une impertinence, en disant à ce discoureur, comme don Juan à don Luis : « Monsieur, si vous étiez assis, vous en seriez mieux pour parler (1). » Mais Aulu-Gelle rapporte fort sérieusement cette scène ; acteurs, spectateurs, narrateur, tous restent graves. Preuve manifeste que la casuistique est devenue pour les hommes de ce temps une habitude favorite et une affaire d'importance.

Un autre trait qui nous montre à plein que la philosophie est descendue des sommets pour se mêler à la foule des hommes et pour agir sur les masses, c'est qu'elle se met en peine d'acquérir l'art de la parole. — Entre la philosophie et l'éloquence, il y avait eu naguère divorce. Quintilien, qui vivait peu de temps avant Trajan, est toujours en fond de dédaigneuses récriminations contre les philosophes. Sous les Antonins une réconciliation s'accomplit, et ce n'est pas l'art oratoire mais la philosophie qui fait les avances et les frais. Fronton gourmande très fort Marc-Aurèle d'avoir abandonné l'étude du bien-dire pour celle du bien-vivre : mais il semble que ceux qui philosophèrent alors n'en usèrent point comme le sage couronné. — Ils ne cherchèrent pas seulement à être éloquents, mais se firent littérateurs, rhéteurs, grammairiens. Favorinus, si fort goûté pour ses belles homélies morales, suivait en lit-

______

(1) Voy. Molière, *Don Juan ou le festin de Pierre*, IV, 6.

térature la mode du jour, et, comme Fronton, était atteint
de la manie de l'archaïsme. Il prisait très haut l'antique
historien Claudius Quadrigarius ; il avait étudié en phi-
lologue la loi des XII Tables et en expliquait les termes
obscurs ; sur un seul vers il décidait qu'une pièce était
de Plaute et ne saurait être d'un autre. Euphrate, si
loué de Pline le Jeune, semble surtout avoir été un
beau parleur : « On est si charmé de l'entendre qu'après
même qu'il vous a persuadé, vous voudriez qu'il eût à
vous persuader encore (1). » Il est évident que bien des
philosophes de cette époque, en prétendant se faire un
instrument de l'éloquence, devinrent les dupes et les
esclaves de la rhétorique.

Epictète se plaint de ce travers avec son ordinaire
impétuosité. « Aujourd'hui, dis-tu, j'ai eu beaucoup
plus d'auditeurs ! — Oui, beaucoup. Cinq cents, ce me
semble. — Vous ne savez ce que vous dites, mettez-en
mille. Jamais Dion n'en a eu autant. Et comment les
aurait-il ? Puis comme ils écoutent ma parole ! C'est
que le beau agit jusque sur les pierres elles-mêmes ! »
Et c'est là le cas d'un philosophe ! Ce sont là les sentiments du futur bienfaiteur de l'humanité ! C'est là
l'homme qui a écouté la raison, qui a lu les livres socratiques comme on lit des livres socratiques, et non pas
comme on lit des livres de Lysias ou d'Isocrate… comme
on lit des chansonnettes (2) ! » Il sait par expérience que le public est en cette affaire le complice des
pseudo-philosophes qui s'adressent à lui : « J'ai une

(1) PLINE LE JEUNE *Lettres*, I, 10.
(2) EPICTÈTE, *Entretiens*. (Voy. *Manuel* et extraits des *Entretiens*
traduits par M. Guyau, chez Delagrave. Nous devons beaucoup
à l'excellente introduction que M. Guyau a mise en tête de cet
ouvrage.)

fausse opinion, arrache-la-moi. Tu es dans un faux préjugé, souffre que je le guérisse. Voilà ce que c'est que de causer avec un philosophe. — Au lieu de cela, tu me rends une visite, et, mal payé de ta peine, tu t'en retournes en disant : Epictète n'est pas grand chose. Qu'il parle grossièrement ! Il ne sait pas seulement sa langue ! — Est-ce là de quoi il s'agit ? Voilà comme sont faits les hommes : ils cherchent de beaux parleurs, et ils sont tous les jours ensemble comme des statues, sans se connaître, sans s'examiner les uns les autres et sans se rendre meilleurs. L'amusement ou la curiosité font tous nos empressements et tous nos commerces (1). » Mais ce héros du stoïcisme, ce saint païen si prêt à tous les renoncements, si détaché de toutes les vanités humaines, en proscrivant les abus de la rhétorique, ne condamne pourtant point l'usage de l'art oratoire, parce qu'il sait combien il sert la diffusion de la doctrine. Sans doute il se moque de ceux qui pour faire une exhortation morale « commencent par disposer un millier de sièges, invitent les gens à venir les entendre, puis, élégamment drapés dans leurs robes ou dans leurs manteaux, se juchent sur des coussins et racontent de là la mort d'Achille ». Mais il reconnaît aussi que l'*Exhortation* est un genre oratoire, et il se défend très fort de mépriser l'art de la parole. « Le talent de la parole est-il sans utilité et sans profit ? A Dieu ne plaise ! Le croire serait une folie, une impiété, une

---

(1) EPICTÈTE, *Entretiens*. — Cette traduction est empruntée au livre de M. Fouillée : *Manuel d'Épictète*. Traduction *Naigeon* revue, avec introduction, notes, extraits et éclaircissements (chez Belin). — Comme le précédent, ce livre classique nous a été fort utile pour tout ce qui regarde Epictète.

ingratitude envers Dieu. » (1) De tels passages écrits par un pareil homme prouvent bien que de jour en jour la philosophie devient plus oratoire et font prévoir le moment tout voisin où Apulée la confondant avec la rhétorique, la définira : une science qui a pour but d'enseigner autant à bien dire qu'à bien vivre, *disciplina regalis tam ad bene dicendum quam ad bene vivendum reperta.*

Enfin, pour ne point choquer cette société si tourmentée par les aspirations religieuses, les philosophes de ce temps s'interdisent d'être agressifs contre les pratiques cultuelles ; pour se la concilier, ils se montrent même volontiers dévots. Sénèque n'était guère éloigné de proscrire tout culte extérieur : « La religion, c'est d'abord de croire aux Dieux, puis de leur rendre ce qui leur appartient, la grandeur et ensuite la bonté, sans laquelle il n'y a pas de grandeur..... Veux-tu te rendre les Dieux propices ? sois bon : c'est les honorer assez que de les imiter. » Et ailleurs : « Ne voulez-vous pas vous représenter Dieu tel qu'il est ?..... Comme un ami qui n'est jamais bien loin, qu'il faut honorer, non à force de sang versé et de victimes égorgées, mais par un cœur pur et une bonne résolution. Il ne s'agit pas de lui bâtir des temples en entassant pierres sur pierres ; c'est à chacun à le consacrer dans son cœur. » Bien différent est le langage d'Epictète (2) : « Il faut toujours faire les libations, les sacrifices et les offrandes selon les rites de son pays, avec pureté, sans retard et sans négligence, sans parcimonie et sans prodigalité. » — Un jour que Dion Chrysostome assistait aux jeux olym-

(1) Voy. Traduction *Guyau*, p. 128.
(2) Voy. Epictète, *Manuel* (XXXI à la fin).

piques, déguisé sous un costume de mendiant, il vint tout à coup à être reconnu : aussitôt entouré on lui demande une de ces improvisations qui l'avaient rendu célèbre. Il fut obligé de se rendre, et de quoi parla-t-il alors à ces descendants de Socrate et de Platon, si affinés, si cultivés, si capables d'entendre les enseignements philosophiques? « Il prononce un discours admirable sur les attributs de Jupiter, dont la statue, faite, dit-on, par Phidias, est sous ses yeux, et dans un commentaire poétique il interprète la pensée du grand artiste et montre toutes les vertus du Dieu qui respirent dans sa sublime image (1). » Plus on avance dans le temps et plus cette tendance dévotieuse s'accuse. Apulée emporte avec lui dans ses voyages une petite statue d'un dieu, et, les jours de fête, il ne manque pas de lui offrir de l'encens. Le long de sa route il visite tous les sanctuaires et se fait initier à [toutes les cérémonies. Ce brillant rhéteur, ce docte philosophe ressemble parfois à un naïf pèlerin du moyen âge.

Tout préoccupés par cette ambition d'avoir une action immédiate et directe sur la société contemporaine, ceux qui s'attachent à une école non seulement font leur profession de philosophie, mais font de la philosophie leur profession. Etre philosophe, nous l'avons dit, cela devient un métier et c'est un métier qui comporte des spécialités diverses.

L'enseignement public, la direction de conscience, la prédication populaire, telles étaient depuis longtemps déjà les diverses formes de l'activité philosophique; elles prennent alors un caractère encore plus arrêté et une extension plus générale.

Certains philosophes ouvrent des écoles gratuites ou

(1) MARTHA, *Moralistes...* (art. *Dion Chrysostome*).

payantes. Citons au temps de Trajan, cet Euphrate dont Pline nous a déjà fait l'éloge. Nous ne nous refusons pas à croire à sa sagesse ; mais nous ne pouvons nous empêcher de penser que plus encore qu'un sage admiré, il voulut être un professeur goûté. Voyez comme il soigne sa parole et s'efforce d'avoir le physique de l'emploi : « Il a tout à la fois de la finesse, de la solidité et de la grâce dans la discussion ; souvent même il reproduit le sublime et la majesté de Platon. Il règne dans ses discours une abondance, une variété qui enchantent, et surtout une douceur qui séduit et entraîne les plus rebelles. A ces qualités il joint une haute taille, un beau visage, une longue chevelure et une grande barbe blanche..... Sa tenue n'a rien que d'engageant ; son air est sérieux, sans être chagrin, son abord inspire le respect, sans imprimer la crainte (1). » Voilà vraiment un beau professeur de philosophie ! Il n'eut pas besoin de forcer le succès ; mais on voit aisément qu'il ne négligea point de le chercher.

D'autres plus modestes, comme Epictète ou Nigrinus, qui a imposé le respect à Lucien, le grand railleur des philosophes, aiment mieux rester dans leur pauvre demeure et, là, distribuer des avis, des encouragements, des consolations, préparer à la vertu ceux qui leur confient la direction de leur âme. Quelques-uns s'attachent à un homme, à une famille dont ils deviennent les *amis*, les *moniteurs*. Un morceau de Dion Chrysostome nous fait entrevoir combien leur rôle pouvait être actif : « Comme on n'achète les remèdes que dans une grave maladie, ainsi on néglige la philosophie tant

_____

(1) PLINE LE JEUNE, *Lettres*, I. 10.

qu'on n'est pas trop malheureux. Voilà un homme riche ; il a des revenus ou de vastes domaines, une bonne santé, une femme et des enfants bien portants, du crédit, de l'autorité, eh bien, cet homme heureux ne se souciera pas d'entendre un philosophe ; mais qu'il perde sa fortune ou sa santé, il prêtera déjà plus facilement l'oreille à la philosophie : que maintenant sa femme, ou son fils ou son frère, vienne à mourir, oh ! alors, il fera venir le philosophe ; il l'appellera pour en obtenir des consolations, pour apprendre de lui comment on peut supporter tant de malheurs. »

Il en est enfin qui ne bornent pas leurs prétentions à enseigner un auditoire d'élèves ou à guider dans la vie quelques disciples choisis. Ceux-là veulent entrer en communication avec la foule et font descendre la philosophie sur l'*agora* ou le *forum*. Mettant à profit ce goût pour la parole publique qui, dans le monde romain hellénisé, a survécu à la ruine de la liberté, ils vont de ville en ville, ils font entendre au peuple assemblé des dissertations sur de grands lieux communs de morale. Les meilleurs se font de leur mission une très haute idée ; ils ont le respect d'eux-mêmes et de leurs auditeurs ; ils veulent que leur vie soit digne du ministère vénérable dont ils se croient investis. Si, par surcroît, ils ont du talent oratoire (et le fait n'est pas rare), les grands personnages, les princes mêmes les engageront à abandonner pour un moment leurs auditoires populaires et à se faire entendre devant un public aristocratique ; ainsi, Dion Chrysostome, après avoir mené une existence nomade d'orateur philosophe, fut engagé, nous l'avons vu, à parler devant Trajan et sa cour. Chez lui nous voyons nettement l'idée que ces missionnaires païens concevaient de leur apostolat. « Dion prétend

faire de l'*éloquence sacrée*, πρόῤῥησιν ἱερὰν; il appelle le philosophe prêcheur l'interprète véridique
de la nature immortelle, προφήτην τῆς ἀθανάτου φύσεως
ἀληθέστατον (1). » On croirait entendre Bossuet dans
son sermon *sur la parole de Dieu*. Mais entre le talent
d'un Bossuet et celui d'un Dion la distance est grande :
si on voulait rapprocher l'orateur ancien des prédica-
teurs de la chaire chrétienne, c'est plutôt à Massillon
qu'il faudrait songer, — mieux encore à Mascaron. Le
petit père André (2) eut aussi, par avance, des émules
dans l'antiquité païenne : comme lui, certains philosophes anciens, affectaient de parler à la foule un langage d'une trivialité de haut goût. Les paroles cyniques
ne leur répugnaient pas : ils ne reculaient point devant
les apostrophes injurieuses. Leurs procédés pour faire
adopter leurs enseignements ressemblaient un peu à
ceux qu'employait Mangin pour débiter ses crayons.
Beaucoup sans doute furent sincères et croyaient servir
ainsi les intérêts de leur doctrine ; mais souvent aussi
il n'y avait que du charlatanisme dans cette éloquence
qui voulait paraître sans apprêt, de même que le costume dont ils s'affublaient ne fut parfois qu'un déguise-
ment. On a dit dans les temps modernes : « l'habit

---

(1) MARTHA, *Moralistes...* (art. *Dion Chrysostome*).
(2) Prédicateur du XVIIᵉ siècle, célèbre par ses saillies bouf-
fonnes. Citons la suivante, spirituelle, sans grossièreté : « Le
Christianisme est comme une grande salade ; les nations en sont
les herbes ; le sel, les docteurs ; le vinaigre, les macérations ; et
l'huile, les bons pères jésuites. Y a-t-il rien de plus doux qu'un
bon père jésuite ? — Allez à confesse à un autre, il vous dira : vous
êtes damné, si vous continuez. Un jésuite adoucira tout. Puis
l'huile, pour peu qu'il en tombe sur un habit, s'y étend et fait
insensiblement une grande tache. Mettez un jésuite dans une
province, elle en sera enfin toute pleine. »

ne fait pas le moine ». On peut dire alors : « Le manteau ne fait pas le philosophe ». Epictète nous a édifiés à ce sujet. Voici comment il fait parler un personnage qui veut jouer ce rôle de prédicateur populaire : « Je porte dès maintenant, dis-tu, un manteau grossier. J'en porterai un encore alors. Je dors dès maintenant sur la dure ; j'y dormirai encore alors. J'y joindrai une besace et un bâton ; et je me mettrai à me promener, en interrogeant et en insultant tous ceux qui se trouveront devant moi. Je ferai des reproches à tous ceux que je verrai s'épiler la tête, s'arranger les cheveux, ou se promener avec des vêtements écarlates (1). »

Et Epictète s'indigne que de pareils comédiens puissent faire des dupes : « Est-il une profession dont on juge sur les vêtements et sur la chevelure? Quelle est celle qui n'a pas ses objets d'étude, sa matière et sa fin? Qu'est-ce qui est donc la matière du philosophe? Son manteau? non, mais sa raison. Et quel est son but? De porter un manteau ? non, mais d'avoir une raison saine. Et quels sont les objets de ses études? Les moyens d'avoir une longue barbe et une chevelure épaisse? Non, mais bien plutôt, comme dit Zénon, la connaissance des éléments du raisonnement, de la nature de chacun d'eux, de leurs rapports les uns avec les autres, et de ce qui en est la conséquence. — Malheureusement ceux qui ont ce titre de philosophe en cherchent eux-mêmes la justification dans les choses vulgaires. Dès qu'ils ont pris le vieux manteau et laissé pousser leur barbe, les voilà qui disent : «Je suis philosophe ». Personne pourtant ne dira : « Je suis musicien, » parce qu'il aura acheté un archet et une harpe, ni « je

____

(1) EPICTÈTE, *Entretiens* (Trad. *Guyau*, p. 159).

suis forgeron, » parce qu'il en aura pris le bonnet et le tablier (1). » — Mais, malgré tout, les dupes ne manquaient pas autour de ces charlatans de morale. C'est bien de prêcheurs de cette espèce que nous parle Juvénal quand il flétrit les gens qui jouent l'austérité des Curius et commettent tous les désordres des bacchanales,

Qui Curios simulant et bacchanalia vivunt (2).

Peu de temps après Trajan, le fameux Pérégrinus remplit le monde du bruit de ses excentricités et de ses bizarreries. « Il allait par les rues sans vêtement, se barbouillait le visage de boue, se rasait la moitié de la tête, et dans les places publiques se donnait le fouet à lui-même ou se faisait fustiger par les autres. Son audace, les injures qu'il lançait à tout le monde, même à l'empereur, le firent partout chasser, mais lui attirèrent l'estime et l'admiration du peuple (3). » — N'allons point pourtant, trop préoccupés des excès de ces sermonnaires païens, condamner absolument leur tentative. Entreprendre ainsi de rendre les hommes plus heureux et meilleurs par une prédication morale, n'y a-t-il pas là, après tout, une idée généreuse? On a pu douter de l'efficacité de cet enseignement : peut-être en effet n'amena-t-il pas beaucoup de conversions. Mais du moins, pendant quelques instants, il arrachait les foules à leurs préoccupations vulgaires, et les élevait au-dessus de leurs instincts grossiers : à ce qu'il nous semble, un pareil résultat n'est point à mépriser.

A quelques-uns plus ambitieux, plus impatients ou peut-être plus intelligents des besoins de l'époque,

____

(1) EPICTÈTE, *Entretiens* (Trad. *Guyau* p. 172).
(2) JUVÉNAL, *Satires*, II, 3.
(3) MARTHA, *Moralistes romains* (art. sur *Lucien*).

cette prédication toute morale paraissait insuffisante. Ils jugeaient que le peuple aspirait moins à se faire des convictions qu'à se soumettre à des dogmes et à des croyances. Frappés par le spectacle de la fermentation religieuse qui régnait alors au sein du monde antique, persuadés que les imaginations étaient avides de mystérieux et de surnaturel, ils voulurent satisfaire ces aspirations. Au service de leur propagande ils ne mirent pas seulement la parole ; mais, pour mieux s'emparer des âmes, ils firent ou plutôt prétendirent faire des miracles. Tel fut cet Apollonius de Tyane (1), qui, né, dit-on, la même année que le Christ, mourut sous Trajan, plus que centenaire. — Après avoir étudié à Tarse et flotté entre les divers systèmes philosophiques, il s'attacha au Pythagorisme. Mais ce n'était point un métaphysicien : de la doctrine il retenait surtout les pratiques extérieures et les observait dans toute leur rigueur, s'abstenant de viandes, gardant un silence de cinq années, marchant pieds nus, laissant croître sa barbe et ses cheveux, menant en un mot une vie d'abstinence, de chasteté, de contemplation, par laquelle il semblait rivaliser en austérité avec les premiers chrétiens. Il promenait son ascétisme à travers le monde ; il essaya, dit-on, de pénétrer dans l'Inde pour s'initier aux doctrines des Brahmes. Comme Mahomet, il avait un Seïde, Damis, qui, rencontré en Assyrie, le suivit à travers toutes ses pérégrinations. Après avoir parcouru les principales villes de la Grèce, il arriva en Italie. A ce moment, Néron venait de rendre un édit contre ceux qui s'occupaient de magie et de

_____

(1) Sur ce personnage voir CHASSANG (*Apollonius de Tyane,* — chez Didier).

divination. Le philosophe ne recula point devant la persécution : comme les chrétiens, il alla au-devant du martyre. Traduit devant le consul Télésinus, il se vit expulser de Rome. Mais un grand bruit s'était fait autour de lui ; on rapportait qu'il avait ressuscité une jeune femme. Aussi une ardente curiosité l'accompagna dans ses voyages en Espagne, en Egypte. Accusé, sous Domitien, d'avoir fomenté dans ce dernier pays une révolte en faveur de Nerva, il fut obligé, sur l'ordre de l'empereur, de se raser la tête et le menton, et quelques années après il mourut à Ephèse, où il s'était fixé. Nul doute que ce singulier personnage ait exercé une action puissante sur les esprits. Son biographe, Philostrate, le met au-dessus de Socrate ; l'enseignement de Socrate, dit-il, laissait les hommes sur la terre, celui d'Apollonius les en détachait ; Socrate savait bien des choses par l'entremise de son démon ; Apollonius était lui-même un démon, un génie. D'ailleurs il faisait des miracles, ce dont Socrate eût été incapable. A la fin du IIIe siècle, on vit un homme d'Etat païen, Hiéroclés, composer un ouvrage où il opposait Apollonius à Jésus-Christ. Cette tentative de thaumaturgie n'est point un fait isolé ; à côté d'Apollonius, il faut rappeler Alexandre d'Abotonique, Simon de Giton, et enfin cet excentrique Pérégrinus, dont nous avons déjà parlé. Lucien a conté avec une ironie cruelle la mort de ce thaumaturge, qui peut-être fut moins un charlatan qu'un illuminé. Il avait dit à ses disciples que sur un bûcher, aux jeux Olympiques, il se brûlerait, comme Hercule, aux yeux de la Grèce assemblée. Il tint parole : « Pérégrinus ayant déposé sa besace,........ son manteau, est là devant nous en chemise, et quelle che-mise ! Il demande de l'encens pour le jeter dans le feu ;

on lui en donne; il le jette et s'écrie en se tournant
vers le Midi : « Mânes de mon père et de ma mère,
recevez-moi avec bonté ! » Cela dit, il s'élance dans
le brasier et disparaît dans l'immense flamme qui
s'élève (1). » Lucien, bel esprit et esprit fort, peut bien
railler ce délire ; mais n'a-t-il pas avoué lui-même, que,
dans la foule qui assistait à ce spectacle, beaucoup
étaient émus jusqu'aux larmes, et suppliaient Pérégrinus de se conserver pour les Grecs ?

Après avoir essayé de tracer un tableau des tendances générales de la philosophie à cette époque, après
avoir marqué les moyens qu'elle employait pour agir
sur les âmes, il nous faut faire connaître les doctrines
et leurs représentants les plus célèbres.

A vrai dire, depuis Sénèque, les limites qui sépa-
raient entre elles les diverses écoles vont s'effaçant de
plus en plus. Le maître de Lucilius est fort peu exclusif et fort peu dogmatique : il admire le pythagoricien
Sotion, le stoïcien Attale, le cynique Démétrius, et tout
le monde sait avec quelle sympathie il parle d'Épicure,
et comme il le cite volontiers. Dans les *questions naturelles*, il constate que les grandes écoles meurent sans
héritiers, qu'on ne voit plus d'académiques ni de sectateurs de Pyrrhon, que les pythagoriciens mêmes n'a-
vaient pu revivre un moment sous les Sextius que
pour s'éteindre avec eux. Et, en effet,, tout se fond alors
en une sorte de vague éclectisme, qui ne prend point
comme guide la spéculation scientifique, mais, plus
humblement, le sens commun.

Les doctrines avaient beau se mêler ainsi dans un
même courant, elles retenaient cependant leurs noms

____

(1) MARTHA, *Moralistes...* (article sur *Lucien*)

divers. Les pythagoriciens étaient rares, nous l'avons vu ; peu de gens se disaient épicuriens ; mais beaucoup faisaient profession de stoïcisme ou de platonisme.

Dès le début de l'empire, l'école d'Épicure avait subi de nombreuses désertions. Les générations malheureuses qui avaient été battues par les tourmentes au milieu desquelles s'était écroulée la république, avaient besoin de réconfort, de consolations et d'espérances. Comment ces âmes lassées eussent-elles été capables de la haute tristesse et du fier désespoir avec lesquels un Lucrèce avait contemplé la terre douloureuse et le ciel vide et muet? Atticus, cet épicurien obstiné dans sa tolérante douceur, n'avait pu, nous dit-on, s'empêcher d'être ému et troublé, en lisant les *Tusculanes* de son ami Cicéron, cet ouvrage éloquent tout plein de promesses d'immortalité. Combien d'hommes, moins affermis dans leur incrédulité philosophique, durent accueillir avec reconnaissance et enthousiasme ce beau langage et ces généreuses doctrines ! L'épicurisme d'ailleurs était suspect au pouvoir nouveau : Auguste n'oubliait pas que parmi les derniers défenseurs de la République, on comptait beaucoup de disciples d'Épicure (1). Préoccupé de ses réformes religieuses et morales, il proscrivit l'épicurisme autour de lui : ses poètes favoris Virgile et Horace renonçaient aux doctrines matérialistes qu'ils avaient professées pendant leur jeunesse (2); quelques traits de scepticisme qu'Ovide laissa échapper dans son irrévérence étourdie durent indisposer le

(1) Cassius, un des meurtriers de César, était Epicurien.

(2) Virgile, dans sa VIe églogue, est de la foi de Lucrèce; de même Horace, dans la satire V du livre I (*voyage à Brindes*) fait assez délibérément une profession de foi épicurienne. Les deux poètes devaient s'assagir bientôt.

prince contre lui et contribuèrent peut-être à sa disgrâce. — Enfin, la doctrine d'Épicure ne peut guère se soutenir si elle n'est comme portée par la science ; or, nous l'avons dit, le mouvement scientifique s'arrête avec l'empire. Ainsi l'épicurisme est alors discrédité : ceux qui le pratiquent encore, ne font guère autre chose qu'employer cette doctrine à la justification de leur morale facile et de leur vie relâchée. Des inscriptions funéraires nous montrent des gens qui se disent et se croient épicuriens, pour avoir pratiqué dans leur vie les commodes préceptes des odes légères du poète Horace. L'épicurisme scientifique n'a plus alors d'autre représentant que Pline l'Ancien : sous l'empire on n'est plus guère épicurien qu'à la façon de Pétrone. Nous voilà bien loin de Lucrèce : la doctrine est en pleine décadence ; elle est descendue des *templa serena*. Elle peut encore fournir un objet d'étude à l'histoire des mœurs, mais non plus à l'examen des systèmes.

Meilleure fut la fortune du stoïcisme. Il eut le singulier avantage d'être en même temps la doctrine des plus purs représentants de l'opposition et des hommes de gouvernement les plus éclairés.

Bien des causes sur lesquelles nous insisterons expliquent son succès ; mais rien qu'à considérer les hommes qui, à cette époque, se sont attachés à la doctrine du Portique, on comprend sans peine que le stoïcisme ait été florissant sous l'empire. Les stoïciens de ce temps, en effet, incarnent l'honneur, le courage, la dignité, le talent, le dévouement à la patrie et à la cause de l'humanité.

Les limites de notre sujet nous interdisent de parler de Sénèque, qui, malgré son faux goût, fut un charmant et vigoureux esprit, qui, malgré ses faiblesses, eut un caractère généreux. Cornutus, le précepteur aimé et vénéré du vertueux poète Perse, le hardi railleur de Néron, Musonius Rufus, qui, au péril de sa vie, se jeta entre les partisans de Vespasien et de Vitellius, pour empêcher l'effusion du sang, moururent avant que Trajan ne fût monté sur le trône. Mais, du moins, Dion Chrysostome et Epictète vécurent aux débuts de la dynastie des Antonins, et nous devons les faire connaître à nos lecteurs.

Le premier était né environ quarante ans après Jésus-Christ, à Pruse, ville de Bithynie. Après avoir suivi assidûment les leçons des rhéteurs, il s'était fait, dans sa patrie, une réputation d'éloquence. Il excellait dans tous les tours de force ou d'adresse exécutés habituellement par les virtuoses de la parole : n'avait-il point prononcé avec succès l'éloge de la *chevelure* et celui du *perroquet ?* Mais ces triomphes de mauvais aloi ne satisfaisaient point son âme naturellement généreuse ; il voulut mettre son intelligence au service de ses compatriotes. Devenu premier magistrat de Pruse, bien vite, comme il arrive, il fut payé des services rendus par l'ingratitude. Dans une émeute, la populace fut sur le point d'incendier sa maison. Il abandonna alors sa patrie et vint à Rome. C'était le temps de Domitien : Dion ne craignit pas d'attaquer le tyran et de venger, par un courageux pamphlet, la mémoire d'un noble proscrit. Il s'attendait à être exilé : il le fut. Emportant pour tout bagage, avec son bâton de banni et son manteau de philosophe, un dialogue de Platon et un discours de Démosthène, il s'en alla de ville en ville, de hameaux en hameaux, subvenant à ses besoins par le travail manuel, et parfois enseignant les peuples qu'il trouve sur son chemin. Tout à coup, au fond du pays des

Gètes, il apprend que Domitien a été détrôné, que Nerva, avec lequel il avait peut-être entretenu des relations, a été promu à la dignité impériale. Les mauvais jours sont donc finis : mais avant de revenir à Rome, où il sait bien que ses talents trouveront leur emploi et ses vertus leur récompense, il rend un signalé service à l'humanité et au nouveau maître de l'empire. Les légions campées dans le pays des Gètes, étaient attachées à la cause de Domitien : quand elles apprirent sa mort, elles songeaient à se révolter contre son successeur et à lui refuser le serment, « lorsque Dion s'élança sur un autel, et après avoir jeté ses haillons, se fit connaître aux soldats, leur raconta son histoire, ses malheurs, leur peignit la cruauté de Domitien, les vertus de Nerva, et, par sa vive éloquence autant que par la surprise de ce coup de théâtre les fit rentrer dans le devoir (1). » Quand il revint dans la capitale, Nerva l'accueillit comme un ami ; nous avons vu que Trajan le faisait parler devant sa cour. A son retour de la guerre de Dacie, le grand empereur voulut que Dion prit place à côté de lui sur le char de triomphe, et, comme le philosophe, toujours préoccupé de son apostolat, développait un peu hors de propos quelqu'une de ses théories favorites, le prince lui dit avec une affectueuse raillerie : « Je n'entends pas du tout ce que tu me dis, mais ce que je puis t'affirmer, c'est que je t'aime comme moi-même. » Ces marques de haute faveur, la réputation d'éloquence qu'il avait acquise et qui l'avait fait surnommer *Chrysostome* (*bouche d'or*), n'enivrèrent point Dion et ne changèrent point son âme. Ses discours ne contiennent pas d'idées nouvelles ; il n'y a rien

(1) MARTHA, *Moralistes...* (article sur *Dion Chrysostome*).

d'original dans ses doctrines ; il mêle parfois plus qu'il
ne les concilie, les idées de Platon et celles des maîtres
du Portique. Mais, dans ce qu'il nous a laissé, on sent
la plénitude de la conviction, l'abondance de cœur et
surtout l'autorité que donne à un ouvrage

L'accord d'un beau talent et d'un beau caractère.

Il a tracé quelque part le portrait du sage tel qu'il le
concevait : « Savez-vous, dit-il, ce que c'est qu'un sage ?
C'est l'homme qui ne se soucie ni de la richesse, ni de la
gloire, ni des couronnes olympiques, ni des inscriptions
flatteuses gravées sur les colonnes ; c'est celui qui, toujours grand et magnanime jusque dans la pauvreté,
garde avec soin la dignité de son âme et la liberté de sa
langue. Oui, l'indépendance de la parole est nécessaire
au philosophe, s'il veut remplir tous ses devoirs ; c'est
beaucoup sans doute que de rester fidèle à la vertu, et
de la cultiver pour soi-même, mais ne faut-il pas encore
rappeler les hommes à la sagesse par des exhortations
persuasives, et, si elles ne suffisent pas, par les plus
durs reproches ? Et il ne s'agit pas seulement d'instruire
les particuliers, mais aussi le peuple, la multitude tur-
bulente, pourvu que l'occasion soit favorable. » Ce
noble apostolat dont il traçait éloquemment le programme, il fut digne de le remplir : quel plus bel éloge
pourrions-nous faire de lui ?

Epictète dresse devant nous, dans toute sa hauteur,
dans toute sa noblesse, l'image du stoïcien accompli.

Il était, lui aussi, d'origine étrangère. C'est à Hiéra-
polis, ville de Phrygie, qu'il naquit, à une date qui ne
nous est pas connue. Venu à Rome, on ne sait comment, à l'époque de Néron, il y devint l'esclave d'un
affranchi, confident de l'empereur, et qui se nommait

Epaphrodite. Maître grossier et brutal, Epaphrodite était vraiment digne de la confiance d Néron. Il s'amusait un jour à tordre la jambe de so esclave avec un instrument de torture : « Vous allez ne la casser », lui dit Epictète, Épaphrodite continua et la jambe fut cassée : « Je vous l'avais bien dit », reprit doucement l'héroïque victime. Ce trait nous a é conté par Celse, qui, avec raison, l'oppose à la patiencet à la résignation des martyrs (1). Epictète n'en a ria dit, et ne s'est vengé de son bourreau que par un trait'innocente satire.

Cet esclave, si misérable, dont ous ne connaissons pas même le vrai nom (car Eictète n'est qu'un surnom et signifie *esclave acheté* (ἐκτητος) put pourtant se lier avec le stoïcien Musonius Rufus, et faire avec lui son apprentissage philosophique Il n'oublia jamais les heures où il faisait cette sorte de oviciat. Quel disciple et quel maître ! Écoutez un ddeurs entretiens : « Rufus, pour m'éprouver, avait coutme de me dire : — Il t'arrivera de ton maître ceci ou cela.— Rien qui ne soit dans la condition de l'homme, lui répndis-je. — Et lui alors : — Qu'irais-je lui demander poutoi, quand je puis tirer de toi de telles choses ? — C'est q'en effet ce qu'on peut tirer de soi-même, il est bien intile et bien sot de le recevoir d'un autre (2) ».

Affranchi, au sein de l'esclavage, pr l'absolue indépendance de son âme, Epictète fut bienôt aussi affranchi

(1) Il ne faut pas confondre *Celse*, dont nos parlons ici, avec le grand chirurgien qui vécut au temps d'Augste. Celse, cité en ce passage, vécut au IIe siècle après Jésus-Christ, et fut un ardent adversaire du Christianisme naissant. M. Pélagaud a étudié la vie et l'œuvre de Celse dans une thèse soutoue devant la faculté de Lyon; nous avons fait quelques emprur à ce remarquable travail.

(2) EPICTÈTE, *Entretiens*, I, IX.

dans la vie civile. Il fut touché par la baguette du préteur et fit ce tour sur soi-même, qui, d'après la législation romaine, changeait l'esclave en homme libre.

C'est alors qu'il devint comme un prêtre stoïcien (1).
On ne trouverait dans l'histoire d'aucune caste sacerdotale, des exemples de renoncement, d'austérité, de charité même, supérieurs à ceux qu'il donna. Sa petite
maison nue et délabrée était toujours ouverte à ceux qui
voulaient venir le consulter ; pour être assuré que personne ne fût exclu, il avait voulu que sa demeure n'eût
point de porte. Son mobilier se composait d'une table,
d'une paillasse et d'une lampe de fer. Une lampe de fer !
c'était sans doute du luxe ; car des voleurs peu philosophes la lui dérobèrent. « Avant hier, j'avais une lampe
de fer devant mes dieux pénates ; j'entendis du bruit à
ma porte ; je courus et je trouvai qu'on avait enlevé la
lampe. Je me dis que celui qui l'avait volée n'avait pas
fait une chose déraisonnable. Qu'arriva-t-il donc ? Je
dis : « Demain tu en auras une en terre cuite (2). » C'est
cette lampe d'argile qui, dit-on, quelque temps après sa
mort, fut vendue trois mille drachmes.

Ce héros, si résigné et si doux dans sa force, voulut,
paraît-il, parler un jour à la foule : il n'était pas
éloquent ; on le hua et il se contenta alors d'enseigner
la vertu à quelques disciples. Pourtant il fut compris
dans la proscription qui, à l'époque de Domitien, jeta

____

(1) « Saint Nil fit du *Manuel* d'Épictète la régle des solitaires du
Sinaï. Il avait seulement substitué le nom de saint Pierre à celui
de Socrate, supprimé une pensée sur l'amour et introduit l'idée de
l'immortalité de l'âme, omise dans le *Manuel*. On le lisait encore
au xiiiᵉ siècle, dans les couvents de Bénédictins. » (Note de l'*Histoire des Romains* de Duruy — tome IV.)

(2) Epictète, (Trad. *Guyau*, p. 83).

les philosophes hors de Rome. Que lui importait l'exil ? Sans récriminations, sachant que partout l'homme trouve « le même monde à admirer, le même Dieu à louer », il partit. La jeunesse romaine afflua bientôt à Nicopolis, où il s'était retiré, et où il avait ouvert une école. C'est là qu'il mourut en 117 la même année que Trajan.

Il n'avait rien écrit ; c'est Arrien, son disciple qui, dans un langage un peu tendu, mais d'une simplicité virile, nous a conservé les *Entretiens* du maître. Le *Manuel*, rédigé aussi par Arrien, n'est qu'un résumé rapide et fort des pensées les plus pratiques d'Epictète. « Ce livre est appelé ἐγχειρίδιον, dit un commentateur, parce qu'il doit être toujours sous la main et à la disposition de ceux qui veulent bien vivre ; car le poignard des guerriers est aussi une arme aiguë, toujours sous la main et prête à rendre service (1). »

Lorsque des hommes, pareils à Epictète et Dion Chrysostome, honorent une doctrine, les disciples ne sauraient lui manquer.

Mais d'autres raisons, d'un ordre plus général, nous font comprendre que le stoïcisme ait été bien accueilli à Rome dans tous les temps et surtout sous l'empire.

Dans son beau mémoire sur la doctrine stoïcienne, M. Ravaison montre avec vigueur comment sa morale avait une étroite convenance avec le caractère romain : « Le sage stoïcien, dit-il, qui s'associant au destin par sa volonté, devient la loi du monde et règne sur toute chose, n'est-ce pas le type de ce peuple dont l'idée d'empire (*imperium*) fut tout le génie ? Ce peuple qui,

____

(1) SIMPLICIUS, *Commentaires sur le Manuel* (cité par M. Fouillée).

par les rites augustes du triomphe et de l'apothéose, élevait aux honneurs divins l'*imperator*, par lequel il avait
vaincu, et qui, lui-même, imposait ses lois à l'univers,
semblait égaler ou même surpasser la majesté de ses
dieux ? De là l'union étroite qui s'établit entre la morale stoïcienne et le caractère romain, et d'où sortirent
encore dans des temps de décadence, tant d'héroïques
vertus. Seuls, nous dit un Romain, les stoïciens semblent dignes du nom de philosophes. C'est que le but
suprême que la religion antique avait fait embrasser à
l'homme et où la philosophie avait, jusqu'alors, essayé
vainement de le conduire, ce but qui n'est rien de
moins que la *divinisation*, le stoïcisme, seul, lui montrant
le vrai Dieu dans sa volonté propre, le lui faisait entrevoir (1). » — On sait combien les philosophes stoïciens
aimaient à citer les vieux héros de la République romaine, les Fabricius, les Curius, les Catons ; ce n'était
point seulement parce que ces exemples avaient cours
dans les écoles des rhéteurs ; mais ces Romains de la
vieille marque, pour parler comme Montaigne, ces
hommes énergiques et durs, qui confondaient la vertu
et l'effort, avaient été véritablement des stoïciens sans
le savoir.

Il y avait aussi un mystérieux accord entre les
croyances religieuses des Romains et les idées que professait le stoïcisme sur la divinité. Le vieux Romain
voyait partout Dieu lui-même, le sentait toujours présent à sa pensée dans tous les objets qui l'entouraient,
et dans tous les actes de la vie universelle reconnais-
sait les manifestations (*numina*) de la volonté divine.
Or, qu'est le Dieu des stoïciens ? Rien autre chose que

(1) *Mémoires de l'Académie des Inscriptions*, — tome XXI.

lé principe de la vie universelle, le centre, sinon l'ensemble, des forces du monde. Aussi ne faut-il pas s'étonner de voir Sénèque rendre aux antiques citoyens de Rome, cet hommage, que longtemps avant les sages de la Grèce, ils étaient parvenus aux plus hautes conceptions du Portique. « C'étaient des stoïciens, » dit-il. — « C'est ce qui explique la popularité dont jouit, à Rome, cette école philosophique. On y trouva comme un écho des doctrines que tout Romain avait sucées avec le lait, et on crut y voir bien moins une secte nouvelle que la résurrection des anciennes croyances, un retour à la foi des ancêtres, mieux comprise et plus développée (1). »

Nous ne saurions songer à donner ici une exposition complète de la doctrinne stoïciene, telle qu'elle s'était constituée depuis Zénon; tâchons, du moins, d'en marquer les lignes essentielles. Il sera plus aisé pour le lecteur de saisir après cela ce qu'Epictète, le représentant le plus autorisé de ce système à l'époque de Trajan, apporta, sinon d'idées originales, au moins de tendances nouvelles.

La philosophie, selon les stoïciens, a pour but l'étude de la vertu et de la perfection humaine. Or, la pensée est le plus haut attribut de l'homme; s'il ne pense bien, il ne saurait atteindre à la perfection : bien penser, c'est le principe de la morale ; l'étude de la logique a un rapport étroit avec le devoir. — Nos idées nous viennent d'abord du dehors, des sens ; ce sont des représentations fatales ($\varphi\alpha\nu\tau\alpha\sigma\acute{\iota}\alpha\iota$); mais, notre âme, en vertu de son activité propre, réagit sur elles, les compare, les classe, les combine, donne ainsi nais-

____

(1) Pélagaud, *Études sur Celse* (chez George, à Lyon).

sance aux notions générales (προλήψεις, ἐννοήματα) et, lorsque par notre consentement volontaire nous faisons nous-mêmes l'enchaînement et la liaison des idées συγκατάδεσις) cet enchaînement constitue proprement la pensée. La vérité a une pierre de touche, c'est l'évidence à laquelle l'esprit ne peut se refuser d'acquiescer ; ne point donner son assentiment à l'évidence, ce n'est point faire acte de volonté. Dogmatiques, les stoïciens déclarent que ce scepticisme n'est qu'une pétrification de l'intelligence ou du sens moral !

Ainsi, dans leur théorie de l'acquisition des connaissances, les stoïciens s'efforcent de concilier la passivité de l'âme et son activité. Leur physique, c'est-à-dire, comme nous parlerions aujourd'hui, leur métaphysique et leur théodicée est conséquente à leur logique. Comme presque tous les anciens philosophes, ils croyaient que la matière existe de toute éternité, et que, hors d'elle, il n'existe rien ; mais, disaient-ils, elle est soumise à deux principes, l'un passif et l'autre actif. « Nos amis, disait Sénèque, pensent qu'il n'y a dans la nature que deux principes : la matière et la cause. La matière est, de soi, inerte et ne peut rien produire sans recevoir du dehors une impulsion. La cause, c'est-à-dire la raison, donne une forme à la matière, la dirige comme elle veut, et tire d'elle les œuvres les plus variées. » Cette cause, cette raison, cette âme de l'univers, ce *Logos*, comme disaient les Grecs, c'est Dieu. Dieu, les stoïciens se le figurent « comme un feu artiste (*ignem artificiosum*), qui marche par une voie certaine à la production des choses. » Il s'insinue dans toutes les parties du monde, les pénètre et les meut.

Mens agitat molem et magno se corpore miscet (1).

(1) VIRGILE, *Énéide*, VI.

Il circule à travers toute la nature « comme le miel court dans les cellules d'un rayon. » L'âme humaine tient à la fois du principe actif et du principe passif de la matière : c'est une parcelle du feu divin, une émanation de l'âme du monde. Les âmes des hommes ne sont point immortelles, d'après les anciens maîtres de la doctrine : « Cléanthe, nous dit Diogène Laerce, est d'avis que toutes les âmes se conservent jusqu'à la conflagration du monde, mais Chrysippe restreint cette durée aux âmes des sages. »

Émanation de la raison divine, l'âme humaine naturellement désire le bien, l'ordre et les lois qui sont conformes à son origine : régler sa vie sur ces lois de la raison universelle c'est là le souverain bien, et, par conséquent, le but suprême de la morale. Vivre conformément à la nature, c'est-à-dire s'identifier à la raison universelle, c'est là l'idéal du devoir. Pour atteindre à cet idéal, pour parvenir à ce souverain bien, il faut que la raison prenne dans notre âme un empire absolu sur tout ce qui tient aux sens et à la matière, les désirs, les penchants, les passions. Le vrai sage ainsi n'est plus le serviteur de la divinité, mais l'auxiliaire de ses desseins ; il travaille à la même œuvre qu'elle : (*non servit Deo, sed assentit*). Cette haute morale divinise l'homme, bien plus elle le place au-dessus de Dieu ; car Dieu est parfait sans le vouloir ; tandis que « c'est seulement du pouvoir d'être sage et vertueux que l'homme est redevable à la divinité, non de sa sagesse et de sa vertu effective. »

Il semble, quand on ne donne à cette doctrine qu'un coup d'œil général, qu'elle prépare à l'homme le plus haut triomphe où il puisse atteindre : les stoïciens conçoivent la liberté humaine comme absolument indépendante des choses extérieures; elle est comme une sphère parfaitement polie sur laquelle rien d'extérieur ne saurait avoir de prise (1). Sans doute; mais cette sphère roule dans le vide sans avoir elle-même de prise sur rien. Comprendre le monde, l'accepter, non le subir, voilà jusqu'où mène la doctrine stoïcienne; pas plus loin. Elle aboutit à la résignation, non à l'action : « Volontairement, cédez au destin, il vous conduit : résistez-lui, il vous entraîne. »

> Volentem fata ducunt, nolentem trahunt.

Dans les deux cas la victoire reste au destin, et la liberté pour l'homme ne consiste qu'à acquiescer à sa soumission.

Cette résignation, à laquelle le stoïcisme réduit en dernière analyse tout l'effort de la volonté humaine, on la trouve dans Epictète : car c'est un stoïcien rigoureux et conséquent, et point du tout un novateur. Mais ainsi que le fait remarquer M. Martha « quelle que soit la fixité d'une doctrine, elle ne laisse pas d'être transformée par le génie de ceux qui l'enseignent. Le dogme peut rester le même, tandis que l'accent change. Telle partie du dogme prend plus d'importance, s'efface et reste dans un demi-jour (2). » C'est ainsi qu'Epictète voile le terme où aboutit l'exercice de notre liberté, et, sans s'inquiéter du résultat de la lutte, nous montre surtout ses combats glorieux.

Oui, la défaite suprême de la volonté humaine, Epic-

---

(1) Cf. Horace, *Satires*, II, 7.

> ... teres atque rotundus
> Externi ne quid valeat per lœve morari.

(2) Martha, *Moralistes* (article sur *Marc-Aurèle*).

tète la voit, mais ne la regarde pas. Moraliste pratique, et non point philosophe métaphysicien, il montre les nobles efforts à tenter, et ne veut pas songer qu'en fin de compte la victoire ne reste point à ceux auxquels il s'intéresse et qu'il encourage. A-t-il si grand tort? qui donc a plus de mérite, et, peut-être, de contentement? celui qui se bat bien sans l'espoir du triomphe, ou celui qui ne prend l'armure et ne tire l'épée que pour conquérir la palme et monter sur le quadrige?

Epictète sait bien que le pouvoir de dominer les choses et de détourner les évènements ne nous appartient nullement, que la nécessité gouverne le monde; mais il croit aussi que, si nous ne pouvons rien sur les choses extérieures, sinon consentir à leur nécessité, nous pouvons tout en nous. Nous avons une liberté intérieure, qui se gouverne elle-même, qui se donne à elle-même sa loi. Jouir pleinement de cette liberté, c'est là le bien suprême, c'est là la vertu. « Comme la liberté n'est qu'un nom de la vertu, l'esclavage n'est qu'un nom du vice. » Dominer la sensibilité par la volonté, régler l'imagination par la raison, voilà le but de la vie. — La raison discernera alors le devoir, sans que l'imagination en obscurcisse l'idée, la volonté l'accomplira sans que la sensibilité vienne l'entraver. Le champ de la liberté humaine a des limites infranchissables, sans doute; mais il est assez vaste encore pour que la liberté puisse s'y mouvoir. — Comment? — Enthousiaste et résigné, Epictète trace le tableau de ces devoirs.

Libre dans son for intérieur, de quelle manière le stoïcien usera-t-il de sa liberté à l'égard des autres hommes libres comme lui? Son premier devoir sera de conserver vis-à-vis d'eux sa propre dignité : « Dis-moi, crois-tu que la liberté soit une grande chose, une chose noble et de prix ? — Comment non ? — Se peut-il donc qu'un homme qui possède une chose de cette importance, de cette valeur, de cette noblesse, ait le cœur bas ? — Cela ne se peut. — Lors donc que tu verras quelqu'un s'abaisser devant un autre et le flatter contre sa conviction, dis hardiment qu'il n'est pas libre (1). » — On voit quelles conséquences pratiques peuvent sortir de pareils principes. Le stoïcien alors ne craint plus ni la pauvreté, ni l'exil, ni la mort ; au sein d'une société asservie, il demeure indépendant. S'il est ignoré et obscur, tandis que le joug du tyran pèse sur toutes les têtes, lui seul, réfugié en lui-même, il s'y dérobe ; s'il est au premier rang parmi les grands et les illustres, ce joug, il le secoue. Écoutez ce dialogue entre Vespasien et Helvidius Priscus : « Ne venez pas aujourd'hui au Sénat. — Il dépend de vous de m'en empêcher ; mais j'irai au Sénat, tant que je serai sénateur. — Si vous y venez, n'y venez du moins que pour vous taire. — Ne me demandez pas mon avis et je me tairai. — Si vous êtes présent je ne puis me dispenser de vous demander votre avis. — Ni moi de vous dire ce qui me paraîtra juste. — Mais si vous le dites je vous ferai mourir. — Quand vous ai-je dit que je fusse immortel ? Nous ferons tous deux ce qui dépend de nous ; vous me ferez mourir, et je souffrirai la mort sans trembler (2). »

Ce respect de soi-même, cette dignité que rien ne peut entamer, empêche le stoïcien de jamais haïr les hommes. Que lui importent les ennemis ? Ils ne sau-

---

(1) ÉPICTÈTE, *Entretiens* (Trad. *Guyau*, p. 164).
(2) ÉPICTÈTE, *Entretiens* (Trad. *Guyau*, p. 66).

raient l'atteindre. Comme ses désirs et ses passions n'ont sur lui nul empire, les désirs et les passions des autres hommes ne peuvent lui être une gêne ni un obstacle. D'ailleurs, à ses yeux, ceux qui font le mal se trompent et nul homme n'est mauvais volontairement : au lieu de haine pour les méchants, le sage n'éprouvera que de la pitié.

> Jamais contre un pécheur ils n'ont d'acharnement.
> Ils attachent leur haine au péché seulement.

Quand Thrasea disait : *Qui vitia odit, homines odit,* » il ne pensait ni ne parlait en véritable stoïcien.

Ne point haïr, n'est pas assez : comme dit Corneille, il faut passer *plus outre,* il faut aimer. Ce que le stoïcien respecte en lui-même, c'est l'humanité ; ce qu'il aime dans les autres hommes, c'est l'humanité encore, c'est-à-dire la raison humaine dont il participe : « Amour rationnel plutôt que volontaire ; en m'attachant ainsi à la raison des autres, à ce qu'ils conçoivent plutôt qu'à ce qu'ils veulent et font, je m'attache précisément à ce qui en eux est impersonnel, à ce qui proprement n'est pas eux. » De là certaines maximes qui ont fait souvent taxer les stoïciens de dureté : « Si tu vois quelqu'un dans la douleur, et pleurant la perte de sa fortune, la mort ou le départ de son fils, prends garde d'être emporté par ton imagination, et ne va pas croire que les maux auxquels cet homme est en butte, soient vraiment extérieurs à lui : mais rentre en toi-même et fais cette distinction : « Ce n'est point ce malheur qui afflige cet homme, puisqu'un autre n'en est point ému ; c'est l'opinion qu'il en a. » Cependant n'hésite point à prendre part à son chagrin, mais seulement en paroles, et même

____

(1) MOLIÈRE, *Tartuffe*, I, 5.

s'il le faut, ne refuse point de gémir avec lui ; mais garde-toi de gémir intérieurement (1). » En fait la tendresse est condamnée par les stoïciens ; ils veulent qu'on aime l'humanité, et non les hommes. Inflexiblement logiques, ils ne permettent pas que nous nous affligions pour les autres de ce qui ne doit pas nous affliger nous-mêmes. « Aime tes amis comme des gens qui doivent mourir, qui doivent s'éloigner. Est-ce que Socrate n'aimait pas ses enfants ? Si, mais il les aimait en homme libre..... Nous, tous les prétextes nous sont bons pour être lâches ; à l'un, c'est son enfant ; à l'autre, c'est sa mère ; à l'autre, ce sont ses frères. » Mais cet amour abstrait emprunte à son austérité même une singulière élévation ; conçu avant tout comme un devoir, il faudra qu'il soit capable de tous les dévouements, de tous les sacrifices. Le stoïcien devra sans relâche travailler au bien de l'humanité et consacrer sa vie à un prosélytisme de tous les instants. « Si tu veux vivre sans trouble et avec bonheur, tâche que tous ceux qui habitent avec toi soient bons ; et ils seront bons si tu instruis ceux qui y consentent, si tu renvoies ceux qui n'y consentent pas. » Rien de plus noble que cet apostolat de l'amitié stoïque, le philosophe devient le précepteur du genre humain (ὁ παιδευτὴς ὁ κοινός). Pour se rendre digne de cette haute mission, il purifiera son âme de toutes les souillures, il renoncera à tout ce qui pourrait le gêner dans l'accomplissement de sa tâche. Plus de patrie, plus de famille, plus de femmes, ni d'enfants. Comme le prêtre catholique il devra s'imposer le célibat : « Regardez : s'il est marié, le voici obligé de faire ceci ou cela pour

(1) EPICTÈTE, *Manuel*, XVI (Trad. *Naigeon* revue par Fouillée).

son beau-père, le voici avec des devoirs envers les autres parents de sa femme, envers sa femme elle-même. Désormais il est absorbé par le soin de ses malades, par l'argent à gagner..... Que devient alors celui qui doit surveiller tous les autres, époux et parents ? celui qui doit voir quels sont ceux qui vivent bien avec leurs femmes, qui vivent mal, quelles sont les familles heureuses ou troublées ? celui qui doit aller partout, comme un médecin, tâtant le pouls de tout le monde ? Comment aura-t-il ce loisir si les devoirs ordinaires le tiennent à l'attache ?..... Notre philosophe a l'humanité pour famille, les hommes sont ses fils, les femmes sont ses filles. C'est comme tels qu'il va les trouver tous, comme tels qu'il veille sur tous, parce qu'il est leur père, leur frère, et le ministre de leur père à tous, Jupiter (1). » Ainsi les stoïciens instituent un culte austère à la fraternité humaine ; et au gré d'Épictète, le philosophe doit devenir le prêtre de ce culte.

L'humanité vit au milieu du monde, qui est, lui aussi, l'expression de la souveraine raison, et en qui réside cette raison même, Dieu. « Le monde est une seule cité, et l'essence dont il est formé est unique : tout est peuplé d'amis, les dieux d'abord, puis les hommes. » Le même amour rationnel, qui unit les hommes entre eux, doit les rattacher à la divinité.

Aux yeux d'Épictète, les lois immuables qui président à l'univers, sont bien moins destin que providence. L'âme du monde connaît tout, règle tout. Si elle n'est pas libre d'agir contrairement à sa nature, du moins elle est indépendante de toute force extérieure,

(1) Voir dans GUYAU tout l'extrait LXIII : *Le philosophe cynique. — Ses devoirs et son rôle dans l'humanité.*

elle n'obéit qu'à elle-même; elle est à elle-même sa nécessité. En toute chose, elle voit ce qui est le mieux, le veut et l'exécute en vertu de sa propre nature. Ces idées remuent le cœur d'Épictète plus encore qu'elles ne dominent son esprit. Il se livre « à des emportements lyriques quand il parle de Dieu, de ses dons, de l'indifférence des hommes pour ses bienfaits (1). » Il chante son hymne à Dieu : « Si nous avions le sens droit, quelle autre chose devrions-nous faire tous en commun et chacun en particulier, que de célébrer Dieu, de chanter ses louanges, de lui adresser des actions de grâces ? Ne devrions-nous pas en fendant la terre, en labourant, en prenant nos repas, chanter l'hymne à Dieu ? mais, ce pourquoi nous devrions chanter l'hymne le plus beau, le plus à la gloire de Dieu, c'est la faculté qu'il nous a accordée de nous rendre compte de ses dons, et d'en faire un emploi méthodique. Eh bien! puisque vous êtes aveugles, vous, le grand nombre, ne fallait-il pas qu'il y eût quelqu'un qui remplît ce rôle, et qui chantât pour tous l'hymne à la divinité ? Que puis-je faire, moi, vieux et boiteux, si ce n'est de chanter Dieu ? Si j'étais rossignol, je ferais le métier de rossignol ; si j'étais cygne, celui d'un cygne. Je suis un être raisonnable, il me faut chanter Dieu. Voilà mon métier et je le fais. C'est un rôle auquel je ne faillirai pas, autant qu'il sera en moi, et je vous engage tous à chanter avec moi (2). » L'optimisme est le fond de la religion d'Épictète : le mal, les souffrances ne sont pour lui que des épreuves et, si la divinité nous les impose, c'est pour nous faire semblables à elle-même. L'homme doit donc à Dieu obéissance, résignation,

(1) MARTHA, *Moralistes...* (article sur *Épictète*).
(2) ÉPICTÈTE, *Entretiens* (Trad. *Guyau*, p. 79).

confiance intrépide et pleine d'amour : il faut qu'il le prie, et sa prière sera, non point une demande, mais une conversation fortifiante avec la souveraine raison. — Par tout cela l'on peut voir qu'une détente, pour ainsi dire, s'opère à ce moment dans le stoïcisme : il sort de la région abstraite où il s'était maintenu jusque-là ; le philosophe devient dévot ; comme le dit M. Martha, « l'insensible stoïcisme a déjà des élans divins, et l'école est tout près de se transformer en temple de la prière. » Cette tendance s'accusera en effet dans la vie et dans l'œuvre de Marc-Aurèle.

La propagande du stoïcisme ne s'exerça pas seulement dans le domaine des idées ; elle eut une action sur les faits et son influence se fit sentir sur la législation et sur les mœurs (1).

A partir d'Hadrien les jurisconsultes, tout pénétrés de la doctrine stoïcienne, s'inspirèrent de ses principes dans leurs travaux, et poussèrent la réforme des lois aussi loin que pouvait le leur permettre ce besoin et cet amour de la conservation qui de tout temps a été un caractère des légistes. Au temps de Trajan, ils sont encore timides ; et il ne faut pas s'en étonner, quand on songe que l'empereur lui-même apportait dans le maniement des affaires publiques une très grande prudence et une extrême réserve. Pourtant de véritables améliorations furent alors réalisées.

Sous Trajan, deux écoles de jurisconsultes, les Procu-

____

(1) Sur tout ceci voir le bel ouvrage de M. DENIS, *Histoire des idées et théories morales dans l'antiquité.* — Consulter aussi DURUY, *Histoire des Romains* (tome V). — Nous avons ailleurs (*Les Romains au temps de Pline le Jeune*) tenté de tracer un tableau des mœurs sous Trajan ; nous ne nous arrêterons ici qu'aux réformes législatives.

léiens et les Sabiniens se trouvaient en présence ; toutes les deux s'inspiraient du stoïcisme; les Proculéiens, représentés par Juventius Celsus et Nératius Priscus, avec plus de hardiesse, les Sabiniens, qui comptaient parmi eux Javolénus et Ariston, avec plus de modération et de tempéraments. Ces deux groupes travaillent à la même œuvre : substituer l'équité au droit strict, faire dominer la douceur sur la sévérité, persuader que la justice est inséparable de la bienfaisance. Au lieu de l'esprit de cité, de l'esprit de caste, qui a présidé jusqu'alors à la législation, ils veulent prendre pour guide et pour inspirateur, le respect et l'amour du genre humain.

Les stoïciens proclament qu'il règne entre tous les êtres un rapport de famille *(cognatio quædam)*, une évidente et admirable parenté. L'univers tout entier est une seule cité (μία πόλις); tombent donc les barrières qui séparent les peuples frères. — Trajan, tout Espagnol qu'il fût, avait pourtant des préjugés de vieux Romain, et n'accordait le droit de cité qu'avec beaucoup de réserve : c'est néanmoins sous son règne, grâce sans doute aux efforts des jurisconsultes, que tout esclave d'une cité Italique reçut, par le seul fait de son affranchissement, le droit de cité romaine.

Pour les stoïciens tous les hommes naissent libres et égaux. Or, dans les sociétés antiques, surtout dans la société romaine, l'être faible, non seulement n'était pas protégé, mais était entièrement livré au plus fort. On sait quels droits terribles le père avait sur son fils, et comme rien ne restreignait la *patria potestas*, le pouvoir paternel. Une première atteinte lui fut portée au temps de Trajan, par l'empereur même; un père maltraitait son fils contre toute justice; le prince le contraignit à émanciper le jeune homme, et celui-ci étant mort quelque temps après, sur l'avis de Nératius Priscus et d'Ariston, Trajan exclut son indigne père de la succession. — Le droit de déshériter ne fut pas attaqué, mais on y toucha indirectement. Sous Nerva et Trajan, les successions suivantes se virent dégrévées de l'impôt du vingtième : 1° celle qui passe des parents aux enfants et des enfants aux parents ; 2° celle qui va des aïeux à leurs descendants et réciproquement ; 3° celle des frères et des sœurs. C'était en définitive reconnaître le principe naturel des successions et Pline (1) félicite l'empereur de s'être conformé au droit de la nature. Tacite, lui aussi, avait vanté l'application de ce principe chez les Germains.

De même, on ne supprimait pas le droit barbare d'exposition, mais Trajan chercha à en atténuer les funestes conséquences : en Italie il fondait les *institutions alimentaires*, et, dans les provinces, il déclare l'enfant abandonné, et qui aura été recueilli, apte à réclamer la liberté sans qu'il soit tenu à la racheter par le remboursement des aliments qu'on lui aura fournis.

L'esclave, plus encore que l'enfant, était victime de la législation antique. Dès longtemps les stoïciens avaient pris sa cause en main. Sénèque, pour les défendre, écrivait des pages éloquentes et émues : « On se trompe si l'on pense que la servitude descende et pénètre dans l'homme tout entier ; la meilleure partie de l'homme échappe à l'esclavage, et lorsque le corps est au maître, l'âme est libre et s'appartient (2). » Mais en proclamant ainsi l'égalité morale de tous les

(1) PLINE LE JEUNE, *Ad Trajanum*, 66.
(2) SÉNÈQUE, *Epist. Ad Lucilium*, 73.

hommes, Sénèque n'ose pas proclamer leur égalité
civile. Epictète plus hardi va jusque là. « Le bien réside
dans la raison. Pourquoi l'âne est-il né? Pour commander? Non, mais parce que nous avions besoin d'un
dos qui fût capable de nous porter. Nous avions aussi,
par Jupiter! besoin qu'il pût marcher; en conséquence
il a reçu les moyens de marcher. Il s'en tient là, du
reste. Mais s'il avait reçu en plus la raison, il en résul-
terait évidemment qu'*il ne nous obéirait plus*, qu'*il ne
nous servirait plus*, qu'*il serait à notre niveau et
pareil à nous* (1). » Comme Epictète, Dion Chrysostome
condamne les lois humaines, qui, en contradiction avec
les lois divines, détruisent l'égalité naturelle et vio-
lent l'éternelle justice en mettant une partie de l'humanité à la discrétion de l'autre. — Un homme politique
ne pouvait songer à appliquer radicalement de pareils
principes; mais du moins la loi s'occupa des esclaves
avec bienveillance. Les sénatus-consultes Articu-
léien, Rubrien, Dasumien réglèrent les affranchisse-
ments par fidéi-commis, et assurèrent aux esclaves
qu'un maître avait affranchis par un testament, la
jouissance immédiate de la liberté, contre les chicanes
d'héritiers avides, ou les obstacles résultant de certaines
formalités.

Enfin, si Trajan maintint et même aggrava la torture, s'il crut y trouver un moyen d'information, du
moins, à certains égards, il rendit la législation crimi-
nelle plus humaine. C'est ainsi qu'il abrégeait la prison
préventive, en ordonnant d'interroger les accusés,
même les jours de fête où le barreau vaquait. Il était

____

(1) Voy. GUYAU, *Manuel et extraits des Entretiens d'Epictète*
(Trad. fr. page 102, — chez Delagrave).

interdit aux juges de poser aux accusés ou aux témoins des questions captieuses; l'instruction devait être loyale. Les dénonciations anonymes étaient écartées. — En outre, le prince voulait qu'on ne condamnât que sur des indices dont le nombre et l'importance produiraient la certitude, ou au moins une grande probabilité. « Il vaut mieux, disait Trajan, laisser un coupable impuni que de frapper un innocent. » N'est-ce pas là un beau mot, digne d'un philosophe et d'un ami de l'humanité (1) ?

Ainsi le stoïcisme avait travaillé avec une ardeur et une continuité admirables à son œuvre de moralisation. — A son école, *la vertu romaine*, un peu rude et un peu vulgaire dans ses tendances pratiques, s'était épurée et ennoblie; il y avait entre les enseignements théologiques de cette école et les dogmes de la religion nationale une obscure, mais intime convenance; il ne lui fallait pas faire de concessions coûteuses, il ne lui était pas nécessaire de se mettre en frais de laborieuses interprétations, pour accorder avec le polythéisme romain sa croyance à l'âme universelle conçue comme la divinité. La multitude des dieux mythologiques trouvait une explication toute naturelle dans la doctrine des stoïciens ; Dieu s'appelle Zeus (de ζωή) comme cause de la vie; comme présent de l'éther, Athéné; dans le feu Hephestos; dans l'air Héra; dans l'eau, Poseidon; dans la terre Cybèle; sous la terre Pluton. — Et pourtant, malgré tant de services rendus, malgré tant de beaux exemples donnés, quoique cette doctrine ne choquât ni les mœurs ni les croyances du peuple romain, l'heure

(1) Sous les Antonins, cette œuvre de progrès législatif commencée sous les Jules et hâtée par Trajan, se continua avec plus de résolution encore. (Voy. un chapitre du *Marc-Aurèle* de M. Renan.)

approchait où elle allait perdre l'autorité qu'elle avait exercée sur les âmes; en face du Christianisme naissant, une autre école grandit, qui disputera bientôt au stoïcisme la direction de la société antique. Le platonisme, comme un arbre qui serait épuisé par les rejets jaillis de ses racines mêmes, avait été un moment étouffé par les écoles qui étaient sorties de son sein; mais favorisé alors par les circonstances, il se renouvelle, il refleurit, une sève jeune circule en lui; il se sentira assez de force pour entreprendre la défense du vieux monde, et il en aura, en effet, assez pour retarder d'un ou deux siècles l'avènement de la civilisation chrétienne.

Comment le néo-platonicisme arriva-t-il à supplanter le stoïcisme? — La réponse à cette question nous est fournie par Zeller dans son histoire de la philosophie antique.

« Le néo-platonisme, dit-il, est un système religieux, et il ne l'est pas seulement dans le sens où le platonisme et le stoïcisme méritent ce nom; il ne se contente pas d'appliquer aux problèmes moraux et à la vie de l'âme humaine une conception du monde fondée sur l'idée de Dieu, mais obtenue par la voie scientifique; son système du monde reflète d'un bout à l'autre, les tendances religieuses du cœur humain; il est entièrement dominé par le désir de satisfaire des besoins religieux, ou du moins de conduire à l'union personnelle la plus intime avec la divinité. »

Nous avons dit comme la religiosité avait alors envahi les esprits et les cœurs — Le stoïcisme pouvait-il donner un aliment à ces aspirations? Non sans doute; en vain Epictète élance son âme vers la Providence. Le naturalisme de la théologie stoïcienne est d'une austérité désespérante pour les âmes tendres, et d'une décourageante élévation pour les esprits moyens. — Sans doute, elle pouvait sans effort accorder ses principes avec la croyance populaire; mais dans la pratique, la plupart des philosophes stoïciens, respectueux par politique du culte national, ne laissaient pas de faire comprendre qu'ils n'y voyaient que des formes vides. Il fallait autre chose à une société ardente et énervée, rassasiée d'elle même, tourmentée d'un besoin d'idéal nouveau.

Les stoïciens ne se détournaient pas de la religion antique, mais n'allaient pas au-devant d'elle. C'est un pas que firent résolument les disciples nouveaux de Platon. — L'école du Portique voulait rester à côté du polythéisme; le néo-platonisme tenta de l'absorber, de se l'assimiler. Hommes de tradition classique et littéraire, les platoniciens de l'empire furent en même temps hommes de progrès philosophique; au lieu de répudier ou de négliger le passé, ils voulurent l'unir au présent et l'attirer vers l'avenir. « S'ils se sont ralliés au polythéisme, dit M. Vacherot, c'est que leur philosophie était née de la savante antiquité. Il est vrai que le mysticisme alexandrin annonce un monde nouveau, mais il vient de l'ancien... Cette philosophie est d'ailleurs très novatrice dans son esprit de conservation, elle n'adore les dieux du polythéisme qu'après les avoir transfigurés. Tout change sous sa méthode d'interprétation; elle convertit une religion des sens en une religion de l'esprit. Qu'y a-t-il de commun entre l'anthropomorphisme poétique de la mythologie grecque et cette profonde métaphysique qui, dans Uranus, Saturne et Jupiter, reconnait les trois principes du monde intelligible, l'Un, l'Intelligence et l'Ame? En quoi le sombre ascétisme de Jamblique et de Julien, ressemble-t-il au culte gracieux des prêtres d'Homère? Avec une pareille liberté d'interprétation, la philosophie pouvait adopter le polythéisme sans cesser d'être elle-même (1). »

Au temps où nous sommes placés, le néo-platonisme n'a pas encore été si loin; mais l'on voit déjà nettement se marquer ses tendances progressives de conciliation religieuse dominées par un spiritualisme exalté.

L'école, aux premiers jours de l'empire, avait peu fait parler d'elle. A peine peut-on citer sous Tibère, un platonicien du nom de Thrasille, qui fut plutôt un commentateur qu'un disciple, et qui divisa en trilogie les dialogues du maître. Plus tard, à la fin du Ier siècle et au commencement du deuxième, un certain Alcinoüs donna un abrégé, d'ailleurs très faible, de la doctrine du grand philosophe de l'Académie.

Mais sous les Antonins, il y a pour le platonisme une véritable renaissance. Elle fut inaugurée par un homme qui, sans être un grand penseur ni un grand écrivain, eut assez de dons aimables dans le cœur, assez de généreuses pensées dans l'esprit, pour exercer sans effort une large influence sur les hommes de son temps et pour être porté vers la postérité comme par une sympathie universelle et continue; on a reconnu *le bon Plutarque*.

Il naquit vers l'année 48 ou 49. Depuis plusieurs générations, sa famille habitait Chéronée, et cette petite ville, où avait péri la liberté dela Grèce antique, gardait pieusement le souvenir du passé glorieux de l'Hellade, comme un tombeau conserve la dépouille d'un mort. Les ancêtres de Plutarque furent de véritables Hellènes par l'esprit, le cœur et le caractère. Le philosophe lui-

(1) VACHEROT, *Histoire de l'école d'Alexandrie.*

même nous a rappelé le souvenir de son aïeul Lamprias, et il nous le peint comme un de ces sages gracieux, qui, dans le passé, avaient su ennoblir le plaisir,
dont l'ivresse fut exquise et légère, et dont la délicate
sensualité n'allait jamais sans un parfum de l'âme,
sans un rayon de l'esprit. D'après Plutarque, Lamprias
n'avait jamais l'esprit aussi fécond qu'après quelques libations, et il se comparait à l'encens qui n'exhale
que sous l'action de la chaleur ses odeurs les plus déli-
cieuses. — Le père de Plutarque, moins brillant, aurait
été aussi, d'après son fils, un Grec de bonne race par
la sûreté de son sens pratique et de son tact parfait.

Les vertus de famille vivaient dans toute leur fraî-
cheur à Chéronée. L'intérieur où fut élevé Plutarque
n'offrait que des modèles. Il en profita vite, et de bonne
heure, paraît-il, prit sur ses frères Timon et Lamprias
un véritable ascendant. A la table commune, on l'écoutait avec déférence; sans raillerie, on l'appelait déjà
le philosophe (1).

La considération qui s'attachait aux siens, son mérite
personnel, lui firent de bonne heure confier des charges
publiques par ses concitoyens. Du reste, il pouvait
passer pour un habile homme : n'avait-il point fait ses
études à Athènes? n'avait-il point suivi les leçons
d'illustres maîtres, et, entre autres, d'Ammonius, ce
philosophe platonicien, personnage original qui, ne se
confinant point dans la spéculation, avait voulu aussi
être un homme d'action, et qui exerça dans la capitale
intellectuelle de la Grèce les fonctions d'archonte?

(1) Dans ces dernières pages, nous avons suivi un guide éminent,
M. Gréard (*La Morale de Plutarque*). En résumant son remarquable ouvrage nous n'avons pas le dessein de dispenser de le
lire, mais bien plutôt d'y encourager.

Tant de recommandations valurent à Plutarque l'honneur d'être chargé par ses concitoyens d'aller défendre leurs intérêts à Rome. La ville éternelle, qui faisait alors l'admiration du monde vaincu, ne pouvait manquer d'attirer Plutarque. Sans doute il accueillit cette mission avec empressement, s'il ne la rechercha pas; et il ne faut pas trop s'étonner de voir un ancien biographe prétendre que Plutarque serait parti sans mandat : « Touché d'une noble ambition, il se délibéra de voir l'abrégé du monde en une ville, ou plutôt une ville qui contenait en soi l'étendue de tout le monde; il s'achemina donc vers Rome. »

Dans la ville éternelle, où il vint d'ailleurs à plusieurs reprises, toujours pour s'occuper des affaires de Chéronée, Plutarque, en s'acquittant fort bien du [reste de sa besogne de magistrat municipal, trouva sans doute des loisirs. Il les employa à des travaux, d'où devaient sortir ses *Vies Parallèles*, à des leçons où il préparait, par un enseignement oral, la matière et, peut-être, la forme de ses *Traités de Morale*; Plutarque, comme nous dirions, faisait des conférences.

Le succès ne lui manqua pas. Trop zélé, un biographe attribue ce succès à une renommée que Plutarque n'avait pas encore : « Pouvait-on longtemps ignorer qu'il était arrivé non un homme, mais une bibliothèque parlante? » — Quoi qu'il en soit, ses cours étaient suivis et écoutés ; un auditoire choisi se groupait autour de lui, et lui donnait des marques de la plus flatteuse attention : « Un jour que je déclamais à Rome, raconte-t-il lui-même, Rusticus, celui que depuis Domitien feit mourir, pour l'envie qu'il portait à sa gloire, y était, qui m'escoutait ; au milieu de la leçon, il entra un soudard qui luy bailla une lettre missive de l'empereur ; il se feit là un silence, et moy mesme feis une pause à mon dire, jusqu'à ce qu'il l'eust lue ; mais luy ne voulut pas, ny n'ouvrit point sa lettre, devant que j'eusse achevé mon discours et que l'assemblée de l'auditoire fust départie (1). »

Ce succès de l'enseignement de Plutarque, à Rome, a donné lieu à une légende. On a prétendu qu'il fut le précepteur de Trajan. Vers l'époque de l'antiquité finissante, alors que les rhéteurs mettaient sans scrupule leurs élucubrations sous le nom d'un écrivain illustre, un sophiste du Bas-Empire composa une *Institution de Trajan* qui pendant longtemps a figuré parmi les œuvres du philosophe de Chéronée. Plutarque, précepteur de Trajan ! l'idée est séduisante ; mais il faut l'écarter. Sans invoquer des arguments de haute critique, disons que nul écrivain contemporain n'a parlé de ces rapports entre Trajan et Plutarque ; ce qui est plus significatif et plus décisif, Plutarque n'en a rien dit. « Il avait pourtant, suivant un mot connu, une bonne volonté si agréable à parler de lui-même ! »

Mais à défaut de l'éducation du prince, l'influence de son esprit et de ses doctrines se fit sentir sur des hommes de marque ; nous avons rapporté l'hommage que lui rendit publiquement Rusticus Arulénus : Sossius Sénécion, Fundanus, l'ami de Pline, ne lui marquaient pas moins d'estime et d'affection.

Quand, sur le tard, il revint à Chéronée pour s'y établir définitivement, à la reconnaissance qu'on lui devait pour les services rendus, s'ajoutait le prestige de cette renommée conquise dans la capitale. Aussi n'y a-t-il guère de plus belle vieillesse que celle de Plutarque.

(1) Traduction d'*Amyot*.

Rien ne trouble sa fin, c'est le soir d'un beau jour (1).

Aimé de sa famille, vénéré par sa femme Timoxène, ses fils Soclarus, Aristobule, Plutarque, — estimé pour son caractère, admiré pour son talent par ses concitoyens, il est revêtu de toutes les charges honorifiques ; il est le premier magistrat de sa ville et prêtre du temple d'Apollon, à Delphes. Au sein des joies de la famille, il jouit d'une douce popularité, il goûte les plaisirs de l'amitié, tient son rang avec simplicité et avec noblesse, donne à ses illustres amis de Rome une hospitalité digne et familière, et savoure jusqu'à la dernière heure le charme suprême des études amies ; enfin quand il meurt, il peut emporter avec lui la consolante illusion d'avoir donné une vigueur nouvelle à cette société antique où il avait mis sa vie et son âme.

Nulle part Plutarque n'a fait un exposé suivi de ses idées philosophiques et religieuses. Esprit mobile et ouvert, nullement concentré, il n'a pas songé à relier ses doctrines en faisceau, à leur donner une forme systématique. Il les disperse, pour ainsi dire, en une foule de petits ouvrages. Dans les traités sur le *Progrès de la Vertu*, la *Tranquillité de l'âme*, la *Mauvaise Honte*, l'*Utilité des ennemis*, etc... on peut recueillir ses opinions sur la Morale ; nous ne nous y arrêterons point, car elles ne diffèrent de la Morale du stoïcisme, qui d'ailleurs était sorti de l'école de Platon, que par une tension et une âpreté moins grandes, par plus d'indulgence et de sens pratique. Mais il importe à notre dessein de faire rapidement connaître les conceptions théologiques de Plutarque et pour cela nous nous aiderons de ses traités sur l'*Inscription du temple de*

(1) LAFONTAINE, *Philémon et Baucis.*

Delphes, sur la *Cessation des Oracles*, sur les *Délais de la justice divine*, sur *Isis et Osiris*, sur la *Superstition*, etc.

Le Dieu de Plutarque c'est le Dieu de Platon : il est éternel ; on ne peut dire qu'il fut, ni qu'il sera : il est. A la différence du Dieu des stoïciens, il ne se confond point avec le monde : il y a impiété à ne point lui attribuer la personnalité, à supposer qu'il se produit en lui des changements, qu'il est semblable à un feu qui tour à tour se sépand et se condense, devient terre, mer, vent, animal, etc. Il a l'unité, puisqu'il a la perfection, et que ce qui est par excellence ne peut être qu'un. Les Grecs et les barbares adorent cet être suprême et c'est à lui que, sous des symboles divers, on rend hommage dans tous les cultes (1).

Comme il ne peut y avoir deux infinis, l'infini n'appartient point au monde ; mais on peut concevoir que les mondes existent en nombre indéfini et tous ces mondes la personne divine les gouverne avec sagesse, avec justice, avec bonté. Les soins de cette Providence s'étendent aussi à l'humanité. Ne nous laissons pas tromper sur la sagesse et la justice absolue de Dieu par l'apparence du désordre que nous présentent la vie terrestre et les affaires humaines. Il y a en effet pour l'homme

______

(1) « Jupiter, dit Plutarque, n'a pas été nourri dans les antres odoriférants de la Crète et Saturne n'a point dévoré une pierre à sa place. Principe et cause de son éternelle existence, il était dès le commencement et il sera toujours. Rien n'échappe à ses regards, ni les sommets des montagnes, ni les sources des fleuves, ni les villes, ni le sable de la mer, ni l'infinie multitude des astres. Il nous a donné tout ce qui nous appartient ; en lui sont le commencement et la fin, la mesure et la destinée de chaque chose. » (*Isis et Osiris*, 24 — cité par DURUY, *Histoire des Romains*, tome V.)

une autre existence, une existence immortelle ; là, tout
est remis en sa place, là éclate l'ordre parfait et la
suprême justice. Pour marcher sur la terre avec sûreté,
il faut lever les yeux vers cette existence idéale et les
y tenir attachés : « Malheureux, s'écrie Plutarque, celui
qui se ferme les portes d'une autre vie ! il est comme
le passager qui, battu par la tempête, dirait à ses compagnons de voyage : Nous n'avons ni pilote pour nous
conduire, ni étoile pour nous guider ; mais qu'importe ?
nous serons bientôt brisés contre les écueils et engloutis
dans l'abîme. »

Chez Plutarque, on le voit, la notion de la divinité
se dégage entièrement du naturalisme où la doctrine
stoïcienne la tenait encore enveloppée. Nous sommes
en face du Dieu personnel, du Dieu Providence. Amour
de l'infini, de la perfection, aspiration ardente et tendre
vers la félicité, la vérité, la justice absolues, voilà ce
que nous révèlent les écrits du philosophe de Chéronée ; en son œuvre se résument les tendances spiritua-
listes qui, depuis Platon, avaient obscurément et confu-
sément cheminé à travers le monde, et par l'influence
de Plutarque elles prendront une marche plus ferme et
plus rapide.

Si Plutarque s'en fût tenu là, il n'eût été après tout
qu'un disciple de Platon plus instruit, plus assuré dans
sa foi, mieux servi par son talent que ceux qui jusqu'alors avaient tenté de propager la doctrine du
maître. Mais il veut faire pénétrer cette pure philosophie jusqu'aux couches profondes des peuples de
l'empire, et non pas la réserver à la délectation spéculative d'une élite de lettrés.

Patriote, épris du passé de son pays et de ces nobles
antiquités de la Grèce, il admirait et aimait les élé-

gantes cérémonies du culte hellénique ; il trouvait un charme infini à ces poétiques créations d'une race d'artistes. « Pour l'impie, disait-il, la cérémonie la plus auguste est une pompe dénuée de sens, la prière une vaine formule, le sacrificateur un cuisinier qui égorge un animal sans défense ; — mais pour celui qu'une pensée religieuse conduit dans les temples, et qui assiste avec recueillement à la célébration des mystères, il n'est pas de spectacle plus touchant et qui bannisse plus infailliblement toutes les tristesses, tous les découragements, tous les ennuis. » Soyez sûrs que, prêtre d'Apollon, Plutarque pontifiait, sinon avec la conviction d'un croyant, au moins avec l'émotion d'un artiste et la ferveur d'un patriote. Comme il s'est trompé cet écrivain de notre temps, qui d'ailleurs n'aime ni ne connaît l'antiquité, quand il a dit : « L'école de Plutarque n'est pas une école de philosophes, c'est une école de sacristains disposés à abandonner leur catéchisme pourvu qu'on leur laisse leur chapelle (1) ! »

Spiritualiste, Plutarque sachant qu'un culte est comme le costume nécessaire d'une religion, croyait qu'il n'était pour sa foi aucun vêtement plus beau, plus décent et plus noble que le culte de la vieille Grèce. Il s'efforça donc de concilier les aimables et brillantes cérémonies du polythéisme avec sa philosophie qui établissait l'unité de Dieu. Voici comment. — Dans le banquet de Platon on lisait ce passage : « Quelle est la fonction d'un démon ? d'être l'interprète et l'entremetteur entre Dieu et les hommes, apportant au ciel les vœux et les sacrifices des hommes, et rapportant aux

____

(1) Napoléon de Champagny, *Les Antonins*.

hommes les ordres des dieux et les récompenses qu'ils leur accordent pour leurs sacrifices. Les démons entretiennent l'harmonie de ces deux sphères : ils sont le lien qui unit le grand Tout et c'est d'eux que procède toute la science divinatoire. Dieu ne se manifeste point immédiatement à l'homme et c'est par l'intermédiaire des démons que les dieux commercent avec lui et lui parlent, soit pendant la veille, soit pendant le sommeil..... Les démons sont en grand nombre et de plusieurs sortes (1). »

Comme il était aisé d'entrer dans cette voie de conciliation que le maître ouvrait ainsi lui-même ! Les Olympiens n'avaient jamais été bien loin de la terre ; était-ce les faire beaucoup déchoir que de les assimiler à ces génies, intermédiaires officieux entre l'homme et l'Être suprême, traits d'union entre la terre et le ciel ? « En substituant une simple *démonologie* à la *théologie* d'Homère et d'Hésiode, le philosophe grec sauvait le monothéisme et conservait la forme polythéiste si chère au peuple, si pleine de charmes pour l'imagination. »

Cette tentative eut sous les Antonins un singulier succès : les Génies trouvaient par avance faveur dans les croyances populaires. Certaines îles de la Grande Bretagne passaient déjà pour être la demeure d'un grand nombre de ces personnages surnaturels ; quand Apollonius de Tyane, précédé de sa réputation de thaumaturge, comparut devant Domitien : « C'est un Génie,

(1) Dion Chrysostome définissait ainsi le démon : « J'appelle démon la puissance qui commande chez chaque homme (το κρατοῦν ἑκάστου) et qui est l'inspiration de ses actions, que cet homme soit libre ou esclave, riche ou pauvre, roi ou simple particulier. Ce principe qui est supposé gouverner dans chaque homme, est ce qu'on appelle le Démon ; il en est le chef (ἄρχων) et le maître (κύριος) — (*Orat.* XXV).

s'était écrié le prince, que vous introduisez là ! » Les
dieux de l'Olympe, ainsi transformés, prenaient pour
les imaginations tourmentées et anxieuses des hommes
de cette époque, un renouveau de jeunesse, en échan-
geant, contre cette enveloppe mystérieuse, leurs formes
précises trop voisines de l'humanité. Quelle fortune
pour des âmes éprises du merveilleux, possédées de la
passion de s'unir à la divinité, que de sentir le ciel
venir ainsi au-devant d'elles par ces complaisants
messagers, soutiens de la foi et initiateurs de l'extase (1) !

Cette conception prit des développements et eut des
conséquences que n'avait pu prévoir Plutarque. Elle ne
tarda guère en effet à être dénaturée par l'Orienta-
lisme qui, alors, pénétrait tout; et ces Génies sortis de
la radieuse imagination de Platon et de son disciple si
sensé, perdirent leur noblesse native, et furent avilis
par les magiciens et les thaumaturges.

Malgré la générosité de son effort, malgré la noblesse
de sa pensée, Plutarque ne fit que retarder d'un
moment la chute du paganisme ; ses enseignements spi-
ritualistes, comme les prédications morales des stoïciens, profitèrent au Christianisme; par là les progrès
de la religion nouvelle n'étaient point entravés ; bien
plutôt les philosophes préparaient sans le savoir son
action sur les âmes.

De toutes parts alors « se manifestait avec énergie,
dit M. Renan, le besoin d'une religion monothéiste

______

(1) Il faut noter que, malgré son sens pratique, Plutarque n'est
point exempt de mysticisme : « Enveloppée d'un corps, dit-il, l'âme
n'a point de commerce avec Dieu; mais elle *peut le toucher* légèrement, comme en songe, par la philosophie. » (*Isis et Osiris*, 24.)

donnant pour base à la morale des prescriptions divines….. Il vient ainsi une époque où les religions naturalistes réduites à de purs enfantillages, à des simagrées de sorciers, ne peuvent plus suffire aux sociétés, où l'humanité veut une religion morale philosophique…. A l'époque où nous sommes le problème se posait pour l'ensemble du monde avec une sorte d'unanimité solennelle et d'impérieuse grandeur (1). » Ce grand problème, Plutarque, qui, d'après le même écrivain, rend la philosophie timide et la religion à moitié raisonnable, n'en a point trouvé la solution, nous le reconnaissons volontiers ; mais il l'a cherchée, mais il l'a avancée avec les autres sages de ce temps.

Quand on assiste à ce déclin de l'ancien monde, qui a tant fait pour le nouveau, on éprouve je ne sais quel regret mélancolique, et volontiers on dit avec un écrivain nourri pourtant de la plus pure moelle du Christianisme : « Je ne puis me défendre d'une sympathie involontaire pour ces dieux qu'adoraient encore des hommes tels que Plutarque, pour ces autels où tant de héros avaient sacrifié, pour ces fables gracieuses auxquelles la poésie, l'éloquence et les arts avaient emprunté tant d'inspirations et qu'essayait de rajeunir et de purifier une philosophie mourante elle-même. Le philosophe de Chéronée m'intéresse et m'émeut. Par la grâce de Dieu, j'aurais été chrétien dans ces temps-là, je l'espère, et même jusqu'au martyre malgré mon peu de vocation pour les roues et les chevalets. Par moi-même et livré au simple penchant de mon cœur, j'aurais brûlé de l'encens avec le bon Plutarque sur l'autel d'Apollon et des Muses, j'en ai peur (2) ! »

(1) ERNEST RENAN, *Les Apôtres* (Calman Lévy).
(2) M. SYLVESTRE DE SACY.

IV

LES LETTRES

IV

LES LETTRES

Le lecteur ne saurait attendre qu'on lui donne ici une revue détaillée de la litérature latine au temps de Nerva et de Trajan. Si cette époque n'a pas été très féconde, elle a en revanche beaucoup produit : les manuels spéciaux enregistrent à cette date une longue liste d'auteurs, presque tous chargés d'un bagage respectable. Lisez Martial ou Pline le Jeune qui rédigèrent alors ce que nous appellerions les *échos* littéraires; que d'historiens! que d'orateurs! que de poètes! que de volumes! Chaque année la moisson est ample : « *Magnum hic annus poetarum proventum attulit* (1). » Mais il y a plus de paille que de froment. Les réputations du jour ont été des réputations d'un jour. La postérité a le droit de beaucoup oublier, puisqu'il ne lui est possible que de peu retenir. Nous userons ici largement de ce droit.

Qu'on ne nous demande pas de donner une biographie circonstanciée des auteurs, un catalogue complet de leurs œuvres. Nous voulons seulement indiquer la direction du mouvement littéraire et tracer un tableau

____

(1) Pline le Jeune, *Lettres*, I. 7.

d'ensemble où nous n'admettrons que les grandes figures
et les personnages de marque.

Il le faut avouer tout d'abord : nous entrons dans une
période de décadence littéraire. Il ne manque certes pas
alors d'esprits ingénieux et de talents exercés ; on n'est
pas en peine de citer quelques auteurs de vigoureux et
brillant talent : on pourrait même nommer jusqu'à un
homme de génie, Tacite. N'importe, la littérature romaine est à son déclin.

Tous les contemporains de quelque valeur l'ont senti,
non sans tristesse, et ils l'ont dit dans des pages qui
cemptent entre leurs meilleures. Tacite, dans le *Dialogue*, mène le deuil de l'éloquence ; Quintilien écrit un
traité *de causis corruptæ eloquentiæ*. Pline le Jeune
constate, en témoin navré, la ruine du barreau romain,
qui avait survécu pendant un temps à la pacification
du Forum. Aux yeux de l'auteur du *Satyricon*, depuis
Horace et Virgile «l'honneur de la poésie romaine», personne n'a vu la route qui conduit à la poésie, *qua ire-
tur ad carmen*, et Juvénal cherche en vain

> Le grand poëte à verve originale
> Qui ne se traîne pas dans l'ornière banale
> Et qui marque au bon coin ses vers éblouissants (1).

Après avoir constaté le mal on le décrit :
Tacite et Quintilien (médecins Tant-pis) font une
véritable nosographie de l'éloquence : Pline (médecin Tant-mieux) laisse échapper parfois, malgré lui, des
paroles inquiétantes ; mettons-nous avec eux au chevet
du malade.

(1) Traduction *Jules Lacroix*.

Ecoutons Tacite : « Plus d'espoir, la moribonde se farde comme une courtisane ; voyez-la se fournir de colifichets à Mécène et demander à Gallion des ornements au vain cliquetis ; la santé s'est retirée de ce corps de vieille coquette, elle a perdu le goût de ce qui est sain ; les sens se dépravent : voici que son oreille ne se plaît plus qu'aux caprices de l'harmonie : ses yeux ne sont plus charmés que par une gesticulation fausse et théâtrale (1). »

Quintilien, plus réservé dans la forme, n'est pas au fond moins net : « Nos orateurs, négligeant de soigner la pensée, qui est le nerf même de l'éloquence, s'attardent à une préoccupation vaine et sénile de l'expression ; ce qu'ils en font, c'est pour atteindre à l'éclat. Je ne nie point que ce soit là une beauté de la parole, mais lorsque le sens l'emporte, non lorsqu'on y vise avec affectation. Soin de la forme, mais souci du fond, voilà ce que je demande. Le plus souvent, en effet, le terme le meilleur est attaché à l'idée même, qui l'éclaire de sa lumière ; mais nous le cherchons comme s'il était caché, comme s'il se dérobait. Nous n'imaginons pas qu'il soit voisin du sujet même, nous allons le quérir ailleurs ; l'avons-nous trouvé, nous lui faisons violence. C'est d'une âme plus haute qu'il faudrait aborder l'éloquence : quand elle est saine elle ne croit pas avoir à faire de polir ses ongles et d'accommoder sa chevelure. — Le style lui-même est gâté par ces scrupules : car l'expression la meilleure est la moins apprêtée, la plus simple, celle qui naît de la vérité. Ce qui trahit l'effort, l'affectation, la recherche, ne peut charmer, ne saurait avoir de crédit, puisque cela fait ombre à la pensée et

(1) TACITE, *Dialogue des orateurs* (passim).

l'étouffe comme un gazon trop dru. Quand nous pouvons parler tout droit, nous prenons des expressions contournées par amour de la phrase : ce qui d'un mot est clair, nous le surchargeons. Nous n'aimons plus le terme propre : il est à notre gré peu élégant ; n'importe qui eût pu s'en servir. Nous empruntons aux poètes du goût le plus détestable des figures et des métaphores, et ne croyons avoir de l'esprit que lorsqu'il faut de l'esprit pour nous entendre (1). »

Pétrone ne disait rien autre chose peu de temps avant Tacite et Quintilien : à son avis, les orateurs ne parlent plus qu'un jargon sententieux ; ils réduisent l'éloquence à une harmonie puérile et vaine. « C'est un déluge de périodes mielleuses agréablement arrondies ; actions et discours, tout est saupoudré de sésame et de pavots..... Nos gens enluminent tout ce qu'ils disent de petites sentences scintillantes (2). »

Pline le Jeune, en cette affaire, est un peu juge et partie ; il voudrait bien avoir des yeux pour ne point voir. Il se croit le premier orateur de son temps, — et n'a sans doute pas tort : aussi souhaiterait-il ne pas devoir sa primauté à la médiocrité de ceux qui l'entourent. Les éloges ne lui coûtent guère, car il compte qu'ils lui rapporteront. — Deux débutants, Ummidius et Quadratus, ont parlé congrument devant les centumvirs : Pline les couvre de fleurs ; on peut même penser qu'il les en accable. — Ses éloges sont, en effet, parfois fort compromettants, et servent mal la cause qu'il veut défendre. Par quel trait achève-t-il le morceau enthousiaste qu'il consacre au rhéteur Euphrate ?... « On est

(1) QUINTILIEN, *Institution oratoire*, VIII *Prooemium* : (traduction de l'auteur).

(2) PÉTRONE, *Satyricon*, (passim).

si charmé de l'entendre, nous dit-il, qu'après même qu'il vous a persuadé, vous voudriez qu'il eût à vous persuader encore ? » Éloquence équivoque, celle qui, lorsqu'elle a atteint son objet, laisse le désir d'autre chose ! Après ce que Pline nous dit de lui, nous sommes fort tentés, quoique nous ne connaissions rien d'Euphrate, de penser qu'il faut le ranger parmi ces prétentieux virtuoses de la parole dont nous a parlé Quintilien.

Si nous résumions ces critiques, nous pourrions entrevoir qu'elles portent sur deux écoles d'orateurs ; les uns, imitateurs de Sénèque, qu'ils n'avouent pas tout haut pour leur maître, s'efforcent de multiplier les sentences, et, visant à une éloquence nerveuse, n'arrivent qu'à l'énervement (1) ; les autres, à la suite d'Hortensius et de Cicéron qu'ils répudient très fort, sont tout bouffis de métaphores retentissantes, tout panachés de resplendissantes comparaisons : l'éclat des sons et des couleurs, voilà leur grand souci ; ils veulent être grandioses et ne sont qu'emphatiques (2). D'un mot, — car il n'y a qu'un mot qui serve, — l'éloquence romaine ne souffre pas d'une maladie nouvelle : elle meurt de vieillesse, et nous assistons à la décrépitude des anciennes écoles Attique et Asiatique ; elles ont eu beau retirer leurs enseignes de leur porte, nous les reconnaissons quand même.

On peut trouver que cette sénilité vint bien vite : au temps où Tacite écrivait son *Dialogue*, Aper, un des personnages, fait remarquer que la mort de Cicéron ne

____

(1) Effecistis ut corpus orationis enervaretur et caderet... (PÉTRONE, *Satyricon*, II).

(2) Ventosa istœc et enormis loquacitas...... animos juvenum...... veluti pestilenti quodam sidere afflavit (*ibid.*)

remonte pas à plus de cent vingt ans. Ce déclin si rapide, qui nous étonne, n'a pas moins frappé les contemporains et ils ont cherché à en démêler les causes.

Comme il arrive à ceux qui manquent de recul, ils ont saisi surtout les motifs extérieurs, et ils n'ont pu atteindre les raisons intimes et essentielles.

Pour Tacite et Quintilien, l'éducation morale qu'on donne alors à la jeunesse, est d'abord responsable de cette décadence. — C'en est fait de l'antique austérité de la famille romaine ; peut-être aime-t-on plus les enfants qu'au temps passé, mais on les aime moins bien : on les soigne davantage, mais on ne les respecte plus. « A peine sont-ils nés, dit Quintilien, nous les amollissons par toutes sortes de délicatesses... S'il leur échappe quelque impertinence ou quelques-uns de ces mots qu'on se permettrait à peine dans les orgies d'Alexandrie, nous accueillons toutes ces gentillesses d'un baiser. Les enfants ne sont que des échos : or, nous les rendons témoins de nos impudiques amours, tous nos festins retentissent de chants obscènes et nous y étalons des spectacles qu'on aurait honte de nommer (1). » Dans la maison paternelle, l'enfant ne grandit plus sous l'œil d'une mère, fière de garder sa maison, ou près d'une parente d'un âge mûr et de vertus exemplaires : c'est une nourrice mercenaire qui lui donne son lait ; plus tard son âme neuve et ouverte à toutes les impressions, n'a pour tout enseignement que les contes des esclaves auxquels on le confie, d'autres exemples que ceux qu'il reçoit de ces tristes gouverneurs. Il s'accoutume vite à une dissipation et à une licence, que nul ne songe à lui interdire et qui engendrent l'effronterie et le

(1) QUINTILIEN, *Institution oratoire*. I, 2 (Trad. *Ouizille*).

mépris de soi-même et des autres. N'a-t-il pas d'ailleurs, dans le sein même de sa mère, puisé les vices qui alors gangrènent la société romaine : l'enthousiasme pour les histrions, le goût effréné des gladiateurs et des chevaux. « Quelle place, conclut Tacite (car c'est lui que nous résumons ici), quelle place une âme obsédée, envahie par ces viles passions, a-t-elle encore pour les arts honnêtes (1) ? »

Devenu jeune homme, cet enfant dont le cœur a été gâté par une éducation si peu saine, reçoit une instruction qui fausse son esprit. On le met entre les mains des rhéteurs. Ici nous entendons s'élever un concert d'anathèmes; ces infortunés rhéteurs sont de véritables boucs émissaires. Pétrone les prend à partie et les apostrophe rudement : « Ne vous en déplaise, ô rhéteurs, c'est de vous que date la chute de l'éloquence : c'est vous qui faites de nos fils des maîtres sots : dans vos officines, vous les nourrissez de fadaises; quand ils en sortent ce ne sont plus que des pédants intectés de mauvais goût, des cuistres qui sentent leur cuisine (2). » Messala, qui, dans le *Dialogue* de Tacite, a tout l'air d'exprimer les idées de l'auteur même, ne s'en tient pas à la critique : il souhaiterait qu'on remît en vigueur contre les rhéteurs l'édit des censeurs Crassus et Domitius, qui ferma « cette école d'impudence » (90 av. J.-C.). Ne l'ont-ils pas bien mérité? Leur ignorance est scandaleuse et coupable : « ils ignorent les lois, ne possèdent pas les sénatus-consultes, sont les premiers à se moquer du droit civil; ils ont, surtout pour l'étude de la sagesse et les préceptes de la philosophie, une horreur

(1) TACITE, *Dialogue des orateurs* (*passim*).
(2) PÉTRONE, *Satyricon* (*passim*).

profonde (1). » Qu'enseignent-ils donc ? un bavardage charlatanesque et vide. Voyez les exercices auxquels ils soumettent leurs élèves : « Deux sortes de matières sont traitées chez les rhéteurs : les délibératives (*suasoriæ*) et les judiciaires (*controversiæ*). La première espèce, comme plus facile et demandant moins de connaissances, est abandonnée aux enfants. Les controverses sont réservées aux plus forts ; mais quelles controverses, bons dieux ! et quelles imaginations incroyables ! les récompenses des tyrannicides, l'alternative offerte aux filles outragées, les remèdes à la peste, les fils déshonorant le lit maternel, et toutes les questions qui s'agitent chaque jour dans l'école, rarement ou jamais devant les tribunaux, sont discutées par les élèves en termes emphatiques (2). » De quoi vit l'éloquence? de réalité, de vérité. Qu'est-ce que l'enseignement des rhéteurs? romans et mensonges. Le Messala de Tacite conclut comme Pétrone : c'est vous, rhéteurs, qui avez tué l'art oratoire.

L'esprit pénétrant de Tacite ne s'arrête pas à ces surfaces : dans cette recherche des causes de la ruine de l'éloquence, il en indique une autre d'un ordre plus général et plus philosophique. L'art oratoire, pense-t-il, se meurt faute d'aliment : la liberté a péri ; l'éloquence politique, qui se nourrit à sa flamme, s'est éteinte avec elle. L'éloquence judiciaire, elle-même, n'a plus guère d'objet : l'ordre et la règle règnent dans l'empire et empêchent les grands désordres ; la sécurité publique est assurée par un pouvoir fort ; il n'y a plus de grands crimes. « L'éloquence vraiment grande, vraiment frap-

(1) Tacite. *Dialogue*, 32 (traduction Burnouf).
(2) Tacite, *Dialogue*, 35 (traduction Burnouf).

pante, est fille de cette licence qu'on appelait follement liberté ; c'est la compagne des séditions, l'aiguillon des fureurs populaires. Incapable d'obéissance et de subordination, opiniâtre, téméraire, arrogante, ce n'est pas dans une société bien constituée qu'elle peut prendre naissance..... La seule partie qui nous reste de l'ancien domaine des orateurs, le barreau, n'annonce pas lui-même une réforme complète, ni une société où tout marche à souhait. Qui nous appelle en effet, s'il n'est coupable ou malheureux? Quelle ville a recours à la nôtre, si son repos n'est troublé par quelque voisin ou par des querelles domestiques?..... On peut dire que la gloire de l'orateur est moindre et plus obscure là où règnent les bonnes mœurs et le respect d'un pouvoir tutélaire (1). » Tout le beau discours de Maternus développe cette idée, et, sous l'apparente reconnaissance que marque l'orateur pour le régime nouveau, on sent aisément une résignation amère au présent et des regrets profonds du temps passé.

Ainsi les contemporains ont assigné trois causes à la décadence de l'éloquence romaine : une cause morale, une cause littéraire, une cause politique.

Mieux placés qu'ils ne l'étaient pour bien juger des choses, voyant de plus loin et de plus haut, moins offusqués par les détails et saisissant mieux les ensembles, demandons-nous si, dans cette question, ils sont arrivés à la véritable solution, s'ils n'ont point parfois fait fausse route.

L'éducation de l'enfance fut-elle à cette époque aussi détestable qu'ils l'ont prétendu? Leurs plaintes ne sont-elles pas trop chagrines? Pour notre compte, nous

_____

(1) Tacite, *Dialogue*, 41 (traduction Burnouf).

sommes tentés de croire qu'il y a bien de l'exagération dans les griefs invoqués par Quintilien et Tacite contre les familles romaines de leur temps. On était à une époque de transition : on commençait à comprendre que le rôle du père de famille comporte l'affection autant que l'autorité. Il arriva sans doute souvent qu'on ne sut pas faire à l'une ou à l'autre la part qui lui revient légitimement : il y eut alors des excès d'indulgence, comme il y avait eu naguère des abus de pouvoir. Mais ces erreurs sont l'ordinaire rançon du progrès : et pour l'observateur impartial la famille est alors en progrès, non en décadence. Au reste, le mal eût-il été aussi grand que le prétendent Quintilien et Tacite, il ne pourrait suffisamment expliquer (il s'en faut bien), la ruine de l'art oratoire. L'esprit sans doute se sent toujours des bassesses du cœur par quelque côté ; mais, par d'autres côtés, il demeure tout à fait indépendant du caractère. Un méchant homme ne sera jamais un orateur parfait : d'accord ; mais il pourra être un grand orateur. Pour s'en convaincre, il suffit de lire l'histoire. Et d'ailleurs, si nous voulons préciser, les abus contre lesquels Tacite s'élève, sont-ils vraiment si graves ? Les mères n'allaitent plus leurs enfants : il faut le regretter ; mais si l'on s'en indigne, on a tort, et cela n'a rien à faire avec l'éloquence. On abandonne l'enfant à des soins mercenaires : négligence condamnable, sans doute ; mais si l'on peut croire que les serviteurs fussent toujours grossiers, est-il possible d'admettre qu'ils aient été nécessairement vicieux ? Les enfants tiennent de leurs mères le goût des courses de chevaux, des gladiateurs et des histrions : voilà qui ne nous étonne guère, les enfants ayant toujours aimé le plaisir. Si un de nos hommes d'Etat est un parleur médiocre, nul n'ex-

pliquera ses échecs de tribune, en disant qu'il fait courir; et Berryer, qui fut peut-être le plus grand orateur
de ce siècle, crut, à une heure d'enthousiasme juvénile,
qu'il avait la vocation du théâtre; plus tard, dans l'âge
mûr, il aima toujours jouer la comédie de salon (1).

Quant à l'instruction donnée par les rhéteurs, on ne
l'a peut-être pas calomniée, mais en tout cas on en a
médit avec excès. Les exercices qu'ils donnaient à leurs
élèves n'étaient pas toujours aussi ridicules que ceux
dont nous ont entretenu leurs accusateurs. Par nécessité ils enfermaient leurs sujets dans des cadres fictifs :
mais les sujets mêmes pouvaient être substantiels et
solides. Ne savons-nous pas qu'ils instituaient des
discussions relatives au dessèchement des marais Pontius, à la création d'un port à Ostie, au percement de
l'isthme de Corinthe? Voilà des questions d'ordre pratique : nous ne sommes plus dans le roman. Et quand
bien même, dans l'instruction, le roman eût tenu une
large place, tout était-il perdu pour cela? Dans nos
écoles modernes, n'est-ce pas encore sur des données
imaginaires que nous exerçons la raison naissante de
nos écoliers? Cela les empêche-t-il plus tard d'aborder
et de traiter des sujets réels? Nous ne voulons pas tenter une justification des écoles de déclamateurs; mais
il ne nous paraît point qu'elles aient été la cause de la
perte de l'éloquence.

La liberté politique est morte : c'est de ce prix que
les Romains ont payé le bienfait de l'ordre et de la
sécurité dont ils jouissent; l'art oratoire a été compris
dans cette rançon ; tel est le dernier mot de Tacite; et

____

(1) Voir les *Souvenirs de Madame Jaubert. — Un séjour à Au-
gerville en 1850.* (Paris — Hetzel).

c'est celui que les modernes ont le plus développé. Quoi d'étonnant? C'est une belle et séduisante idée: ne serait-il pas juste que le despotisme abaissât l'esprit, comme il déprime le caractère? Ne faudrait-il pas qu'on eût le droit de dire aux peuples qui veulent un maître: vous voulez donc renoncer à la parure du talent, comme à la dignité du civisme? -- Vœux et désirs d'âmes honnêtes! — Les faits ne les exaucent pas. Le despotisme ne détruit pas le talent: parfois le talent sert le despote, parfois il le combat, et souvent même il ne doit sa vigueur qu'à cette lutte où il s'engage, et sans laquelle il eût langui.

Les critiques modernes se trompent d'ailleurs en se représentant le despotisme d'un César romain, comme celui d'un Bonaparte. On oublie que l'action du pouvoir politique fut alors bien moins centralisée que chez nous. Les attaques contre la personne du prince étaient rigoureusement punies; mais, dans le domaine des idées, que de provinces où l'autorité impériale ne songeait pas à pénétrer. Auguste avait pacifié le Forum, il avait jeté bas la tribune aux harangues; au Sénat on n'osait plus faire de discours politiques. Mais si l'on eût voulu traiter de grandes questions sociales, si l'on eût voulu discuter les problèmes religieux (pourvu qu'on ne touchât pas au culte), qui donc en eût été empêché? L'esclavage était une des assises de la société antique; il y avait un proverbe qui disait: *Quot servi, tot hostes*; il y avait une loi qui condamnait à mort tous les esclaves d'une maison dont le maître avait été assassiné, sans qu'on pût découvrir l'assassin. Pourtant, quand Pedanius Secundus, préfet de Rome, périt par le poignard d'un esclave que nul ne dénonça, il se trouva des sénateurs qui repoussèrent avec cha-

leur la condamnation en masse des serviteurs de
Pedanius (*nimiam severitatem adspernantium*, dit
Tacite) (1). Le despotisme ne ferma pas la bouche des
orateurs, ils purent être éloquents à loisir : s'ils ne
le furent point, on n'en peut accuser la matière, comme
infertile et petite.

Et si l'on ne voulait pas faire d'opposition, si l'on
restait orateur du gouvernement. comme nous dirions,
quelle large et brillante carrière à parcourir! Le
patriotisme ne pouvait-il donc fournir des accents
à ceux qui eussent entrepris de tracer devant leurs
collègues, le tableau de la patrie romaine, s'étendant
jusqu'aux confins du monde connu? Quel sujet
pour un homme d'État philosophe que l'étude de ce
grand travail d'assimilation civilisatrice, de cette
œuvre de l'empire pacificateur continuant et couron-
nant l'œuvre de la république conquérante! Quelles
inspirations pour un légiste dans le spectacle de cette
société, qui, composée d'éléments si divers, s'unifie
tous les jours et marche d'un pas de plus en plus
rapide vers une organisation fondée sur le droit et la
raison ?

Pourquoi un général, dans les forêts de la Germanie,
sur les bords du Danube, ou dans les déserts de la
Syrie, n'eût-il pas trouvé de généreuses et fortes paroles
à faire entendre à ces soldats qui, peut-être, ne sont
plus des Romains, mais qui peuvent comprendre qu'ils
travaillent à la grande œuvre de Rome?

Pourquoi, quand un haut personnage mourait, n'eût-
on pas loué avec gravité et émotion cette existence
remplie par tant de travaux accomplis pour le bien

(1) TACITE, *Annales*, XIV, 42.

public? Le gouverneur de province qui avait commandé des armées, réglé les différends des rois, fait sortir des villes de terre, percé des routes à travers des déserts, créé l'abondance et la vie où il n'y avait naguère que la désolation et la mort, celui-là ne pouvait-il inspirer un orateur?

Non, l'éloquence politique, ne manquait pas de sujets : ils n'étaient plus les mêmes qu'au temps de Cicéron : peut-on s'en étonner? a-t-on le droit de s'en plaindre? Et pourtant il n'y eut pas d'éloquence politique.

La matière ne faisait pas plus défaut à l'éloquence judiciaire, quoi qu'en ait dit Tacite. — Ne parlons pas des délateurs : leur parole dut pourtant être singulièrement vivante. — vivante, comme elle était meurtrière. Il y a d'eux des mots, où l'on entend encore l'éclat de leurs voix : « Je prends mon adversaire à la gorge et je l'étouffe ! » disait Régulus. A la bonne heure ! Celui-là n'était point un virtuose. Et ce Métius Carus qui, comme on parlait un jour devant lui d'une de ses victimes, pour l'outrager : « De quel droit, s'écria-t-il, venez-vous toucher à mes morts ! » Mais oublions-les, puisqu'ils ont fait un métier de lucre et de sang, qu'ils ont été des bourreaux plus encore que des accusateurs (*lucrosæ et sanguinantis eloquentiæ, et in usum teli repertæ*) (1). Il n'en reste pas moins que les vraies causes, les causes honorables, ne manquaient pas. Si Pline n'a pas fait de *Verrines*, qu'il ne s'en prenne pas aux Césars : ne plaida-t-il pas quatre grands procès de concussion ?

Où donc enfin la vraie raison de cette décadence qu'on ne saurait nier ?

_____

(1) Tacite, *Dialogue*, XII.

Celui-là n'est point un orateur qui ne comprend pas son époque, et ne trouve pas pour traduire les idées dont elle vit, une forme qui porte à la fois la marque contemporaine et le sceau de la durée. — Le monde nouveau qui sortit de la ruine de la république et de l'établissement de l'empire, avait des perspectives bien plus vastes et des aspects bien plus complexes que l'ancien régime. Les hommes qui acceptèrent et servirent l'ordre de choses moderne, provinciaux, affranchis, plébéïens, crurent avoir assez à faire de le comprendre et de le soutenir par leurs actes; ils ne se préoccupèrent pas de l'interpréter et de le glorifier par la parole, tâche à laquelle ils n'étaient point préparés. Ceux qui auraient pu réussir dans cette entreprise, ne purent pas ou ne voulurent pas ouvrir les yeux aux idées nouvelles : l'aristocratie lettrée s'entêta dans son antipathie pour l'empire, et lui fit de l'opposition en conspirant ou en boudant. Elle tourna le dos au présent et à l'avenir et obstinément fixa ses regards sur le passé. Ainsi, d'une part, des hommes d'affaires, qui ne furent que des hommes d'affaires; de l'autre côté, des lettrés, qui ne furent que des lettrés : ici la matière informe, là, la forme vide. Dans aucun camp, il n'y eut place pour la vraie loquence.

La poésie languit elle aussi; c'est le plus grand poète de l'époque, Juvénal, qui nous le dit avec son âpreté ordinaire; mais nous sentons bien que, pour cette fois, il parle sans hyperbole.

Elle se traîne dans des lieux-communs de mythologie descriptive. « Non, jamais propriétaire n'a mieux connu sa propre maison que je ne connais le bois de Mars et l'antre de Vulcain, voisin des roches d'Eolie (1). » Elle

(1) JUVÉNAL, *Satires*, I.

s'attarde à d'insipides énumérations « Je sais de reste à quoi les vents passent leur temps, et quelles ombres Eaque torture aux enfers (1), » ou bien encore, pour dissimuler la nullité de l'inspiration, elle fait défiler devant le lecteur, comme dans un polyorama, les paysages d'une géographie fantastique. « Les lieux où cet autre va filouter la Toison d'or, je ne connais que cela! » Un ennui pesant, né de l'incurable monotonie des sujets, voilà, d'après Juvénal, l'impression que laisse la lecture des poètes du temps : « Poètes grands ou petits, — attendez-vous qu'ils vous serviront tous le même plat (2). »

Exspectes eadem a summo minimoque poeta.

Rien n'est plus vrai, l'imitation des œuvres laborieuses et érudites de l'école d'Alexandrie, défraie alors plus que jamais l'activité des versificateurs de Rome. Le mal —car c'est un mal — datait de loin. Catulle et ses amis, Calvus, Cornificius, avaient engagé les poètes latins dans cette voie. En vain, Horace et Virgile protestèrent; en vain, plus tard, Lucain essaya de créer une poésie nationale. Rien ne put détruire l'engouement pour l'Alexandrinisme ; épopées, élégies, poèmes didactiques, tout fut accommodé à cette mode. Depuis le temps d'Auguste, le maître du chœur, c'estl' Alexandrin Callimaque, et ses *Ætia* deviennent comme une Iliade nouvelle. Les Valérius Flaccus, les Stace, sans parler de cette foule de *pœtæ minores* que Pline le Jeune loue avec sa complaisance infatigable et sa bienveillance indéfectible, — Passiénus Paulus le lyrique, Calpurnius Piso l'élégiaque, Antoninus l'épigrammatiste, Caninius, qui rêve une

(1) JUVÉNAL. Satires I.
(2) JUVÉNAL, id.

grande épopée, Sentius Augurinus, qui rythme de petits
poèmes, Stella avec ses églogues, Octavius Rufus, avec
ses idylles, — tous ont les yeux fixés sur ces modèles.
L'Alexandrinisme est partout. — Voici venir un poème
sur la guerre Punique. Ici, du moins, pensez-vous, nous
allons échapper à ces éternelles redites, à cette perpétuelle imitation : point. Silius Italius n'a pas manqué
de mettre en mouvement, à tout propos et sans propos,
les machines mythologiques, familières aux poètes du
Musée et — par une impiété inconsciente — a déformé, en
le jetant dans ce moule usé, ce beau sujet vraiment
national. Perse a beau railler « les poètes qui recueillent
les brouillards de l'Hélicon, ceux qui se lancent dans le
haut style, et font bouillir le pot-au-feu de Procné ou
celui de Thyeste (1)..., les gens qui récitent des légendes
faisandées sur le trépas de Phyllis ou d'Hipsipyle (2) ; »
Martial a beau inviter Mamurra à préférer à des légendes
depuis longtemps surannées, les livres qui peignent la
vie (3) ; il sent bien qu'il perd son temps et est contraint
de renvoyer Mamurra non converti aux *Ætia* de Callimaque. Le pli est pris, rien ne peut le défaire.

Pour masquer ce vide de la pensée, pour diversifier
cette monotonie du fond, on avait recours à tous les
prestiges de la forme : l'habileté technique est alors à son
comble. Comme il arrive toujours, on ne se contenta pas
des tours d'adresse, on alla jusqu'aux tours de force.
Toutes les puérilités qu'imaginent les versificateurs à
court d'inspiration furent alors pratiquées : nos poètes du
temps de Louis XII, les Jean Meschinot, les Guillaume

(1) Perse. *Satires*, V.
(2) Perse, *Satires*, I.
(3) Martial, *Épigrammes*, X, 4.

Crétin, ces merveilleux inventeurs de rimes équivoquées, doublement équivoquées, brisées, couronnées,
enchaînées, batelées, ceux qui écrivirent des pièces qui
pouvaient « se lire et retourner en trente-huit manières »,
n'eussent pas été déplacés à cette époque. Écoutez plutôt
ce que nous dit Martial : « Parce que je ne me fais pas
gloire de composer des vers rétrogrades, parce que je
ne lis pas à rebours le sale Sotadès, parce que je n'écris
pas à la manière des Grecs des vers que répète l'écho,....
je ne suis pas pourtant, Classicus, un si mauvais poète.
Il est honteux de s'appliquer à des bagatelles difficiles,
et c'est un sot travail que celui des inepties(1). » Martial
parle d'or; mais nous croyons que Classicus le laissa
dire et qu'il revint impénitent à ses acrobaties de versi-
ficateur, comme Mamurra retournait aux élégies de
Callimaque.

Pourquoi cette décadence si profonde qu'elle est presque une déchéance? — Nous avons ici moins lieu de
nous étonner que lorsque nous assistions à la chute de
l'éloquence. La poésie ne fut jamais un art romain : les
grands poètes latins, les Virgile, les Horace, ont leur
originalité sans doute, mais cette originalité qui est
compatible avec l'imitation; leur goût supérieur a par
un labeur ingénieux renouvelé les beautés de l'art Grec
en les accommodant aux besoins de leur nation; ils ont, il
est vrai, la saveur de terroir, mais combien atténuée,
tempérée! comme il y a dans leur œuvre autre chose
que le génie de leur nation, et comme sans cet *autre chose*
leur poésie risquerait souvent d'être froide et décolorée!

> La Muse des Latins c'est de la Grèce encore;
> Son miel est pris des fleurs que l'autre fit éclore.

(1) MARTIAL, *Epigrammes*, II, 86.

N'ayant pas eu du ciel par des dons aussi beaux,
Grappes en plein soleil, vendange à pleins coteaux,
Cette Muse moins prompte et plus industrieuse
Travailla le nectar dans sa fraude pieuse,
Le scella dans l'amphore, et là, sans plus l'ouvrir,
Jusque sous neuf consuls lui permit de mûrir.
Le nectar, condensant ses vertus enfermées,
A propos redoubla de douceurs consommées.
Prit une saveur propre, un goût délicieux,
Digne en tout du festin des pontifes des Dieux.

(SAINTE BEUVE. — Pensées d'août.)

Mais on sait ce qui arrive de ces *nectars travaillés*, sinon frelatés. Un certain temps écoulé, ils *passent*, comme disent les gourmets, et d'eux il ne reste qu'une lie épaisse avec une liqueur insipide, incolore, sans parfum. — Ce fut le sort de la poésie latine. — Qu'on imagine ce que serait devenue notre poésie française, si elle eût continué à marcher dans les voies où l'avaient engagée la Renaissance et le XVIIe siècle, et si la réforme poétique du XIXe siècle, ne l'avait pas retrempée et renouvelée aux sources nationales ?

Ce germe de mort que la poésie romaine portait en elle-même se développa avec une singulière rapidité sous l'influence de causes diverses.

Comme aux orateurs, le grand public, le vrai public manqua aux poètes. Cette foule qui se presse aujourd'hui dans nos théâtres, qui se compose des éléments les plus divers de la société et qui est, sinon propre à juger tout, du moins capable de tout sentir, de tout comprendre, — cette multitude de gens qui lisent, avec goût, sinon avec du goût, qui souvent manquent de finesse, mais ne laissent pas d'être affinés, — voilà ce que les poètes du temps qui nous occupe ne connurent point. Le peuple ne demandait que du *pain et des jeux* et n'avait cure de beaux vers ; les parvenus intelligents ne s'occupaient que de leurs affaires ou des affaires de l'état ; les poètes furent donc réduits à écrire pour des cénacles qui se recrutaient dans l'ancienne aristocratie, où s'était conservée la culture intellectuelle, ou pour des coteries composées de gens qui voulant avoir bon air, singeaient les habitudes et les goûts de l'élite du temps passé. Les poètes de cette époque, ne vécurent pas de la vie de leur temps, et ne tentèrent pas de la traduire ; ce furent des érudits, travaillant pour des érudits ou, ce qui est pire, pour des amateurs en érudition. Il n'y a plus alors d'enthousiasme sincère pour la poésie, il n'y a que du dilettantisme : plus de poètes ; des virtuoses.

On apprenait bien moins dans les écoles à admirer les poèmes des grands artistes qu'à piller leurs procédés de développement et de style, — Virgile et Horace, peu de temps après leur mort, furent mis entre les mains des écoliers (1) ; de pareils modèles semblent bien capables de préserver le goût de toute atteinte. Mais les maîtres qui les expliquaient, ne se préoccupaient guère de pénétrer leurs élèves de la tendresse profonde du génie Virgilien ou du bon sens exquis de l'auteur des Epitres. On ne voyait dans ces grands artistes de poésie que des artisans de vers : on n'entra pas dans leur âme ; on n'étudiait pas leurs chants : on démontait leur instrument, on cherchait à surprendre les secrets de leur doigté et de leur coup d'archet. La tâche était plus aisée ; cet enseignement donnait des résultats plus saisissables et plus prompts. Un écolier médiocrement

_____

(1) C'est le grammairien Cécilius Epirota, qui, d'après Suétone, introduisit dans les écoles, dès le temps d'Auguste, l'étude de Virgile et des autres poètes modernes.

intelligent, mais doué de quelque dextérité et d'une bonne mémoire, pouvait après quelque temps de cette étude mettre, comme dit Pétrone « des vers sur leurs pieds, et tourner une idée ingénieuse dans une période arrondie. » Aussi les exemples de précocité ne manquent pas : sans parler d'Ovide, de Lucain, de Martial qui se réjouissait de voir ses essais d'écolier en vente chez les libraires, nous savons qu'en l'an 110 après J.-C. un adolescent de treize ans, L. Valérius Pudens, d'Histonium, obtint un prix à un concours poétique, auquel avait pris part le rhéteur P. Annius Florus qui, lui aussi, n'était alors qu'un enfant. Les parents malavisés se complaisaient à voir que leurs fils étaient de petits prodiges : volontiers disaient-ils :

> Mon fils en rhétorique a fait sa tragédie.

Semblables à ces mères plus vaniteuses que sensées, qui font exécuter des nocturnes de Chopin par leurs fillettes, à l'heure où les gens raisonnables ont envoyé leurs enfants se coucher.

Cette production précoce n'est pas toujours fatale, lorsqu'elle n'est pas hâtive ; on le vit bien pour Lucain et Martial. Lorsque ces jeunes esprits surmenés ont le loisir de se reposer et de se détendre dans la solitude et le recueillement, quand ils peuvent se ressaisir eux-mêmes, se désafubler des ornements empruntés, oublier les airs qu'on leur a serinés, il leur arrive de comprendre qu'ils savent à peine leur métier, et qu'il leur reste à apprendre leur art à l'école de la vie. Mais c'en est fait d'eux, s'ils tombent au milieu des coteries et des cénacles : or, au temps où nous sommes placés, il était malaisé d'y échapper : ils pullulaient. Les empereurs qui avaient intérêt à encourager les passe-temps inoffensifs de la poésie, n'y manquaient point : l'économe Vespasien, lui-même, ne faisait-il pas don à Saléius Bassus de 500 000 sesterces? L'entourage imitait le maître, comme de raison. L'ancienne aristocratie réduite à l'inaction politique tâchait de tromper son ennui en s'occupant de poésie et d'art : la noblesse d'argent, les chevaliers, les publicains pensaient se relever par le bel air de cette occupation : et autour de ces grands personnages se groupait toute la foule des déclassés, médecins sans malades, avocats sans cause « croyant qu'il est plus aisé de bâtir un poème que d'écrire un plaidoyer enluminé de petites sentences scintillantes (1). »

Pour défrayer l'activité de cette nuée de versificateurs, l'usage s'était introduit dans les grandes maisons de faire célébrer par des pièces de poésie tout événement heureux ou triste, mais surtout la naissance d'un enfant, les mariages et les morts. C'était le gagne-pain de Stace. Peut-on demander de l'inspiration à ces poèmes composés sur commande? et comment s'étonner que le vol de ces Muses domestiques ait été languissant et pénible?

Lorsqu'il ne voulait plus travailler que pour la gloire, le poète faisait une lecture publique. — On se hâte trop en général de condamner cet usage : il peut se justifier par de bonnes raisons. Les Romains avaient toujours le goût de la parole vivante ; ils étaient mieux préparés à apprécier une œuvre en l'entendant débiter oralement, qu'en la lisant dans un volume. Cela leur était d'ailleurs bien plus aisé ; lire n'était pas alors chose commode; il y fallait quelque patience et quelque courage. Songeons que dans les textes manuscrits la ponctuation n'existait pas, que les mots n'étaient point séparés,

______

(1) PÉTRONE, *Satyricon*, 118.

qu'on y multipliait les abréviations,.que les incorrections n'étaient point rares, que les copistes enfin
n'avaient point toujours une bonne écriture. La fatigue
pouvait donc bien vite gagner celui qui prenait un livre, et l'institution des lectures publiques n'avait rien
que de légitime. — Par malheur les coteries s'en empa-
rèrent et y triomphèrent. Nous avons décrit ailleurs,
comment, en ces occasions, elles organisaient leur ré-
clame et déployaient leur charlatanisme (1). Mais alors
même qu'on eût agi loyalement, quand bien même
dans ces salles peuplées d'amis, les poètes n'eussent
recueilli que des applaudissements sincères, le danger
n'aurait pas été moins grand pour eux. Sainte-Beuve,
qui passa par cette atmosphère des cénacles, a montré
à merveille comment le poète s'y étiole. « Son inconvénient est d'endormir le génie, de le soustraire aux
chances humaines et à ces tempêtes qui enracinent, de
le payer d'adulations minutieuses qu'il se croit obligé
de rendre avec une prodigalité de roi. Il suit de là que
le sentiment du vrai et du réel s'altère, qu'on adopte
un monde de convention et qu'on ne s'adresse qu'à lui.
On est insensiblement poussé à la forme, à l'apparence ; de si près et entre gens si experts, nulle intention n'échappe, nul procédé technique ne passe ina-
perçu ; on applaudit à tout ; chaque mot qui scintille,
chaque accident de la composition, chaque éclair
d'image est remarqué, salué, accueilli (2). » Et cependant le public, qui n'est pas si grand clerc, commence

(1 Voir notre volume : *Les Romains au temps de Pline le jeune*,
pages 184-199. (Paris. — Degorce-Cadot.)

(2) SAINTE-BEUVE. *Des soirées littéraires ou les Poètes entre
eux*, dans le tome I des *Portraits littéraires*. (Paris. — Garnier,
frères.)

par ne plus vous entendre et finit par ne plus vous écouter; et c'est tout justement ce qui arriva à la plupart des poètes de l'époque de Nerva et de Trajan.

Les genres qui s'adressent au peuple, qui ont le peuple pour juge, — la poésie dramatique surtout, — étaient à peu près abandonnés. Au temps de Néron, Sénèque avait composé ses tragédies pour servir sa propagande morale, et Maternus donnait un *Domitius*, un *Caton*, — œuvres d'opposition qui n'étaient guère que des pamphlets dialogués. Mais ces protestations même cessèrent vers le temps des Antonins, et Martial, qui nomme tant de poètes, ne cite guère que les noms de deux ou trois tragiques, un Cassius, un Varron, un Scoeva Memor. A notre connaissance, le seul Vergilius Romanus représenta encore la comédie. Encore faut-il croire que ses œuvres n'étaient que des pastiches, des restaurations archéologiques. Il s'est essayé, nous dit Pline, dans la *comédie ancienne* (1). Imagine-t-on ce que pouvait être devenu sous l'empire romain le genre qu'avait traité jadis Aristophane et qui vécut de liberté et de passion politique! Une pareille entreprise nous révèle chez Romanus une érudition curieuse, éprise de piquantes restitutions, mais nous voyons de reste qu'avec lui nous n'avons point affaire à un poète comique.

La satire seule fut vivante alors : c'était, au dire de Quintilien, un genre absolument national. L'affirmation est excessive peut-être; du moins avec la satire nous sortons du royaume des ombres et des vaines apparences : nous voilà à la lumière du jour ; quand nous tendons les bras, nous ne battons plus le vide ; nous étrei-

____

(1) PLINE LE JEUNE, *Lettres*, VI, 21.

gnons des êtres en chair et en os. Avec un talent très différent, un mérite très inégal, Martial et Juvénal écrivirent des œuvres, qui, à cette époque, ont un intérêt unique ; elles vivent.

Parti de bonne heure de sa petite ville de Bilbilis, Martial vint à Rome pour y chercher la fortune et la gloire. La fortune lui échappa : il eut beau flatter les grands et l'empereur, il ne s'enrichit point. Sa misère tint moins peut-être à la ladrerie de ses protecteurs, qu'au désordre de sa vie. Domitien lui donna le *Jus trium liberorum* (1), une maison de campagne aux portes de Rome, et lui fit sans doute d'autres libéralités. Mais Martial paraît avoir été un bohème incapable de compter — et qui ne comptait en effet — que sur les autres. — La gloire eut moins de rigueurs pour lui... Domitien mort, le poète, lassé de sa vie besoigneuse, s'éprit de la retraite et retourna dans sa bourgade natale. Il y trouva une grande dame, Marcella, qui par admiration pour ses vers, lui fit don d'une propriété et l'épousa. Il y avait là de quoi flatter un homme déjà deux fois veuf et qui n'était plus bien jeune. Mais quand Martial put vivre à son aise, il ne sut plus que mourir d'ennui. Il est rare que les artistes qui prennent sur la misère ces

(1) La Loi Julia et Papia, portée l'an de Rome 763, conférait des droits politiques et civils importants au Romain qui avait eu de sa femme légitime trois enfants encore vivants : 1° il était préféré dans les élections aux magistratures ; 2° il avait le pas sur ses collègues ; 3° il pouvait être admis aux charges avant vingt-cinq ans ; 4° il avait une place d'honneur au théâtre ; 5° il était exempt des tutelles et des curatelles ; 6° exempt de toute charge personnelle (*omnium munerum personalium*). L'empereur pouvait *beneficio principali* accorder ce *Jus trium liberorum* même à un citoyen sans enfants. (Note de l'édition des *Lettres choisies de Pline le Jeune*, par LÉON ROBERT — chez Paul Dupont.)

revanches tardives, survivent longtemps à leur triomphe : voyez Balzac.

Peu de poètes de leur vivant ont eu plus de popularité
que Martial : les approbateurs distingués ne lui man-
quèrent pas; Pline-le-jeune, l'homme des cénacles, ne le
loue que du bout des lèvres : mais Silius Italicus, un
raffiné, mais Licinius Sura, cet orateur à qui Trajan
éleva un tombeau, font leurs délices de ses vers : Pom-
peius Auctus, un grave jurisconsulte, a pour cette poésie
une véritable dévotion. Les jeunes gens lisent Martial,
cela va sans dire; les femmes aussi, ce qui est plus étonnant; les militaires emportent dans leurs bagages, un
exemplaire de ses œuvres, quand ils partent pour quelque lointaine campagne; les provinciaux les plus arriérés connaissent les épigrammes : enfin, à Rome, dans
la rue, on aborde le poète et on lui demande : « Serais-
tu ce Martial, dont les plaisanteries et les joyeux propos sont connus de tout homme qui n'a pas l'oreille
batave (1)? » Les modernes n'ont pas cassé le jugement des contemporains; les gentils esprits, comme
Marot, se complaisent dans la lecture de Martial, et l'on
a vu d'austères critiques se laisser aller à une bienveillance inattendue pour ces poèmes libertins et ce
poète débraillé (2).

C'est que Martial eut une originalité bien rare dans
son temps et dans tous les temps : il comprit à merveille
la mesure de son talent et ne l'excéda pas; il sut choisir une forme parfaitement appropriée à son inspiration
et à ses sujets — et il s'y tint : saisir d'un regard rapide

(1) *Epigrammes*, VI, 82.
(2) Voir l'article sur Martial dans les *Poètes latins de la Décadence*, par M. Désiré Nisard.

les petits côtés et les aspects mobiles de la vie romaine, les fixer d'un trait net et spirituel, voilà ce que sait faire Martial : il ne fera donc rien autre. — Peintre de genre, il ne songera pas à de grandes compositions historiques. Vainement lui demanderait-on de nous montrer la tyrannie des princes, la servilité des grands, la platitude des humbles : mais ce monde grotesque des poètes importuns (1), des parvenus insolents (2), des femmes coquettes (3) ou coquines (4), des maris ridicules contents ou non, des collectionneurs prétentieux et maniaques (5), des avocats ignorants (6) et bavards, des riches avares et sordides, des gueux prodigues et fastueux, toute cette société qui se perd dans le vague des larges perspectives de l'histoire, s'agite dans son œuvre, et revit à nos yeux avec tout son relief et toute sa couleur. Le cadre est fait à souhait pour ces tableaux : Martial avait emprunté l'épigramme à la Grèce d'Alexandrie : mais il lui donna une forme romaine. Chez lui, le contour est moins souple que chez Méléagre, Léonidas (7) ou les autres maîtres du genre ; mais il a plus de netteté : l'intérêt se concentre toujours dans le dernier vers, l'esprit s'y ramasse, pour ainsi dire ; Martial savait bien qu'avec les Romains il n'y avait pas de mal à préciser et même à insister.

(1) *Epigrammes*, III, 44.
(2) Id. II, 29.
(3) Id. IX, 38.
(4) Id. VI, 7.
(5) Id. VIII, 6.
(6) Id. V, 51.
(7) Léonidas et Méléagre, poètes de l'Anthologie Grecque, ont vécu, le premier au troisième siècle, le second au premier siècle avant l'ère chrétienne.

Ce poète qui a réfléchi la vie privée de son temps, n'a point réfléchi sur elle. Qui donc a défini le roman : un miroir qu'on promène le long du chemin? Celui-là a défini l'œuvre de Martial. Aussi l'intérêt des épigrammes est fort vif pour les curieux d'antiquités et les archéologues; la critique érudite, par reconnaissance, est pleine de tendresse pour Martial, et s'efforce de le défendre contre tous les reproches qu'on peut lui adresser. Blâmez-vous ses excès d'adulation? on répond qu'il n'a fait que prendre le ton des éloges officiels. Réprouve-t-on son obscénité? — L'obscénité était, dit-on, presque de rigueur dans l'épigramme. Et l'on ajoute que d'ailleurs l'esprit du poète l'a sauvé de la bassesse, que sa vie fut honnête, sinon pure, qu'il avait des goûts simples, sinon délicats, point de jalousie, point d'envie, et de la gaîté. Nous ne voulons contredire à rien de tout cela : nous remarquerons seulement que dans toute cette œuvre, il n'y a pas un cri d'indignation contre le mal, par un mot de pitié pour les malheureux. Un faiseur d'épigrammes serait sans doute malvenu à maudire et à pleurer; mais dans les œuvres des grands rieurs, les Rabelais, les Molière, la tendresse n'est point absente et il n'y a pas de genre où le poète puisse se passer d'humanité : or Martial n'est pas humain. On peut se plaire avec lui pour tout ce qu'il nous apprend; mais il nous est difficile de l'estimer, impossible de l'admirer, et quand des critiques le préfèrent à Juvénal, nous ne pouvons nous empêcher de croire qu'ils ne savent guère ce qu'est un poète.

Cette émotion qui manque à l'œuvre de Martial, Juvénal, quoi qu'on en ait pu dire, l'a éprouvée et nous la fait sentir. Il a mis, lui, de l'âme dans ses vers et il

faut vraiment les lire avec du parti pris pour n'être
point remué par leur accent.

Sa vie est fort mal connue. Les contemporains n'ont
pas parlé de lui : nous ne possédons sur son compte
que des biographies très sèches (dont une est attribuée
à Suétone), et qui ne satisfont aucunement notre curiosité, parfois même peuvent l'égarer. Par bonheur une
inscription restituée par Mommsen a permis aux savants
d'établir d'une façon à peu près vraisemblable les
points les plus importants de son existence (1). Résumons ces résultats de la critique moderne : Juvénal est
né à Aquinum, en Ombrie, vers l'an 57, c'est-à-dire
vers la quatrième année du règne de Néron. On lui a
donné pour père un affranchi ; mais rien ne prouve
qu'il n'ait point été de naissance libre, et son dédain
pour les parvenus nous incline à penser au contraire
qu'il n'est point d'origine servile. Les conclusions
qu'on peut tirer de l'inscription, des meilleures indications des biographes, de plusieurs passages de ses
œuvres, c'est qu'il jouissait de quelque aisance et d'une
certaine considération ; il suit les leçons des meilleurs
rhéteurs et déclame jusqu'à la quarantième année, non
pas par métier, mais pour son plaisir (*animi causa*).
Dans son municipe il joue une manière de personnage ;
à ses frais, il élève un sanctuaire à Cérès ; on lui a

(1) Donnons ici cette inscription.

(Cere) RI SACRVM
(D. Ju) NIVS IVVENALIS
(Trib.) COH. (i) DELMATARVM
II. VIR. QVINQ. FLAMEN
DIVI VESPASIANI
VOVIT DEDICAV (itq) VE
SVA PEC

confié les fonctions de duumvir; à la cour on ne le voit point d'un mauvais œil puisqu'il porta le titre de flamine de Vespasien, et qu'il fut tribun de la première cohorte des Dalmates. Quand Nerva parvint au trône, profitant de la douceur du nouveau régime, Juvénal livra à la publicité ses premières satires, ébauchées sans doute sous le règne précédent. C'est lorsqu'il a près de soixante ans qu'il compose sa sixième satire contre les femmes, dont il faut placer la date à 117, et il donne la XVe sans doute après l'année 127. A partir de ce moment on peut dire qu'on perd sa trace : les biographes rapportent qu'il fut exilé, les uns disent par Néron, d'autres par Trajan, d'autres par Hadrien : cette disgrâce lui aurait été attirée par un trait lancé dans une de ses satires contre un histrion favori de l'empereur régnant. Mais il semble qu'il faille écarter cette tradition de l'exil. Juvénal mourut fort vieux (entre 135 et 140) (1).

Il y a dans l'œuvre de Juvénal deux parties très distinctes. Les sept premières satires sont des œuvres militantes; elles nous retracent le tableau de la société romaine sous le dernier des Flaviens. « Que de mots justes et profonds, quelle lumineuse brièveté et quelle mordante énergie dans ces vers politiques qui peignent les princes et le peuple, le despotisme insensé des uns, la lâche corruption de l'autre, sa vile indifférence, sa curiosité féroce, immortels tableaux qui peuvent être

(2) Voir pour la Biographie de Juvénal trois articles de M. Hild dans le *Bulletin de la faculté des Lettres de Poitiers*. (Mai 1883. Juillet et août 1884.) Dans ces articles M. Hild apprécie le talent de Juvénal et son caractère avec une sévérité excessive à notre gré. Mais la partie historique de ce travail nous paraît d'une critique très ingénieuse et en même temps très sûre.

regardés comme les plus beaux exemplaires de la poésie
oratoire, qui s'emparent si bien de toutes les mémoires
qu'on est dispensé de les reproduire et de les citer,
et dont l'incomparable éclat ne sert pas seulement à éblouir l'esprit, mais illumine jusqu'en ses
profondeurs l'histoire romaine (1). » Pendant ces terribles années dont il a été le témoin silencieux, Juvénal
a observé et noté le spectacle qui s'offrait à lui. Dans
sa première satire, qui est comme une sorte de préface,
il nous dit qu'il aime, sur la place publique, à marquer sur ses tablettes les monstruosités qui passent. Le jour venu, il retouchera ces études, il les
poussera et les fera entrer dans ses grandes compositions dont les figures ne sont pas des portraits, mais
des caricatures enlevées d'après nature et qui font de
lui une sorte de Daumier tragique, non pas plus amer,
non pas plus profond peut-être, mais plus grave.

Les vers où Boileau a jugé cette partie de l'œuvre de
son devancier restent vrais.

> Soit que sur un écrit arrivé de Caprée;
> Il brise de Séjan la statue adorée,
> Soit qu'il fasse au conseil courir les sénateurs
> D'un tyran soupçonneux pâles adulateurs,
> Où que poussant à bout la luxure Latine
> Aux portefaix de Rome il livre Messaline.....
> Ses ouvrages tout pleins d'affreuses vérités
> Etincellent partout de sublimes beautés (2).

De nos jours pourtant, où malgré le conseil de Vol-
taire, on ne respecte pas toujours Nicolas, on s'est
avisé de casser ce jugement. « Tout, dit-on, dans ces
vers sent la contrainte morale, l'irritation indignée, le

____

(1) Voir l'article sur Juvénal dans les *Moralistes sous l'Empire
romain* par M. MARTHA.

(2) BOILEAU, *Art poétique* (Chant II).

sombre découragement d'un homme qui ne se croit pas libre, qui tremble de dire tout ce qu'il pense, et craint de soulager, en proférant ses censures, une âme violemment comprimée. Si Juvénal avait procédé ainsi sous Domitien, ce ton serait naturel et de circonstance. Mais avec le régime plein de mansuétude et de libéralisme, inauguré par Nerva, continué par Trajan, rien n'est plus faux, plus injuste, plus ridicule (1). » Mais quoi? S'imagine-t-on que cette impression d'accablante terreur, laissée par ce temps horrible a pu se dissiper en quelques jours, même en quelques années? « Nous aurions, nous dit Tacite, perdu la mémoire même avec la parole, s'il nous était aussi possible d'oublier que de nous taire (2). » Pense-t-on que l'épouvante et la haine ne survécurent pas au tyran qui les avait causées? Et lorsque le poète évoquait un passé si proche, si présent, pour ainsi dire, ne conçoit-on pas aisément que sa voix ait gardé un accent inquiet et sombre, comme s'il eût parlé au temps où Domitien tentait d'étouffer la conscience du genre humain !

Il convient de défendre Juvénal contre ceux qui l'accusent d'avoir invectivé à froid, qui nous le présentent comme un littérateur en quête de sujets neufs, jugean que l'indignation est une admirable matière à mettret en vers latins.

Mais il importe aussi de ne point oublier que notre poète n'a fait que de la satire rétrospective, que s'il a eu le mérite de trouver des paroles vengeresses qui soulagèrent les âmes oppressées par les excès d'un règne odieux, il n'a pas eu la gloire de flétrir le tyran,

(1) HILD, Articles cités plus haut.
(2) TACITE, *Vie d'Agricola* (au début).

lorsqu'il était encore debout et maître du monde ; il ne faut pas faire de Juvénal un homme d'opposition. Ce sont d'admirables pages que celles où il nous décrit la chute de Séjan et la Terreur sous Tibère ; c'est une parodie d'une éloquence tragi-comique que cette IVᵉ satire, où nous voyons le Sénat délibérer sur la sauce à laquelle il convient d'accommoder le turbot de Domitien ; mais ces belles paroles ne furent point des actes. Juvénal condamne le passé : il ne proteste pas contre le présent, et à l'époque où il écrivait, il n'y a plus de péril à porter cette sentence. Sous Nerva, sous Trajan, il était permis de flétrir les mauvais princes qui les avaient précédés : même cela était presque recommandé : on s'en aperçoit bien au panégyrique de Pline le Jeune. Gardons-nous de voir en Juvénal un hardi confesseur de la liberté ; surtout ne nous le représentons pas comme un républicain héroïque, comme « la vieille âme libre des républiques mortes (1) ». Il n'a pas de doctrines politiques sans doute : en tout cas, il ne se soucie guère de l'antique constitution romaine. Ses attaques visent les mauvais princes, mais non le principat lui-même : ce qu'il regrette dans le passé ce ne sont point les anciennes institutions, mais les anciennes mœurs. Bien plus, du citoyen de la république, il a retenu surtout les préjugés. Au fond, malgré quelques déclarations de principes contenues dans sa satire sur la noblesse, il demeure un aristocrate ; s'il attaque le patriciat de l'Empire, c'est qu'il regrette la prééminence que cette caste avait naguère, et que ses vices lui ont fait perdre. Pour les petites gens partis de rien et

____

(1) Le mot est de Victor Hugo dans son livre sur William Shakespeare.

arrivés à tout, il n'a pas assez de dédains. — En somme,
ces premières satires de Juvénal, traduisent avec éloquence et avec vérité, quoiqu'en puissent dire des
critiques trop délicats, les sentiments des Romains honnêtes, se retrouvant après une époque effroyable, hon-
teuse : beaucoup le blâment de n'avoir pas attaqué Domitien vivant, et lui reprochent de n'avoir pas risqué sa
tête ; ils en parlent bien à leur aise. Ils le condamnent
pour avoir flétri un tyran mort : ne savent-ils donc pas :

> Qu'il est des morts qu'il faut qu'on tue?

Et n'y a-t-il point bien de l'ingratitude à n'accepter
que sous réserve ces tableaux d'un relief si plein, d'une
couleur si éclatante, alors qu'après tout, ils ont aidé
l'histoire à fixer les traits d'une époque qui, par son
horreur même, risquait de demeurer confuse comme
un sanglant cauchemar.

Dans la deuxième partie de son œuvre, c'est-à-dire surtout dans les cinq dernières satires, Juvénal se présente à
nous sous un aspect tout autre, avec un talent différent,
mais que, malgré Ribbeck et ceux qui l'ont suivi, l'on ne
saurait dire inférieur. Assurément les sept premières
satires de Juvénal, sont dans son recueil, ce qu'il y a
de plus pittoresque et de plus vibrant : c'est là qu'on
trouve surtout le mouvement, l'action, la flamme, la
vie. Mais ne disons point qu'à partir de ce moment le
poète tourne à la philosophie prêcheuse et banale ;
qu'il ne nous donne plus que des dissertations sur des
lieux communs de morale, et, en quelque sorte, des
sermons païens.

L'horrible impression laissée dans l'âme de Juvénal
par le règne de Domitien s'est peu à peu dissipée : le
règne réparateur de Trajan est venu. Il n'a piont sans

doute réformé complètement les mœurs : pareille œuvre ne s'accomplit ni en un jour, ni en vingt années. Mais au moins les scandales ont disparu : les excès se sont atténués. Juvénal peignait naguère une société qui avait mis de l'outrance dans le vice : les modèles changent alors, les tableaux du poète ne pouvaient donc être les mêmes.

D'ailleurs l'âge est arrivé : bien que les premières satires de Juvénal n'aient point été connues avant sa quarantième année et au-delà, il devait en avoir composé des parties avant ce moment, ou tout au moins les avoir portées dans sa tête, dans son cœur. On y sent des bouillons de jeunessse. Plus tard le talent du satirique perdit de son âpreté, la verve de son emportement et de sa fougue. N'est-ce pas d'ailleurs par une évolution naturelle et constante que l'esprit d'un artiste passe des boutades satiriques aux réflexions morales? n'en a-t-il pas été ainsi pour Horace et pour Boileau? Connaissez-vous des satiriques qui n'aient point *décoléré?* C'est par la satire qu'on commence ; c'est par l'épître qu'on finit.

Pour cela est-on autorisé à prétendre que Juvénal, dans ses dernières compositions, n'a fait que versifier des lieux communs? A propos de la VIII° satire sur la noblesse, M. Martha dit avec un sentiment parfait de mesure et de justesse : « En poésie il n'y a pas de vieux sujets, quand le poète est de son temps, quand il mêle à des idées morales apprises dans les livres des traits empruntés à la vie contemporaine, quand il décrit ce qu'il voit, qu'il note les sentiments du jour, et qu'il répand sur un fond commun de vérités devenues universelles une couche solide de couleur locale. Tandis que Boileau disserte sur la noblesse avec plus de vigueur que d'imagination, et traite cette question morale avec une clarté un peu pédantesque, Juvénal avec ce vif sentiment de l'histoire qui, selon nous, fait son plus beau mérite, nous transporte tout d'abord à Rome dans une de ces grandes maisons dont l'atrium est orné de portraits de famille, etc. (1). » Et, dans les pages qui suivent, l'ingénieux critique nous fait voir comment le poète latin a renouvelé par l'audace de l'expression et la vérité saisissante de la couleur, les principes déjà vulgaires, depuis longtemps répandus par les orateurs et les philosophes.

Il ne serait pas malaisé de faire une semblable démonstration pour les satires que Ribbeck appelle des déclamations et qu'il s'efforce de mettre en pièces. Ne nous y attardons pas ; contentons-nous de renvoyer le lecteur aux beaux vers sur la *Vanité des vœux des hommes*, sur *la Conscience*, l'*Influence de l'exemple* (2). Mais remarquons plutôt que la morale exposée par Juvénal dans ses derniers ouvrages n'est pas toujours aussi commune qu'on le voudrait prétendre, et qu'elle peut intéresser et émouvoir sans le secours de l'expression et l'actualité des peintures. Qui donc a montré plus vivement que lui combien sont injustes les préventions contre la race servile ? Trouverait-on beaucoup d'écrivains anciens qui aient réprouvé le plaisir de la vengeance ? — Or, cette réprobation dont on a voulu faire honneur au christianisme est exprimée avec une singulière énergie dans la satire VIII. N'est-ce pas dans la XVe, assez faible d'ailleurs, qu'on lit ces paroles d'une émotion si pénétrante, où la fraternité des

(1) Voy. *Les Moralistes sous l'Empire romain.*
(2) Juvénal, *Satires* X, XIII, XIV.

hommes est proclamée avec un accent bien autrement saisissant que celui des vers connus de Térence et de Virgile. « L'homme est né pour la pitié ; la nature elle-même le proclame, car elle lui a donné les larmes et c'est le plus beau titre de l'humanité... Où est-il donc l'homme vraiment honnête, l'homme digne d'être choisi par la prêtresse de Cérès pour porter le flambeau aux fêtes d'Eleusis, qui ne se sente atteint lui-même par le malheur d'un de ses semblables quel qu'il soit? » (1)

Après cela nous ne ferons pas difficulté d'avouer que Juvénal ne parvint jamais à s'affranchir complètement des habitudes d'esprit qu'il avait contractées dans les écoles des rhéteurs. Nous accorderons qu'il n'a pas assez souvent fui l'emphase, qu'il « ne connaît pas de mesure dans son indignation, s'emportant avec une égale violence contre les vices les plus affreux et contre des travers qu'il suffirait de combattre par le ridicule ». Nous confessons qu'il y a en lui un déclamateur, pourvu qu'on nous accorde que ce déclamateur est sin-cère ; — et, pour éclairer notre pensée par une compa-raison, nous dirons qu'il est dans notre littérature un homme dont l'âme et l'esprit peuvent aider à com-prendre l'esprit et l'âme de Juvénal. Cet homme c'est J.-J. Rousseau. Comme Juvénal, Jean-Jacques a déclamé avec sincérité, sinon avec naïveté : comme lui il a par-fois manqué de goût, jamais d'accent ; comme lui ayant de l'avenir dans l'esprit, mais révolté par le spectacle d'une époque dont les vices choquaient ses sentiments et l'empêchaient de discerner le grand progrès intellec-tuel qui s'accomplissait, il a rêvé de revenir en arrière jusqu'à l'état de nature. La vie même de ces deux

____

(1) *Satire* XV. Vers 130-134. — 140-199.

grands artistes n'est point sans quelque analogie. Tous, les deux mêlés un instant aux puissants, mais retournant bon gré mal gré vers les petits et les humbles, — tous les deux, pendant de longues années gardant le silence, pour le rompre sur le tard par des œuvres bruyantes, qui gardent la trace de cette contrainte prolongée, et où l'on ne saurait trouver cette heureuse souplesse et cet épanouissement toujours refusés aux débuts tardifs. N'est-ce pas d'ailleurs à Juvénal que Rousseau avait pris sa devise : *vitam impendere vero?* — A vrai dire elle ne les a préservés ni l'un ni l'autre de l'erreur. Qu'importe ? l'audace était belle et l'effort généreux.

Si nous ajoutons que le style de Juvénal est original entre tous, qu'il ne porte pas trace d'emprunts à la littérature contemporaine, ni à la littérature classique qu'il aimait pourtant, que le trait dominant de ce style, c'est une imagination vigoureuse qui ne se contente jamais qu'avec l'expression lumineuse et précise, et ne recule même pas devant l'expression violente, si elle dit bien ce qu'il y a à dire, qui sait mettre au service de la précision pittoresque ces oppositions et ces contrastes que Pascal mettait au service de la précision logique, — si nous faisons remarquer en outre que la langue de notre poète est puisée aux sources populaires, là où la saveur de terroir se conserve, sans qu'on y sente l'affectation d'archaïsme, — nous serons en droit de conclure que Juvénal est le dernier grand poète de Rome païenne, et nous aurons terminé notre plaidoyer. Peut-être en effet nous sommes-nous trop laissé entraîner à faire l'avocat ; mais, quoique indigne, nous ne nous repentons pas d'avoir plaidé une telle cause.

Des satiriques aux historiens la transition est aisée.

Les historiens contemporains de Trajan, Suétone et Tacite, n'ont pas écrit l'histoire de leur temps, mais celle des douze Césars. Ils condamnent l'époque qu'ils racontent, comme Juvénal flétrit celle qu'il peint. La différence est dans le ton plus que dans le fond même. — Les peintures violentes de Juvénal deviennent dans Tacite des tableaux terribles d'une sombre beauté; les invectives emportées du satirique se transforment chez l'historien en solennelles sentences. Mais le sentiment est le même; dans Tacite, pour rester contenue, l'émotion n'est pas moins poignante; et Suétone a beau garder la plus parfaite impassibilité en recueillant ses anecdotes, son livre a l'air d'un pamphlet tout autant que d'un ouvrage d'histoire.

On pourrait dire, en style d'algébriste, que Suétone est à Tacite, ce que Martial est à Juvénal. Suétone, comme Martial, collectionne de menus faits : Tacite, comme Juvénal, traduit des impressions générales.

Suétone (C. Suétonius Tranquillus), naquit entre les années 75 et 77. Sur sa famille les renseignements nous font défaut; il nous a seulement appris que son père, Suétonius Lenis, servit dans la treizième légion en qualité de tribun à l'angusticlave. Sans doute, comme les Romains de ce temps, il servit lui-même; avocat, ses débuts au barreau durent se placer vers l'année 96. — Il commença à publier vers l'an 105 : au moins est-il vraisemblable qu'il ne résista pas fort longtemps après cette date aux instances de Pline le Jeune qui le pressait alors vivement et amicalement de faire connaître ses travaux. Son activité littéraire et sa curiosité d'érudit se prirent aux sujets les plus divers : on nous parle d'ouvrages sur les jeux des Grecs, sur les jeux et les spectacles des Romains, de traités sur l'armée romaine, sur la République de Cicéron, etc., il nous reste aussi de précieux fragments (vie de Térence, d'Horace), d'une série de notices biographiques sur les hommes qui avaient contribué à la grandeur littéraire de Rome, jusqu'à l'époque de Domitien. Dès le temps de Trajan la célébrité est venue à Suétone; Pline écrivant à l'empereur, proclame son ami le plus savant des Romains (1). Il n'est donc pas étonnant qu'Hadrien, ce prince si épris d'érudition, ait fait de lui son secrétaire; mais bientôt disgracié, Suétone rentra dans sa studieuse retraite et composa alors ses Vies des Douze Césars. Jusqu'à sa mort, qui survint vers l'an 160, il paraît s'être exclusivement livré à ses travaux littéraires.

Les *douze Césars*, son œuvre capitale, la seule que nous puissions juger, intéresse les historiens modernes par ses défauts autant que par ses qualités. — Rien ne lasse la curiosité de Suétone, rien ne lui répugne : on a dit de lui qu'il écoutait aux portes, que s'il a fait de l'histoire c'est de l'histoire d'antichambre. Le mot est un peu dur, mais juste en somme. Dans son désir de ne rien omettre, il ne se préoccupe pas de choisir; toute anecdote lui est bonne, s'il la croit vraie, et l'histoire s'étonne d'être mise par lui au courant des secrets de l'alcôve; mais elle ne s'en plaint pas; car ces infimes détails jettent souvent une lumière inattendue. — La curiosité passionnée de Suétone ne poursuivait d'ailleurs d'autre but que sa propre satisfaction. Il veut savoir pour savoir et non pour avoir des raisons de blâmer ou d'approuver. Nul ne fut plus que lui pourvu d'indifférence : il poursuit son enquête sur les terribles personnages de cette tragique époque, avec la même

(1) PLINE LE JEUNE, *Epist. ad Trajanum*, 94.

impassibilité qu'un grammairien cataloguant des mots racines ou classant des suffixes. Point d'autre souci que d'être exact ; il le fut en effet, et la critique allemande a établi qu'il n'a puisé qu'aux meilleures sources et que son autorité ne saurait être contestée. On peut après cela lui reprocher la médiocrité de son esprit, la singulière tranquillité de son âme, on peut se plaindre de l'uniformité de sa narration, de la froideur de son style, il n'en reste pas moins, comme le dit justement M. Pierron, que Suétone « entre des mains habiles est une mine historique plus précieuse et plus féconde peut-être que Tacite avec toutes ses richesses et toutes ses magnificences (1). »

Avec Tacite, tous, littérateurs et érudits, trouvent leur compte, et si, moins que Suétone, il a servi la science de l'histoire, comme il a mieux servi la science de la vie !

Ce que nous savons de sa biographie peut tenir en quelques lignes. La date exacte de sa naissance ne nous est pas connue : Il semble qu'il faille la placer entre 52 et 55. On ignore de même le lieu où il naquit ; longtemps on a cru que c'était Interamne (aujourd'hui Terni) : certains indices feraient penser plutôt que Tacite était un Romain de Rome (2). Appartenant à une illustre famille, la *gens Cornelia*, il parcourut la carrière des honneurs : Questeur sous Vespasien (79), édile ou tribun, sous Titus, sous Domitien, préteur et quindecemvir il présida en cette qualité en 88 aux jeux

(1) Pierron, *Histoire de la Littérature romaine*.

(2) Tacite appelle dédaigneusement Séjan *municipalis adulter*. Pline, qui énumère les circonstances qui, dans sa vie et celle de Tacite, sont semblables, ne nous dit pas que son ami fût né dans un municipe.

séculaires. — En 96, il quitta Rome pour aller commander une légion, peut-être dans la Gaule-Belgique; il ne revint dans la capitale que quatre ans plus tard après la mort d'Agricola, dont il était devenu le gendre en 77. Il assista alors à la terreur que faisait régner le *Néron Chauve* (1) et dont il nous a retracé le sombre tableau dans la biographie de son beau-père. Quand la dynastie Flavienne fut renversée, Tacite, devenu consul sous Nerva, prononça l'éloge funèbre de Verginius Rufus, ce grand honnête homme qui avait refusé l'empire que lui offraient ses légions. Sa réputation d'éloquence et d'honnêteté le faisait charger trois ans plus tard de l'accusation que la province d'Afrique intentait au proconsul Marius Priscus. A partir de cette date, il dut renoncer entièrement à la vie publique; la composition de ses ouvrages l'occupa sans doute tout entier. Il mourut, à ce qu'il semble, dans les premières années du règne d'Hadrien (vers 119).

Toutes ses œuvres ont été composées après la mort de Domitien. « Nous sommes parvenus, dit-il, les jeunes à la vieillesse, les vieux à l'extrémité de la vie, à travers le silence (2). »

Son premier essai, la biographie d'Agricola (*de vita et moribus Julii Agricolæ liber*), parut en 98, pendant la réaction contre le dernier des Flaviens. En même temps que la biographie de son beau-père, Tacite fait l'apologie de sa propre conduite politique sous le régime déchu. Il répond aux exagérés qui condamnaient

---

(1) C'est ainsi que Juvénal appelle Domitien :

Quum jam semianimum laceraret Flavius orbem
Ultimus, et calvo serviret Roma Neroni. (IV. 37).

(2) *Vie d'Agricola*, 3.

tout de cette époque ; il veut prouver, et prouve en
effet qu'il est possible de rester honnête, même dans
la vie publique, sous un mauvais empereur. Œuvre
brillante et émue à la fois ; l'on y trouve bien quelques
traces d'imitation de Cicéron ou de Salluste, qui montrent que l'artiste ne s'est pas encore créé une forme
complètement personnelle : mais le fond atteste une
expérience déjà mûre, une pensée presque originale.

D'après Nipperdey, le *Dialogue des Orateurs* et *la
Germanie* auraient immédiatement suivi. — Nous ne
reviendrons pas sur le *Dialogue* que nous avons en
grande partie analysé au début de ce chapitre. — Quant
à *la Germanie* (*de situ ac populis Germaniæ liber*) on a
longtemps prétendu qu'elle aurait été écrite pour détourner Trajan d'une expédition contre les Germains et
aussi pour critiquer indirectement les vices de la civilisation raffinée des Romains. — C'est trop subtiliser : à
vrai dire, quand Tacite nous décrit les mœurs des tribus germaniques, ses préoccupations de moraliste se
trahissent parfois. L'œuvre pourtant reste avant tout
une étude de géographie et d'ethnologie très conscien-
cieuse et très substantielle.

Par cette monographie Tacite voulait se préparer à son
grand ouvrage qu'il annonçait au troisième chapitre de
l'Agricola et où il devait avoir souvent à parler des Germains (1). Il méditait dès ce moment, comme il nous
l'apprend lui-même, de raconter les règnes de Domitien
et de Nerva pour les opposer l'un à l'autre. — Ce projet
ne fut réalisé qu'en partie ; il n'écrivit jamais le règne

(1) « Bien que d'une voix dénuée d'art et d'expérience, je ne
craindrai pas d'entreprendre des récits où seront consignés le souvenir de la servitude passée et le témoignage du bonheur présent. »

de Nerva, soit qu'il ait jugé cette époque trop voisine de lui, soit que le temps lui ait fait défaut. Mais dans les *Histoires* (1) il rapportait les événements qui s'accomplirent depuis la mort de Nerva jusqu'à celle de Domitien, et plus tard les *Annales* (probablement publiées vers l'an 116) comprenaient l'histoire de Rome depuis la mort d'Auguste jusqu'à l'avènement de Galba. Ces deux grandes compositions, où se déploie tout le génie de Tacite, ne nous sont parvenues que fort mutilées, nous ne possédons des *Histoires*, qui peut-être avaient quatorze livres, que les quatre premiers et le commencement du cinquième : les *Annales* n'ont pas été moins maltraitées : quatre livres (VII, VIII, IX, X) sont entièrement perdus : dans quatre autres (V, VI, XI, XVI) se trouvent d'importantes lacunes.

On n'a peut-être pas assez remarqué, en louant Tacite, qu'il avait véritablement, à son époque, renouvelé la manière d'écrire l'histoire. Quintilien, qui fut, dit-on, son maître, trouvait qu'elle présentait des rapports frappants avec la poésie : à ses yeux les compositions historiques ne sont que des poèmes en prose, et l'historien doit avoir recours à tous les artifices de l'élocution poétique pour sauver l'ennui inséparable, selon lui, des longs récits. Cette conception du genre avait triomphé avec Valère-Maxime et Quinte-Curce, au temps de Tibère et de Claude. Avant tout l'agrément : la vérité venait ensuite, si elle pouvait : l'exactitude, qualité

---

(1) « Le titre *Historiæ*, donné pour la première fois, mais peut-être sans intention précise, par Pline le Jeune aux travaux de Tacite, paraît acquis à une partie déterminée de l'œuvre au temps de Tertullien : « *Cornelius Tacitus in quinta Historiarum suarum.* » Ce titre n'était pas nouveau : Sisenna, Salluste, Asinius Pollion s'en étaient servis, avec le sens que Tacite lui conserve : « *Histoire de mon temps* ». (ERNEST DUPUY.)

bonne pour des auteurs de mémoires! — Tacite sans doute n'est point un historien à la moderne, uniquement soucieux de faire revivre le passé : l'histoire selon lui doit avoir pour principal objet de défendre le mérite de l'oubli et d'infliger l'immortalité à l'infamie ; mais par là même qu'il s'institue juge des hommes et des choses, il se croit engagé à faire une enquête exacte et complète. Aussi ne saurait-on contester l'autorité de son témoignage : la recherche de la vérité est pour lui le premier des devoirs.

Ce devoir il l'accomplit avec passion, avec patience, avec sagacité. Il compulse les documents officiels qui peuvent lui être accessibles (*acta diurna, acta senatus*) ; il lit avidement les ouvrages qui ont été écrits sur la matière qu'il traite, Mémoires d'Agrippine, ouvrages de Corbulon, de Vipstanus Messala, de Fabius Rusticus, de Pline l'Ancien, etc. ; il se garde de négliger les traditions orales et cherche à ressaisir les anciens jours dans les récits des vieillards qu'il écoute. Sa curiosité ne va pas sans critique : les témoignages les plus accrédités ou les plus vraisemblables sont les seuls qu'il accueille ; dans le doute il suspend son jugement ; prend-il parti sur un point contesté ? il nous avertit que ce qu'il avance n'a d'autre valeur que celle d'une opinion personnelle.

Une incorruptible bonne foi ! voilà son idéal et sa prétention (1) ; prétention justifiée, quoi qu'on ait pu dire. Beaucoup ont trouvé de l'invraisemblance dans la peinture qu'il nous trace de la lâcheté du Sénat, de la cruauté des empereurs, de la servilité du peuple. Mais Tacite n'a rien dit que ses contemporains, Juvénal,

____

(1) TACITE, *Histoires*, I, 1.

Martial, Pline le Jeune, Suétone ne confirment ou n'aggravent. Chez lui nulle trace de déclamation : bien plus, malgré sa chaleur d'âme, il lui arrive parfois, au lieu de s'indigner de certains actes, d'en rechercher froidement les causes.

Mais malgré ses efforts pour être exact et juste, il n'atteint pas toujours à la vérité ; l'impartialité souvent lui manque. Dans sa mauvaise humeur, Balzac n'avait point tout à fait tort quand il voyait en lui : « le premier artisan des finesses modernes ». Certes Tacite n'invente point de crimes : à pareille époque c'eût été un luxe d'imagination bien superflu. Mais il est peut-être trop prompt à croire aux criminels. Il ne mettra point la mort de Drusus sur le compte de Tibère ; mais il nous présentera son récit de telle sorte qu'après l'avoir lu nous aurons grand'peine à croire à l'innocence de l'empereur (1). Il ne calomnie pas, non ; mais il a le préjugé de la défiance.

Il faut aussi se souvenir que si l'esprit de Tacite est vigoureux, il manque de largeur et d'ouverture. Les préjugés de l'ancien Romain et de l'aristocrate, il ne les a point répudiés : sur les Juifs et les Chrétiens, sur les étrangers, sur les esclaves, il ne pense pas autrement qu'un contemporain de Caton. Pour lui ce n'est pas assez de respecter les antiques superstitions : souvent il les partage. Voilà autant de causes d'erreur ; mais à y bien regarder, elles n'ont produit que des erreurs de détail et l'impression si profonde laissée par le livre de Tacite est bien celle qu'il faut garder du temps qu'il a décrit (2).

(1) Voy. sur ce point l'édition classique des *Annales* par A. ADE-RER, à la librairie Belin.

(2) « Si Tacite manque parfois de vérité dans les circonstances

Lorsqu'on songe que Tacite considérait l'histoire comme le mode le plus efficace de l'enseignement moral, on s'étonne que sa philosophie religieuse se réduise à une sorte de pessimisme fataliste. Il croit à l'action des dieux sur le monde, mais il pense que cette action s'exerce uniquement pour le châtiment, non pour la protection (1). Le temps où il vécut explique cette sombre conception de la Providence, et d'ailleurs, par une heureuse contradiction avec ce fatalisme spéculatif, sa morale est tout entière fondée sur la croyance à la liberté humaine d'où sort l'idée de justice et le mépris du succès. Sans effort on retrouve le stoïcisme dans cette morale, mais le stoïcisme tempéré par la sagesse et le sens d'un homme pratique. Il a tracé au IVe livre des Histoires le portrait d'Helvidius Priscus, gendre de Thraséa : « Tout jeune encore, nous dit-il, il dévoua aux plus hautes études un facile et lumineux esprit; non, comme beaucoup d'autres, pour masquer du beau prétexte de zèle philosophique une lâche abstention, mais pour apporter au maniement des affaires publiques une âme affermie contre toutes les vicissitudes. Il s'attacha à la doctrine qui appelle uniquement bien ce qui est honnête, mal ce qui est honteux, et qui ne compte la puissance, la noblesse et tout ce qui est hors de l'âme, au nombre ni des biens ni des maux (2). » C'est là précisément la doctrine morale de Tacite.

particulières, on trouve chez lui une vérité plus haute, celle de l'ensemble, et le talent de peindre au naturel les choses et les hommes. Il ressemble à Saint-Simon, qui est souvent inexact dans tel ou tel trait de ses peintures, mais qui est toujours vrai dans l'impression générale qu'elles nous laissent. » (ADERER.)

(1) *Histoires*, I, 3
(2) *Histoires*, IV, 5.

Cette doctrine, que garda de toute exagération un esprit net et positif, présida aux jugements de l'historien et à ses opinions politiques. Par éducation, par admiration pour les anciennes mœurs Tacite regrette la République. Mais ne la croyant plus possible, il se soumet sans arrière-pensée au régime établi. La conduite qu'il pratiqua et qu'il conseille c'est la modération : savoir garder le milieu entre l'opposition qui se perd et la servilité qui se déshonore (1). Il souhaite que les princes comprennent les dangers de l'extrême tyrannie, le peuple ceux de l'extrême servitude et de l'extrême liberté : son vœu serait de voir un gouvernement qui sût mêler dans une heureuse proportion l'aristocratie, la démocratie et le pouvoir d'un seul. Mais il n'espère point que son vœu s'accomplisse : « cette forme de société, dit-il, est plus facile à louer qu'à établir ; et fût-elle établie, elle ne saurait être durable (2). » Sans illusions, sans rêve d'avenir, il a gardé dans toute son œuvre un ton de résignation mélancolique, de gravité douloureuse qui en rend la lecture émouvante et poignante entre toutes.

Quelque mérite que l'historien ait dans Tacite, l'artiste lui est encore supérieur.

On ne s'est pas toujours assez préoccupé de mettre en lumière les fortes qualités de composition qu'il a montrées dans ses divers écrits. « Remarquable déjà dans les petits traités, ce mérite est plus fait pour nous surprendre dans des œuvres comme les *Histoires* et les *Annales*. En effet le plan même semble un obstacle à l'arrangement dramatique. L'auteur présente année par année

(1) *Annales*, IV, 20.
(2) *Annales*, IV, 33.

les événements qui se sont accomplis dans toute l'étendue de l'empire romain. Toutefois Tacite groupe les années de façon à marquer chaque livre de son histoire par quelque changement politique ou tout au moins à laisser le lecteur sur l'impression de quelque grand événement. *Histoires* ou *Annales*, chaque ouvrage a son cadre déterminé. Les *Annales* sont comme le drame sombre et sanglant de la *gens Julia*; les *Histoires* offrent le tableau de la grandeur et de la décadence de la maison des Flaviens. On a même prétendu que c'étaient là deux divisions d'un plan plus général, et que Tacite s'était proposé de montrer le développement du principat, depuis le moment où il se fonde sur les débris des institutions républicaines jusqu'au moment où il se transforme en essayant l'alliance du pouvoir et de la liberté (1). »

Mais dès longtemps le relief et la couleur de certaines parties de ce vaste ensemble si bien ordonné ont frappé tous les yeux. Racine a proclamé Tacite « le plus grand peintre de l'antiquité » (2). Doué de cette sorte d'imagination qui cherche moins à créer qu'à comprendre et qui pénètre dans la vérité aussi avant que la raison, Tacite a tracé des portraits qui ne nous donnent plus seulement, comme ceux de ses devanciers, le signalement du rôle, mais la physionomie de la personne. Ils sont réels, vivants; nous sentons qu'ils ressemblent. Comme une grande partie de sa carrière s'est écoulée à une époque d'extrême oppression, où la vie politique, en dehors, n'existait plus, où la défiance était à l'ordre du jour, il a été poussé à l'observation morale, dont il

____

(1) ERNEST DUPUY. — Edition classique des *Annales* chez Delalain.

(2) Voy. deuxième préface de *Britannicus*.

avait le goût naturel. De là ce que les Allemands appellent sa virtuosité psychologique ; de là cette faculté de conjecturer les motifs, de démêler les caractères derrière les actions qui ne sont que des apparences à une époque où la conduite est devenue l'art de sauver sa vie. Aussi, dans Tacite, nous discernons l'âme de ses personnages, mais à travers les faits sensibles ; et le portrait est ainsi plus complet et plus vivant.

Les récits ne pouvaient avoir dans son livre la même ampleur et le même éclat que dans les histoires du temps de la République. Il l'a senti lui-même. « Peut-être la plupart des faits que j'ai rapportés et de ceux que je rapporterai encore sembleront petits et indignes de l'histoire ; je le sais ; mais on ne doit pas comparer ces annales aux monuments qu'ont élevés les anciens écrivains. De grandes guerres, des prises de ville, des rois vaincus et captifs et, au dedans, les querelles des tribuns et des consuls..... les rivalités du peuple et des nobles offraient à leurs récits une vaste et noble carrière. La mienne est étroite et mon travail sans gloire (1). » Un regret perce dans ces lignes ; Tacite a su pourtant trouver de son talent un emploi qui pouvait le consoler. D'un dessin moins majestueux que les narrations de Tite-Live, moins précis que celles de Salluste, ses récits sont plus saisissants, ont plus de couleur, surtout de couleur locale : lisez par exemple les pages où il nous montre Germanicus ensevelissant les restes des légions de Varus (2). Quelques-uns ont une beauté unique : tels les récits des morts courageuses, et, entre tous, le tableau d'une émotion si pénétrante où

(1) *Annales*, IV, 32, 33.
(2) Id., I, 62, 63.

il nous fait assister aux derniers moments de Thraséa (1).

De ses devanciers Tacite avait gardé l'usage d'orner
l'histoire de harangues. Au début, il les traita comme
eux; sans égard pour le caractère des personnages qu'il
fait parler, il jette leurs discours dans le moule d'une
rhétorique de convention : le chef Breton Galgacus
s'exprime comme s'il eût fréquenté l'école de Quintilien (2). Mais dans ses grandes œuvres Tacite est plus
sobre et plus vrai ; l'époque qu'il retraçait exerce
sur lui une salutaire contrainte. Il n'y a plus alors de
ces grandes discussions publiques où les lieux communs
sont de mise. Le Sénat devient une sorte de conseil
d'État : on traite des questions précises, des questions
d'affaires. L'historien peut donc moins donner carrière
à son habileté oratoire. A mesure qu'on avance dans la
lecture des Annales, on s'aperçoit que les harangues se
font plus rares ; des conversations les remplacent :
quelques-unes sont de purs chefs-d'œuvre ; tel cet entretien de Senèque et de Néron (3), cette scène de tragi-
comédie « où le philosophe lutte avec l'empereur de
réticences et de finesse pour lui soustraire une vie que
le tyran veut rester le maître de trancher » (4). Tacite
pourtant n'a point été jusqu'à nous livrer les harangues
originales : alors même qu'il les possédait, il les a
remaniées, leur a donné sa forme, fidèle en ce point à
la loi littéraire qui exigeait de l'historien l'unité de ton
et de couleur (5).

(1) *Annales*, XVI, 34, 35.
(2) *Vie d'Agricola*, 30, 31, 32.
(3) *Annales*, XIV, 57, 59.
(4) Voy. ADERER dans son édition classique des *Annales*.
(5) Tacite, au livre XI des *Annales*, prête à Claude un discours

Cette unité, il n'y pouvait renoncer : ne constitue-t-elle pas le principal mérite de son style ? « C'est partout le même récit, grave à la fois et minutieux, majestueux et pourtant très ému. Sur cette couleur générale se détache l'aspect particulier des divers épisodes. Une lueur d'espérance éclaire la partie du règne de Tibère où domine la figure de Germanicus ; une impression d'ironie se dégage de l'histoire de Claude ; celle de Néron a les violentes couleurs de ce personnage en proie à la frénésie du plaisir et du crime. Chaque époque du principat romain a aussi son caractère propre, et l'on peut dire que le style de Tacite marque par des nuances saisissables cette diversité d'aspect qu'offrent les hommes et les événements (1). »

Il nous faut laisser aux ouvrages spéciaux l'étude des détails du style et de la langue de ce grand écrivain. Marquons-en pourtant quelques traits ; après Bossuet, rappelons la gravité de ce beau langage, « les fortes paroles du plus grave des historiens anciens ». Après tous les critiques, signalons la variété de ses tours, la concision de l'expression, et l'emploi le plus souvent heureux de la couleur poétique. Ne dissimulons pas une certaine affectation, qui tient au désir d'être original et pittoresque, comme une obscurité qui s'explique par la prétention trop continue d'atteindre au fond des choses. Mais disons que, malgré ces défauts, le style de

---

où il demande aux sénateurs d'accorder aux habitants de la *Gaule Chevelue* le droit de faire partie de leur assemblée. Tacite pouvait avoir le texte authentique de cette harangue : il a été retrouvé à Lyon gravé sur une table de bronze. Mais fidèle à la conception qu'il se faisait du style historique, Tacite a remanié le discours de l'empereur.

(1) ERNEST DUPUY. — Édition classique des *Annales*.

Tacite n'est point un style de décadence. La part du vrai y domine, et, comme le fait remarquer M. Nisard, « Tacite reste supérieur à la déclamation de son temps par une langue originale, supérieur au bel esprit à la mode par une éminente raison (1). »

Le *Panégyrique* de Pline le Jeune est le seul ouvrage des écrivains du règne de Trajan, où l'époque de ce principat ait été prise pour sujet. Le prince le plus digne d'avoir un historien n'a trouvé qu'un panégyriste.

L'ouvrage de Pline a été jugé fort diversement : quelques-uns, entre autres Fr. Schœll, le proclamaient un chef-d'œuvre de l'éloquence latine ; d'autres comme Alfieri, n'y veulent voir qu'une déclamation adulatrice. Pour apprécier le Panégyrique avec justice et avec justesse il faut se rappeler à quelle occasion et dans quel esprit Pline composa ce discours.

En l'année 100, il obtint le titre de consul : en cette qualité il fut chargé de ce que l'on nommait *actio gratiarum*.

Au temps de la république, devant le Sénat convoqué dans la *curie*, l'usage voulait que le nouveau magistrat, après avoir remercié le peuple qui l'avait choisi, fît un exposé général des affaires religieuses et politiques. Quand les empereurs eurent substitué leur souveraineté à celle du peuple, en s'attribuant toutes les nominations, c'est à eux que s'adressa l'*actio gratiarum*; l'orateur parla d'abord en son nom propre; plus tard un sénatus-consulte ordonna qu'il parlerait au nom de la république. On voit que ce remercîment, fort court par tradition, pouvait devenir une sorte d'*adresse*, dans laquelle, en gardant des ménagements, le consul eût fait

(1) D. Nisard, *Les quatre grands historiens romains*.

entendre à l'empereur des réclamations et des remontrances.

Pline comprit ainsi sa tâche : « J'ai voulu, nous dit-il lui-même, d'abord que des louanges sincères fissent aimer à César ses propres vertus, ensuite que les princes à venir apprissent non par les leçons d'un maître, mais par l'enseignement de l'exemple quelle route peut les conduire à la même gloire (1). » La brève harangue qu'il débita devant l'empereur comprenait deux parties : la censure de Domitien et l'éloge de Trajan. La manière dont il parlait du César mort faisait comprendre au maître vivant comme il serait traité lui-même, sa vie finie, s'il gouvernait despotiquement.

Ce remercîment, d'ordinaire banal, fut alors très remarqué : il emprunta à la personne du prince et à celle de l'orateur une importance exceptionnelle. Pline n'était pas homme à laisser perdre cette occasion de servir la gloire de Trajan... et la sienne.

Il se persuada qu'après s'être acquitté comme consul d'une formalité, il devait en bon citoyen donner au remercîment officiel les proportions d'un panégyrique. Après avoir fait acte d'homme politique, il voulut faire œuvre de littérateur. La politique et la littérature se nuisent parfois l'une à l'autre : c'est ce qui arriva ici. Comme homme politique Pline avait eu de l'honnêteté et du sens ; comme littérateur il manqua de goût.

La très courte harangue que Trajan avait pu écouter avec intérêt et sans embarras se transforma en un énorme discours, dont la récitation tint les amis de Pline occupés trois séances durant. Dans cette œuvre les bonnes intentions subsistent, la sincérité reste hors

(1) *Lettres*, III, 18.

de contestation. Les développements nouveaux que
Pline a ajoutés à son *actio gratiarum*, l'ont même
amené à nous fournir des détails que l'on chercherait
vainement ailleurs et sans lesquels nous a rions une
idée moins complète des formes du gouvernement
impérial. Mais du jour où Pline appelait le public des
lectures à apprécier son œuvre, il fallait bien qu'il lui fît
des concessions : amoureux du succès, il ne les ménagea
point; son discours devint une amplification de rhétorique, où le tableau était sacrifié au cadre. L'intérêt
se déplaçait : la forme passait avant le fond. Pline ne se
le cache pas et ne nous l'a point caché. Il écrit à
Romanus à ce propos : « Ne considérez pas moins, je
vous prie, la difficulté que la beauté du sujet. Dans
tous les autres la nouveauté seule suffit pour soutenir
l'attention du lecteur. Ici tout est connu, tout a été dit
et répété, en sorte que le lecteur n'ayant plus à s'occuper
des faits, s'attache uniquement au style (1). » Et
ailleurs : « J'ai cru devoir me permettre les agréments
du style, attendu que ce qu'il y a de sérieux et d'austère
dans mon ouvrage pourra paraître moins naturellement
amené que ce que j'ai écrit avec enjouement et avec
abandon (2). » Fort de ces aveux, M. Demogeot a pu
juger le *Panégyrique* sans indulgence : « C'est une prodigalité fatigante, un luxe de détails brillants, qui
éblouissent sans éclairer ; rien ne se masse, rien ne se
subordonne ; tout est au premier plan et brave la perspective... Pline affectionne surtout l'antithèse et le
paradoxe : c'est Fléchier fondu avec Fontenelle. Il
excelle à saisir toutes les combinaisons possibles entre

(1) *Lettres*, III, 13.
(2) Id. III, 18.

deux ou trois idées : il développe une pensée, comme l'école descriptive de Delille analysait une description..... Les inconvénients d'un pareil style sont faciles à pressentir. Vous songez plus à l'écrivain qu'à son raisonnement ; l'essentiel du sujet s'efface sous ces ingénieux accessoires. Le discours ressemble alors à cet habit du duc de Saint-Simon dont l'étoffe était toute couverte de perles : le tissu était de soie, mais on ne le voyait pas (1). »

On peut penser que cette critique est un peu dure ; il n'y a pas moyen de la trouver injuste. Si nous n'avions de Pline que le *Panégyrique*, nous ne cesserions pas de l'estimer un fort honnête homme : mais nous le jugerions le plus agaçant des écrivains. Et nous serions moins disposés encore à lui pardonner ses erreurs de goût, en songeant qu'il ouvre cette longue liste d'orateurs officiels, fermée seulement avec Ennodius (2) « en qui l'on peut voir comment finit cette éloquence artificielle qui commence par la recherche pour aboutir à l'énigme ».

Nous arrêterons ici cette revue des hommes et des œuvres. Elle aura suffi, nous l'espérons, pour aider le lecteur à se former quelque idée du caractère et de la valeur littéraire de cette époque. Nous avons essayé de lui montrer comment l'éloquence se dessécha, comment les sources de la poésie se tarirent alors. Le monde ancien allait disparaître ; une forme nouvelle de civilisation s'esquisait : ceux qui s'attardaient dans le passé,

(1) J. Demogeot, *Étude sur Pline le Jeune*.
(2) Ennodius, né en Gaule, vers 473, près d'Arles, devint évêque de Pavie et, entre autres œuvres, composa un panégyrique de Théodoric.

se perdaient dans son ombre; ceux qui devaient voir nettement la lumière de l'avenir ne naîtront que plus tard. Mais il se trouva des hommes d'un heureux génie, qui en ces jours de transition surent retenir quelques rayons des beautés de la forme antique et eurent quelque pressentiment de la clarté de la pensée moderne : par les œuvres qu'ils nous ont laissées, ils donnent raison aux critiques qui ont appelé ce temps *l'âge d'argent des Lettres latines.*

V

LES BEAUX-ARTS

V

LES BEAUX-ARTS

Dans son Panégyrique (1), Pline le Jeune félicitait Trajan, alors au début de son règne, de la réserve qu'il mettait à entreprendre des bâtiments nouveaux. L'empereur cessa bientôt de justifier cet éloge : plus qu'aucun des princes de la famille Julia, ou de la dynastie des Flaviens, i contribua à couvrir le monde des monuments de la grandeur romaine. Constantin compara le nom de Trajan à la pariétaire, cette plante qui croît sur les murailles : et Eutrope l'appelle *l'architecte de l'Univers*.

Entre les débris qui nous restent de l'art romain, les plus nombreux en effet se rapportent au règne de cet empereur. Nous savons qu'il fit construire des villes nouvelles, Trajanopolis, Plotinopolis, Marcianopolis, ou restaura des villes ruinées ; la correspondance de

---

(1) *Panégyrique*, LI. « Vous ne mettez pas moins de réserve à bâtir que de soin à conserver. Aussi ne voit-on plus d'énormes pierres transportées par la ville en ébranler les édifices, les maisons ne craignent plus de secousses, et les faîtes des temples ont cessé de trembler. »

Pline nous apprend qu'on vit alors s'élever l'aqueduc de Nicomédie, les thermes de Pruse, le théâtre de Nicée, le gymnase d'Ephèse : les ports d'Ostie, de *Centum cellæ* (Civita Vecchia) et d'Ancone furent creusés, et Apollodore, après s'être montré un ingénieur habile dans la guerre de Dacie et après avoir jeté le fameux pont sur le Danube, se révélait un grand architecte en concevant et en exécutant le Forum de Trajan.

Ne nous trompons point sur les causes qui engagèrent Trajan à donner cette impulsion aux travaux publics : ne voyons point en lui un prince artiste à la façon de François Iᵉʳ, un souverain épris des beautés de l'art, comme Léon X. C'est par réaction contre les fastueuses prodigalités de Domitien, qui avait épuisé le trésor, qu'il fut économe dans les années qui suivirent son avénement : mais lorsqu'il eut rétabli les finances, quand une sage administration eut augmenté les revenus publics, il reprit une des traditions de la politique impériale en élevant ces grandes constructions qui, à Rome, tenaient les esprits occupés, dans les provinces servaient de consolation au monde vaincu, « faisaient resplendir le bonheur de l'humanité », et enfin manifestaient, comme par une décoration splendide, la puissance et la gloire du souverain.

On ne comprendrait pas que l'exubérance de la production artistique, à cette époque, ait pu n'être due qu'à l'initiative d'un homme, cet homme fut-il l'empereur ; et en effet, pour ces grandes œuvres, Trajan, comme les autres princes, trouva des auxiliaires dans tous les peuples de l'empire, dans toutes les classes de la société. Le besoin, sinon le goût, des œuvres de l'art ne fut point alors comme chez nous le privilège d'une aristocratie ; il s'étendait à tous. Pompéi n'était qu'une ville de petits bourgeois, et cependant les débris de ses maisons font l'ornement de nos musées et, comme on le verra, beaucoup offrent un autre intérêt que de satisfaire la curiosité des archéologues. Dans les plus humbles boutiques on a trouvé des images des princes ou des dieux, images que leur travail ou leur matière défend d'un rapprochement avec les produits d'Épinal. Juvénal nous a décrit le taudis d'un poète des plus gueux : et pourtant ce meurt-de-faim possède une table avec-dessus de marbre, supportée par la figure d'un centaure couché.

Jusqu'au premier siècle avant notre ère, Rome, bien qu'elle fût dès lors devenue le centre du monde, était restée une assez pauvre ville ; c'est vers ce temps que, les grandes luttes étant achevées, les Romains s'éprirent du luxe qui les éblouit dans ces villes de l'Orient, qu'ils venaient de conquérir. « Vers l'an 92 avant Jésus-Christ, dit Friedlander, après tant d'expéditions et de victoires, dans les pays helléniques et orientaux, tous alors si riches en colonnades, pas un seul édifice public, à Rome, n'avait de colonnes de marbre. » *Tam recens est opulentia !* s'écrie Pline l'Ancien. Mais les Romains en usèrent comme tous les parvenus, qui pauvres hier, sont aujourd'hui fastueux. Bientôt L. Cassius fait dresser dans son *atrium* des colonnes du mont Hymette : le vieux parti des républicains rigides proteste en vain. Scaurus en l'an 58 pare son théâtre d'imposantes colonnades, et, sans vergogne, « il fait ériger dans l'*atrium* de sa maison les plus grandes des 360 colonnes de 38 pieds de haut, dont il avait décoré la scène ». Dix ans plus tard le progrès s'est précipité. « Le premier qui n'eut absolument dans sa maison sur le mont

Célius, que des colonnes de marbre, et, ce qui plus est, consistant toutes en monolithes de marbre cipolin veiné de vert,..... fut le chevalier romain Mamurra de Formies, un des lieutenants de César dans les Gaules... Il fut aussi le premier qui revêtit des murs entiers de plaques de marbre. » Crassus, Scaurus, et Mamurra scandalisèrent les hommes graves de leur temps ; mais le plus grand nombre des Romains les envia d'abord, les admira ensuite et s'empressa de les imiter. Il n'y eut plus guère au temps d'Auguste et de Tibère que des arriérés ou des ressasseurs de lieux communs qui condamnèrent le goût des grands édifices et des belles maisons ; la passion, et même la manie de bâtir, s'empara de tous, riches et pauvres ; il n'est pas jusqu'aux *bohèmes* qui n'en aient été atteints. Martial n'y échappe point et il s'en confesse gaiement : « Tu te figures peut-être, Pastor, que je souhaite la richesse pour des motifs pareils à ceux qui animent le vulgaire et la foule aux grossiers appétits ; que je voudrais user mes hoyaux sur le sol de Sétia, entendre une légion d'esclaves traîner des fers sur les champs de la Toscane..... *etc.*, *etc.* Rien de tout cela, j'en atteste les dieux. — Que prétends-tu donc, me diras-tu ? — Donner, mon cher Pastor, et *bâtir* (1). »

Ergo quid ? Et donem, Pastor, et *œdificem.*

Ainsi, en moins de cent cinquante années, une transformation complète s'était accomplie dans les mœurs. Le Romain, grossier naguère, incapable d'admirer les chefs-d'œuvre de l'art grec, et qui brisait des coupes ciselées par Mentor, sans remords et sans regret, s'est passionné pour les créations du luxe.

(1) MARTIAL, *Épigrammes* IX, 23.

De l'amour du luxe au sentiment de l'art [la distance
est grande. Livrés à eux-mêmes les Romains ne l'eussent peut-être jamais franchie. Mais l'art grec, avec ses
hommes et ses œuvres, émigra chez eux de gré ou de
force. Le pillage des villes du continent et des îles Helléniques, des cités de l'Asie-Mineure, jeta [tout à coup
en Italie une énorme quantité de merveilles artistiques;
en 212 Marcellus avait dépouillé Syracuse; après
Pydna (168), à son triomphe, Paul-Émile faisait défiler
250 charriots chargés de statues et de tableaux: en
146 Mummius l'Achaïque, le vainqueur de Corinthe,
comprenant qu'il n'était pas un amateur éclairé, emporta
tout, de peur de rien laisser qui en valût la peine. Ces
pillards firent des disciples : leur tradition se retrouve
avec Verrès, qui opéra comme eux des razzias de
chefs-d'œuvre. Au milieu de tant d'exemplaires de
beauté comment rester insensible? Quelle éducation
artistique pouvait donner un musée comme Rome, qui,
au IV⁰ siècle après Jésus-Christ, comptait encore, selon
une notice statistique, quatre mille statues exposées
dans les rues, places et portiques!

Il n'y avait point d'ailleurs que des modèles et des
sujets d'étude; les maîtres ne manquaient pas; les
artistes grecs voulurent suivre dans leur exil à Rome
les chefs-d'œuvres de leur patrie. Ils trouvèrent bien
vite du travail. Au dire de Tite-Live les architectes,
les peintres, les statuaires que l'appât de la fortune
attirait à Rome avaient toujours à s'occuper dans les
grands travaux publics, sans compter les ouvrages qui
leur étaient demandés par les particuliers. — Ils trouvaient aussi des leçons : Paul-Émile admit des peintres
et des sculpteurs parmi les professeurs chargés de faire
l'éducation de ses fils; Tacite nous apprend que Néron

savait peindre et ciseler, Hadrien était un peintre amateur et Marc-Aurèle eut pour professeur de dessin le
Grec Diognète.

Enfin les Romains du temps de l'Empire ne s'enfermaient point dans leur pays ; maîtres du monde ils voulaient le connaître et voyageaient volontiers. Sans
doute, comme nous l'avons dit ailleurs (1), leur curiosité et leur intérêt ne s'attachaient point surtout aux
œuvres de l'art. Mais à force de voir de belles choses
comment ne pas apprendre à les regarder ?

Ainsi, au premier siècle, les rudes habitants du
Latium étaient devenus non pas des artistes sans doute,
non pas même des amateurs, mais tout au moins des
dilettanti. Ainsi lorsque les empereurs, comme Trajan,
entreprenaient de vastes travaux publics, ils trouvaient
les citoyens Romains et tous les sujets de l'empire qui
se modelaient sur la grande ville — non seulement
disposés à les approuver, mais tout prêts à les secon-
der : l'initiative privée venait en aide aux grandes entreprises des princes. — Au temps de Trajan, on vit les
municipes et les colonies s'imposer à l'envi de lourdes
dépenses pour s'embellir de toutes les manières : la correspondance de Pline avec l'empereur nous fait assister
à cette émulation dans les villes de Pruse, de Nicomédie, de Nicée, de Claudiopolis, d'Amastris ; onze
municipes de la province de la Lusitanie élevèrent, à
frais communs, le fameux pont d'Alcantara, qui fut
achevé de l'an 105 à l'an 106. — Les particuliers ne
déployaient pas moins de zèle et de générosité : une
inscription nous apprend qu'Ummidia Quadratilla, une
matrone fort noble et fort riche, bâtit à ses frais pour

(1) Voir dans notre volume : *Les Romains au temps de Pline le
Jeune*, le chapitre sur les *Voyages*.

Casinum, sa patrie, un amphithéâtre et un temple.
Dasumius, probablement l'auteur du *Sénatus-Consulte
Dasumien* (1) de l'an 101, couvrit de monuments Cor-
doue, sa ville natale. A peine a-t-on besoin de rappeler
les libéralités que Pline le Jeune fit à *Novi-Comi* et à
Tifernum (2).

Un prince grand bâtisseur, n'est point populaire
d'habitude chez les peuples modernes: voyez Louis XIV.
Rien de pareil pour Trajan; quand il élevait ses grandes
constructions, il donnait satisfaction aux besoins et aux
goûts du peuple Romain et des sujets de l'empire. —
Les intérêts de l'art et de la politique se trouvèrent
d'accord à ce moment.

Avec Trajan l'art romain ne changea point d'objet :
ses tendances persistèrent; il ne reçut point d'inspiration nouvelle. En le comparant à l'art Grec M. Beulé a
fait ressortir à merveille son dessein et ses caractères :
« Les Grecs, dit-il, sont épris des proportions, et, à
l'aide des proportions, ils font paraître grand ce qui est
petit! les Romains sont épris de la grandeur matérielle
et cherchent non seulement l'impression mais la réalité
de la grandeur. Les Grecs s'attachent aux formes
exquises et poussent la délicatesse jusqu'à une divine
perfection; les Romains s'attachent à la force, et à la
solidité immuable, à la durée. Pour les premiers le beau

(1) Ce sénatus-consulte porte que « l'héritier ou tout autre, qui,
pour quelque cause que ce soit, doit une liberté fidei commissaire,
étant absent pour une juste cause, l'absence constatée et pronon-
cée, la liberté sera dévolue à l'esclave, de même que s'il avait été
affranchi comme il le faut, en raison du fidei-commis. » (*Digeste.*
I. 51, 14, 6).

(2) A Novi-Comi il fondait une bibliothèque (I. 8) et une
école (IV, 13). — A Tifernum il faisait reconstruire un temple de
Cérès (IX, 39).

est le but suprême, pour les seconds, c'est l'utile. Les uns vivent dans le monde idéal, rêvent des types et conversent avec ces dieux charmants qu'ils créent et rajeunissent sans cesse: les autres ont l'esprit positif; ils sont aux prises avec le monde réel, l'État est leur Dieu, l'intérêt public leur rêve ; leur imagination s'attache à la terre pour l'étreindre par la conquête ; leur grande poésie c'est l'ambition. Les Grecs décorent avec amour une petite ville ou un sanctuaire célèbre; mais ils ont bientôt pourvu aux besoins où à la parure d'une patrie qui ne s'étend pas au-delà de l'enceinte des murs ; les Romains se préparaient au gouvernement du monde, ils ornaient leur ville comme une capitale, ils concevaient tout dans des dimensions gigantesques comme s'ils devaient donner un jour l'hospitalité à l'Univers. Pour les Grecs, l'art était une passion, une jouissance de toutes les heures, une partie de la vie ; pour les Romains l'art n'était qu'un instrument, un moyen d'assurer leur empire, une marque de possession, le sceau imprimé sur les pays conquis (1). » Cette appréciation toute générale convient à merveille aux œuvres artistiques du temps de Trajan. Quoique né loin de Rome, cet empereur, par le caractère, l'esprit et le goût, est essentiellement Romain ; au temps de Néron et de Domitien, les monuments construits par ces princes se caractérisaient par une somptuosité inutile, par la surcharge des ornements, par un faste asiatique : Trajan fit rentrer l'art romain dans ses voies, lui rendit ses qualités nationales de magnificence pratique et d'utilité grandiose.

(1) Beulé, *Un préjugé sur l'art romain*, article publié dans la *Revue des Deux Mondes* (1865).

C'est dans l'architecture que les Romains manifes-
tèrent le plus et le mieux l'originalité dont ils étaient
capables en matière d'art. Quelques lignes sont nécessaires avant tout pour faire comprendre ce qu'ils
avaient appris, ce qu'ils retinrent, ce qu'ils inventèrent
dans le cours des temps, jusqu'au moment qui nous
occupe.

Il ne semble pas qu'à l'origine, les Romains aient
rien créé : tout entiers à la guerre, ils firent une
économie de temps et de forces en empruntant à leurs
voisins les formes architecturales déjà trouvées. Les
Etrusques furent leurs premiers maîtres. Une page
importante de Plutarque indique que Rome aurait été
fondée sur le modèle d'une ville d'Etrurie. Pendant
la période royale, cette influence persista ; en tout cas
le grand égout (*cloaca maxima*), la construction la
plus importante de ce temps, est certainement l'œuvre
d'artistes étrusques. Ce sont les Etrusques qui appli-
quèrent pour la première fois en Europe le système
des voûtes, c'est-à-dire qui imaginèrent de disposer
plusieurs pierres taillées de telle sorte que « placées
les unes à côté des autres, elles devaient se servir
mutuellement de point d'appui et demeurer suspendues
en arc de cercle au-dessus du vide par le seul effet de
la pesanteur (1). » — On sait que les Carthaginois faisaient paver les routes : et rien n'empêche de supposer
que les Romains leur aient emprunté cet usage. — Ainsi
deux grands services, celui des égouts et celui de la
voirie, ne sont pas à Rome l'œuvre de l'initiative
nationale.

(1) Voy. JULES MARTHA, *L'Archéologie étrusque et romaine*, —
chez Quantin.

Mais si ce peuple n'était point inventif, on ne peut
dire qu'il fut copiste : n'empruntant qu'à bon escient
et non point de toutes mains, sachant admirablement
choisir chez les autres ce qui convenait à ses desseins,
il avait en outre le mérite de modifier et de perfec-
tionner dans le sens de son génie original, ce qu'il
devait aux étrangers. Les trop rares vestiges de constructions de l'époque républicaine ne nous permettent
pas de savoir comment les Romains s'approprièrent
les principes de construction qu'ils tenaient des Etrusques : mais on ne peut douter qu'ils aient mis leur
marque dans l'usage qu'ils en firent.

Lorsque la Grèce fut conquise et connue, une architecture toute nouvelle et merveilleusement belle se
révéla aux vainqueurs. Les Romains eurent alors assez
de sens, pour ne pas se laisser complètement séduire ;
leur esprit pratique les mit en garde contre le désir
d'imiter un art dont la délicatesse leur échappait sans
doute ; ils sentirent qu'en voulant le reproduire ils
trahiraient de la gaucherie. D'ailleurs ces œuvres par-
faites dans leurs dimensions restreintes, d'une si
exquise convenance dans les glorieuses petites villes
qu'elles paraient, n'eussent point offert ce caractère
décoratif que devaient avoir les monuments destinés à
exprimer la conquête et l'absorption du monde par le
peuple-roi. Voilà, croyons-nous, les vrais raisons qui
détournèrent les Romains d'employer exclusivement
dans leur architecture le principe de la plate-bande,
lorsqu'ils eurent connu la Grèce : grâce à une très
nette connaissance de leurs aptitudes, à une très sage
intelligence de leurs besoins, le mélange de l'arc et de
la plate-bande devint le résultat de la fusion de l'art
romain et de l'art grec. La colonne ne pouvait sou-

tenir ces masses énormes, sous lesquelles devaient
circuler des foules innombrables ; elle cessa donc d'être
un support ; mais adossée au pied-droit sur lequel s'appuyait l'arc de la voûte, elle devint un ornement. La fine
et précise logique qui avait présidé aux travaux des
architectes grecs n'était pas respectée ; mais le génie
romain resta lui-même éclectique avec mesure et pratique avec grandeur.

Ce style romain que nous venons d'essayer de
caractériser et qui se manifesta dans les monuments
de l'époque d'Auguste, le théâtre de Marcellus, le portique d'Octavie, le Panthéon d'Agrippa, le mausolée
d'Auguste, les arcs de triomphe de Suse et de Rimini,
ne se modifia guère pendant les règnes des premiers
Césars, et c'est lui que nous retrouvons au temps de
Trajan.

Si les Romains durent à l'étranger les formes architecturales, s'ils empruntèrent l'arc aux Etrusques, la
plate-bande et la colonne aux Grecs, ils ne sont rede-
vables qu'à eux-mêmes de l'art de bâtir tel qu'il se
pratiqua depuis les dernières années de la République
et qu'il se maintint longtemps sous l'Empire. C'est
par là qu'ils sont admirables, ayant su tirer le meilleur
parti possible de toutes les ressources dont ils dispo-
sèrent, élevant de magnifiques monuments avec les
plus humbles matériaux, faisant concourir des manœuvres inexpérimentés à l'édification de grands ouvrages
d'art.

Quand le Grec voulait construire dans son pays
un temple ou un théâtre, le sol lui offrait les matières
les plus précieuses à la fois et les moins rares : la
Laconie, le mont Hymette, les îles de Thasos, de Paros,
de Milos, Caryste en Eubée, étaient riches en beaux

marbres. Les Romains, eux, n'avaient à leur disposition qu'une sorte de tuf d'un grain peu compact, « qui se durcissait au contact de l'air, mais qui, tendre encore au sortir de la carrière, était trop peu résistant pour pouvoir être employé en gros blocs monolithes (1). » Plus tard ils se servirent d'une pierre des monts Albains, *le Péperin* « dont le grain est formé de cendres volcaniques pétrifiées ». Plus tard encore on employa le *Travertin* ou pierre de Tivoli. Enfin, au commencement de l'empire, il se fonda sur l'Aventin un entrepôt de marbres étrangers d'une extraordinaire richesse. Cet entrepôt a suffi à toutes les constructions des Flaviens et des Antonins, et, je crois bien que, depuis qu'on l'a retrouvé, on ne l'a pas épuisé encore (2). Mais avant que les Romains pussent disposer des ressources des carrières de l'univers conquis, ils songèrent à mettre en œuvre ce que la nature peu généreuse leur avait octroyé. Bien plus, alors qu'ils étaient maîtres de se procurer des marbres et de beaux matériaux, ils n'en usèrent que pour la décoration, non pour la construction. *Nécessité l'ingénieuse* fut leur premier guide, et plus tard ces parvenus de génie n'oublièrent pas une vertu qui, avant l'heure de la gloire et de l'opulence, avait été une vertu nationale, l'économie.

C'est ainsi qu'ils furent amenés, au lieu de composer le corps de leurs monuments de gros blocs péniblement amoncelés, à recourir à des procédés moins dispendieux, à des ressources jusque-là à peu près

(1) J. MARTHA, *L'archéologie étrusque et romaine.*
(2) Voy. GASTON BOISSIER. *Promenades archéologiques* (chapitre II). — Hachette, éditeur.

inconnues, ou du moins fort peu généralisées : « ils inaugurèrent l'emploi des grands matériaux irréguliers réduits en fragments et reliés les uns aux autres par du mortier. » Ils renoncèrent bientôt à l'usage exclusif du système de maçonnerie appelé *l'opus quadratum* et qui consiste en l'appareillage de pierres taillées à angle droit et de dimensions pareilles, disposées sur assises horizontales, mais alternativement en longueur sur une assise, en largeur sur une autre, sans être liées par aucun ciment et ne tenant que par leur poids. Dès le premier siècle avant l'ère chrétienne, ils pratiquaient couramment deux procédés principaux de maçonnerie décrits par M. Auguste Choisy dans son ouvrage savant et ingénieux qui fait autorité en la matière (1).

Le premier de ces procédés c'est la *maçonnerie par compression :* « Entre les pierres formant les deux parements du massif à construire ils étendaient une couche très épaisse (10 à 15 centimètres) de mortier fait, à Rome, de chaux et de *pouzzolane*, ailleurs de chaux et de gros sable. Par dessus ils répandaient à la pelle des fragments de pierres réduits presque à la dimension des cailloux employés pour l'entretien des routes modernes. Lorsque la couche de cailloux amoncelés avait atteint une épaisseur égale ou légèrement supérieure à celle du mortier, elle était soumise à un battage dont l'effet était de faire refluer le mortier dans tous les interstices. Ces dépôts alternatifs se succédaient dans toute la hauteur d'une assise de parement... »

(1) Auguste Choisy, *L'art de bâtir chez les Romains,* — Ducher, éditeur.

L'autre procédé est la *maçonnerie sans compression*. « Ici, chaque pierre est posée directement sur un lit de mortier ; en d'autres termes ce nouveau mode de maçonnerie constitue un blocage régulier et ne se distingue par aucun caractère essentiel des blocages modernes. »

Avec ce système, la pierre ou le marbre n'était nécessaire que pour l'ossature, le squelette, pour ainsi dire, du monument ; les chairs, c'est-à-dire les vides, étaient formées par cette maçonnerie en moellons. On voit sans peine l'économie obtenue : les énormes constructions, dont l'immensité nous étonne encore, devenaient possibles. De plus, nulle partie de cet empire, où les Romains voulaient mettre partout leur marque, ne restait en dehors de ce grand mouvement, puisque les matériaux dont on faisait usage n'étaient spéciaux à aucune contrée. Enfin, grâce à ces expédients, on fondait des œuvres non moins solides qu'imposantes : ces débris de toutes sortes, moellons, briques rompues, fragments de poterie, etc..... liaisonnés par un ciment tenace faisaient une masse indissoluble. — Les maçonneries romaines sont célèbres par leur résistance. « Aujourd'hui encore après tant de siècles elles ne sont pas désagrégées. Quand on cherche à les démolir, elles ne tombent pas en poussière comme nos maçonneries modernes : mais, telle est la cohésion de leurs éléments agglutinés, que des pans de murs, des piliers, des morceaux de voûtes s'écroulent entiers, comme d'énormes blocs monolithes, à peine attaquables au pic (1). » Sans se laisser distraire de leur ordinaire préoccupation d'épargne, les Romains donnèrent donc

(1) J. Martha, *L'Archéologie étrusque et romaine.*

à leurs créations architecturales une solidité parfaite en même temps qu'une extraordinaire grandeur.

Ce système présentait un autre avantage : ne demandant pas de matériaux précieux ou rares, il n'exigeait pas non plus d'habiles ouvriers. Quand l'architecte avait tracé les grandes lignes de son monument, lorsque quelques artisans avaient pourvu aux travaux délicats, la taille des pierres, etc....., qui constituaient comme l'extérieur du monument, que restait-il à faire ? Broyer des cailloux, lier du mortier pour former, si l'on peut ainsi parler, les parties concrètes. Pour cette tâche, les Romains pouvaient mettre en mouvement une multitude de manœuvres : en Italie, les esclaves, — dans les provinces, les légionnaires, dont on occupait ainsi les loisirs, et les populations conquises qu'on soumettait à la corvée.

Economie de la matière, simplification de la main-d'œuvre : voilà les deux grandes qualités dans lesquelles se résume l'art de bâtir chez les Romains de l'époque impériale. Par là ils eurent une véritable originalité : les bâtiments qu'ils élevèrent purent bien n'être pas toujours artistiques, mais le caractère monumental ne leur manqua jamais. « Un système d'architecture tel que celui des Grecs, où la forme n'est autre chose que la structure rendue apparente, exigeait une dépense de temps incompatible avec le caractère et les besoins des Romains. C'est en séparant la structure de la forme, c'est en écartant d'abord les questions d'ornement, pour les résoudre ensuite à loisir, qu'ils portèrent dans les chantiers l'ordre et la simplicité nécessaires à leurs colossales entreprises (1). »

(1) Auguste Choisy, *L'Art de bâtir chez les Romains.*

Il ne faut pas oublier que la civilisation romaine au premier siècle avait créé non seulement des besoins complexes, mais compliqués. Individualistes comme nous sommes, nous autres modernes, nous ne comptons que sur nous-mêmes pour satisfaire notre goût d'élégance et de bien-être, et c'est surtout chez nous que nous voulons éprouver ces jouissances. Le sentiment de la solidarité sociale, qui s'étendait à tout, chez les hommes de l'antiquité, l'habitude de la vie en public engageaient au contraire les Romains à attendre que l'Etat ou le municipe se mît en peine de leur donner, outre le plaisir des émotions artistiques les commodités du confort. Les grands édifices construits par les empereurs ou les cités, théâtres, gymnases, thermes., etc...., devaient donc répondre à ces exigences. Il fallait y ménager la place des services les plus divers et les mieux organisés : considérez par exemple un établissement de bains (1), songez aux salles si nombreuses qu'il enfermait, aux usages si variés auxquels elles étaient affectées, au personnel si étendu qui devait s'y mouvoir et vous concevrez que, pour exécuter de pareils monuments, il était nécessaire que l'architecte mît en œuvre des matériaux plastiques, pour ainsi dire, et que son système de construction eût une extraordinaire souplesse pour pouvoir se prêter à de si multiples besoins. Grâce aux procédés que nous avons décrits plus haut, ce difficile problème se trouvait résolu : c'est là un dernier avantage, et non le moindre, de cet art de bâtir si simple à la fois et si ingénieux, et qui suffit à tout durant les trois premiers siècles de l'Empire.

(1) Voir la description d'un bain romain dans notre volume : *Les Romains au temps de Pline le Jeune* (chapitre III).

L'architecture romaine au temps de Trajan s'est manifestée sous toutes les formes.

Les travaux utiles préoccupèrent surtout ce grand prince et nous occuperont d'abord aussi. Pour avancer l'œuvre de concentration et de pacification universelles, que fallait-il avant tout? Des ports, des routes, des ponts, des canaux! D'énormes entreprises en ce sens furent tentées et menées à terme. En Germanie, dans les diverses provinces de l'Empire s'ouvrirent des voies nouvelles; en Italie, le réseau fut presque entièrement refait : œuvre indispensable si l'on en croit Galien : « Parmi les anciennes routes, on en voit qui sont ou marécageuses ou obstruées par des pierres et des broussailles, d'autres offrent des pentes difficiles à gravir ou dangereusement rapides ; ici la voie est exposée aux incursions des animaux sauvages, là elle est interrompue par de larges cours d'eau (1). » Les inscriptions nous attestent avec quelle sollicitude Trajan sut remédier à ce mauvais état des voies de communication : en l'an 100 la voie Appienne est pavée depuis. *Tripontium* jusqu'à *Forum Appii*, plus tard entre *Forum Appii* et *Terracine*. A ses frais le prince rendait pratiquable aux voitures la route de Bénévent à Brinde (*Via Trajana*); en l'an 102, il terminait la route de Naples à Pouzzoles (*Via Puteolana*) ; d'importantes améliorations étaient apportées dans le cours de son règne à la *Via Salaria*, *Via Latina*, *Via Flaminia*, *via Subla censis*; les monuments épigraphiques signalent encore diverses voies construites ou réparées en Etrurie (2).

Les fleuves sont des routes qui marchent, mais qui

----

(1) GALIEN, *Méthod. medendi*, IX 8, (cité par DE LA BERGE).
(2) Voy. DE LA BERGE, p. 106-109.

ne nous mènent que là où ils vont ; pour les rendre complaisants aux besoins de l'homme, il faut des ponts : Trajan en construisit. Point d'ouvrage d'art plus célèbre que le pont jeté par Apollodore sur le Danube ; au rapport de Dion Cassius, il se composait de vingt piles ayant plus de cent-cinquante pieds d'élévation sur soixante de largeur séparées par une distance de cent-soixante-dix pieds et rattachées les unes aux autres par de grands arcs en charpente. De pareilles proportions nous font croire que le passage de Dion a été altéré ; mais du moins la disposition en *piles* bâties en pierres, et en arcades, *fornices*, faites en charpente, nous est attestée par une représentation de cet ouvrage qui se trouve sur la colonne Trajane. Le pont d'Alcantara en Espagne, mieux conservé, nous présente six grandes arches bâties avec des pierres énormes. « Une sorte d'arc de triomphe s'élève au milieu de ce pont et porte une inscription en l'honneur de Trajan (1). »

Les essais de canalisation eurent moins de succès ; vainement Trajan, après Jules César et l'empereur Claude, entreprit de faire écouler les eaux du lac Fucin, Hadrien dut après lui reprendre ce travail ; vainement aussi voulut-il dessécher les Marais Pontins ; les opérations mal combinées n'aboutirent pas, et le problème que le grand empereur cherchait à résoudre n'a pas encore reçu de solution.

En revanche d'admirables ports se complétèrent ou s'ouvrirent par les soins de Trajan. « Il ajouta au port d'Ostie un vaste bassin octogone creusé au sein des terres et entouré de magasins. Il bâtit à Civita-Vecchia

(1) BATISSIER, *Histoire de l'art monumental.*

(*Centum Cellæ*) un port au milieu duquel s'élevait une île qui comprimait la fureur des vagues et laissait à droite et à gauche un passage sûr pour les navires. Ce port existe encore mais privé des monuments qui le décoraient. Un troisième port que les Italiens devaient aussi à la munificence de Trajan est celui d'Ancone. Ce bassin était plus vaste mais moins régulier que celui de Civita-Vecchia. On voit encore un des môles de cet établissement (1). »

Ces utiles et grandioses constructions, bien d'autres encore exécutées sur tous les points de l'empire, n'absorbèrent point toute l'attention du prince, toute l'activité des ingénieurs et des architectes. Sur toute la surface du monde romain on vit sortir de terre une foule de bâtiments qui ont un caractère plus spécialement artistique. Ne pouvant les énumérer tous, nous nous contenterons de donner ici une description du *Forum Trajani*, où se trouvent réunis à peu près tous les spécimens de l'art architectural à cette époque.

Naguère le Forum avait été le centre de la vie politique : c'était là que les partis se livraient bataille, et ne disputaient la direction du gouvernement (2). L'Empire venu, la tribune publique supprimée, le Forum ne se fit pas désert : le mouvement des affaires, qui s'y déployait dès le temps de la République, devint plus intense, et les oisifs, dont le nombre augmentait à Rome de jour en jour, s'y donnèrent volontiers rendez-vous. De bonne heure l'affluence fut telle

(1) Batissier, *Histoire de l'art monumental.* Lire aussi dans les *Promenades Archéologiques* de M. Boissier le chapitre sur Ostie (chap. V).

(2) Voir dans les *Promenades Archéologiques* le chapitre sur le *Forum.*

que Jules César et Auguste jugèrent utile de construire
de nouvelles places qui prirent leurs noms : Domitien
plus tard ouvrit un Forum, qui ne tarda pas à se trouver
insuffisant ; quand Trajan, à son tour, créa son Forum,
il obéissait à la nécessité plus encore qu'il ne cédait
au désir d'embellir la ville.

Dans la vallée qui sépare le Palatin de l'Esquilin et
du Quirinal s'élevaient un grand nombre d'edifices publics : au Champ de Mars, dont Strabon nous a laissé
une brillante description, on admirait les théâtres, le
cirque Flaminius, l'Odéon, le Stade, le Portique d'Octavie, les bains d'Agrippa ; relier ces deux groupes de
monuments, tel fut le plan grandiose conçu par Trajan
et exécuté par son architecte Apollodore (1). Les Barbares et le temps avaient fait disparaître cette merveille : sous le pape Paul III (1534-49) on déblaya les
décombres de la base de la colonne Trajane ; en 1587.
Sixte-Quint chargea l'architecte Domenico Fontana de
démolir les maisons avoisinantes et de pourvoir aux
restaurations indispensables. Enfin en 1812, pendant
l'occupation française, sur les ordres de Napoléon Ier,
des déblaiements furent pratiqués et l'on mit à jour le
pavé antique. Dès lors on a pu dresser le plan des édifices dont on ne connaissait plus que les noms.

Jetons d'abord un coup d'œil sur cet imposant ensemble.

En sortant du Forum d'Auguste on passait sous un
arc de triomphe qui donne accès à une place spacieuse,

____

(1) Apollodore, né à Damas, mort en l'an 130 après J.-C., fut,
dit-on, l'objet de la jalousie d'Hadrien, qui se piquait d'être un
artiste, et périt après avoir été accusé par l'empereur de crimes
imaginaires..

de forme quadrangulaire, entourée de colonnades à jour et ornée en son milieu d'une statue équestre de Trajan. Sur les côtés de cette place on a creusé à l'Ouest le Capitolin, à l'Est le Quirinal, de façon à former deux hémicycles, qui abritent des boutiques et dont chacun précédé d'un portique rectiligne se trouve ainsi séparé de la place. C'était là l'*Atrium* ou Forum proprement dit. Le côté opposé à l'arc de triomphe présentait un magnifique escalier de *giallo antico* (1) par lequel on montait à la basilique Ulpienne. Ce monument qui fermait complètement la place la débordait par deux rotondes placées à ses extrémités et qui, comme les deux hémicycles du Forum, avaient été prises dans la masse des deux collines. Adossées à la basilique, deux bibliothèques, l'une grecque, l'autre latine, sont séparées par un espace où se dresse la colonne Trajane. De là enfin on apercevait le temple dont Trajan ne put terminer la construction et qui lui fut consacré après sa mort par Hadrien, son successeur, qui l'acheva.

Cet ensemble arracha un cri d'admiration au Grec Pausanias, un connaisseur difficile à satisfaire : les Romains en étaient très fiers. Ammien dit que c'est une œuvre unique au monde (*singularem sub cœlo structuram*) et, d'après Cassiodorore, elle cause un émerveillement toujours nouveau (*Trajani forum vel sub assiduitate videre miraculum est*).

Après cette vue générale examinons chacune des parties en détail.

L'arc de triomphe a disparu; mais nous en pouvons avoir quelque idée par les monuments de ce genre qui ont laissé des traces.

(1) Le *giallo antico* est un marbre de couleur jaune qu'on tirait de la Numidie.

Les Romains fondaient ces voûtes pour recevoir un vainqueur ou pour conserver le souvenir d'une grande action, d'un service éminent (1); l'objet de ces édifices ne variant point, leur disposition n'était guère modifiée dans ses traits essentiels : c'était toujours un porche large et élevé surmonté d'un attique : parfois l'arc de triomphe présentait une seule baie comme ceux que l'on construisit en l'honneur d'Auguste à Suse et à Rimini, comme les arcs de Galien et de Drusus à Rome; rarement on ouvrait deux portes (2), très souvent trois, la porte centrale étant toujours plus haute que celles qui se trouvaient sur les côtés. Tel était l'arc qui se dressait sur le *Forum Trajani*, comme le montrent les médailles où il est représenté.

Ce genre de monuments réunit les divers éléments de l'architecture des Romains avec une précision sans égale. « Nulle part la voûte n'est si simple, ni si belle à la fois : nulle part aussi cette voûte ne se marie avec autant de bonheur à la colonne grecque. Dans ces édifices indépendants, visibles de toutes parts, des colonnes entières ou des demi-colonnes encadrent gracieusement de vastes arcades et semblent supporter tout comme dans un temple un entablement que surmonte un attique (3). »

C'est par la décoration qu'on distingue la valeur artistique de chacun d'eux. Lourde, surchargée, souvent

---

(1) Pour les arcs de triomphe, voir CARISTIE, *Monuments d'Orange*.

(2) L'arc de Tibère, à Saintes, offre un exemple de cette disposition assez rare.

(3) Voy. *la Vie Antique*, ouvrage traduit de Guhl et Koner par M. Trawinsky, avec des annotations de M. Rieman.

gauche et grossière après les Antonins, elle offre à l'époque de Trajan une richesse simple et une sobriété élégante. Si les représentations des médailles sont insuffisantes pour permettre d'apprécier les mérites de l'arc de triomphe du *Forum Trajani*, il n'est pas interdit d'imaginer quel pouvait en être le goût et le style.

Quand Trajan eut terminé le pavage de la *Via Appia*, deux arcs de triomphe y furent dressés, l'un à Bénévent, l'autre à Rome. Au ive siècle on détruisit ce dernier pour faire servir ses bas-reliefs à la décoration de l'arc de Constantin. On n'a pas eu de peine à reconnaître que dans cette construction, qu'on voit encore à Rome, la distribution des sculptures décoratives et ces sculptures elles-mêmes, pour les portes latérales, sont empruntées à l'arc de Trajan : seule la décoration de l'arcade centrale est contemporaine du premier empereur chrétien. Voici d'après Guhl et Koner l'aspect que présentent ces portes de côté. « Des bas-reliefs couvrent les piédestaux des colonnes encadrant les baies ; dans les tympans il y a deux victoires assises ; puis vient au-dessus de chaque arcade, semblable à une frise, une série de petits bas-reliefs. Enfin, au-dessus sont rangés huit médaillons représentant des scènes de la vie privée de Trajan : à ceux-ci correspondent, dans l'attique, quatre bas-reliefs carrés à grandes figures. » Cette symétrie, exacte sans raideur, cette magnificence sans surcharge, l'exécution savante et forte des bas-reliefs décoratifs, font de cet ouvrage un des plus beaux spécimens de l'art romain. On peut croire que l'arc de triomphe du Forum n'était point inférieur ; le grand architecte Apollodore n'eût pas souffert qu'on défigurât la place splendide qu'il avait construite par une œuvre médiocre et mal venue.

Une monnaie de grand bronze nous a conservé le dessin de la statue équestre de Trajan qui faisait face à l'arc de triomphe : l'empereur tenait une haste et une petite victoire (Voy. Cohen (1) — n° 466). L'empereur Constance trouva cette statue si belle qu'il songea à se faire représenter dans la même attitude à Constantinople. « Soit, lui dit le Persan Hormidas ; mais il faudra faire au cheval une écurie semblable » et il montrait le Forum. Constance, n'ayant point d'Apollodore pour accomplir une pareille œuvre, renonça à son projet. Moins scrupuleux, un de ses successeurs fit enlever la statue de Trajan ; placée à Constantinople près du *Milliaire d'or* (2), elle a disparu à une époque inconnue.

Une médaille, qui se trouve dans le recueil de Cohen, nous représente la basilique Ulpienne (3) ; c'est un édifice rectangulaire élevé sur trois marches et à double rang de colonnes sur la hauteur, dont six grandes de face et deux de côté en bas et huit petites en haut. Les six colonnes de face soutiennent trois frontons surmontés chacun d'un quadrige dans lequel on voit un triomphateur : le quadrige du milieu est conduit par deux Victoires debout et tenant une palme ; sur chacune des deux colonnes de côté on voit deux enseignes militaires. Une plate-forme garnie d'antéfixes dans toute sa longueur couronne l'édifice.

(1) Cohen, *Description historique des médailles frappées sous l'Empire romain.*

(2) Les milliaires étaient des pierres placées de mille en mille pas sur les voies romaines. Elles avaient la forme d'une colonne tronquée cylindrique, quelquefois à pans, reposant sur un socle carré.

(3) Voir dans notre volume : *Les Romains au temps de Pline le Jeune* (ch. V) la description d'une basilique.

Complétons et éclairons cette description, qui pourrait paraître sommaire ou obscure en certaines parties ; la basilique se composait de cinq nefs, une centrale très large, et quatre plus étroites sur les ailes portantles galeries du premier étage. Dans l'un des hémiycles formant l'une des extrémités du monument et dont le diamètre occupait la largeur des cinq nefs se trouvait le tribunal ; une seule entrée avec portique et vestibule s'ouvrait dans l'autre hémicycle ; trois portes en outre avaient été ménagées dans le côté qui formait le fond du *forum*. Le mur opposé percé à ses extrémités de deux portes donnait accès par l'une à la bibliothèque Grecque (1) par l'autre à la bibliothèque Latine, qui s'ouvraient aussi sur la cour où se dressait la colonne Trajane. Un épais revêtement de marbre blanc recouvrait au moins dans la partie inférieure les murs de brique de la basilique. Détail remarquable ; la basilique n'était point voûtée, mais couverte de charpentes et le plafond revêtu de lames de bronze doré reposait sur les colonnes des cinq nefs, qui, dressées sur des bases de marbre blanc et couronnées de chapiteaux corinthiens de même matière, alignaient leurs fûts de granit gris. L'hémicycle, occupé par le tribunal, était peut-être couvert par une voûte en quart de cercle : les archéologues et les architectes se demandent comment il pouvait dans ce cas se raccorder avec les murs de la basilique et ses galeries ; ne peut-on

(1) Asinius Pollion, le premier à Rome, ouvrit aux littérateurs la bibliothèque qu'il avait fondée sur le mont Aventin, dans l'*Atrium de la Liberté;* Auguste créa la bibliothèque Palatine dirigée par Varron et Hygin, et l'*Octavienne* située à l'extrémité du portique d'Octavie ; avant Trajan, Vespasien avait ouvert la bibliothèque du *Temple de la Paix*.

pas supposer pour résoudre la difficulté qu'il en était séparé par un espace formant une sorte de portique à ciel ouvert (1) ?

Au milieu des débris de ces édifices, fûts rompus, fragments de sculptures et de chapiteaux, la colonne reste encore debout, comme pour porter témoignage de toute cette splendeur disparue.

« De la base au faîte du monument on retrouve, pour ainsi dire, l'empreinte du génie politique et administratif des Romains. » La colonne repose sur un socle carré dont les quatre faces sont revêtues de plats reliefs représentant des amas d'armes conquises sur les peuples vaincus. Une porte s'y ouvre surmontée d'une inscription que supportent deux victoires ailées ; elle conduit à l'escalier, qui, composé de 185 marches et éclairé par 43 petites fenêtres, s'enroule en forme de colimaçon dans l'intérieur de la colonne jusqu'à la hauteur du tailloir du chapiteau. Aux angles de ce socle, sur la corniche, quatre aigles tiennent dans leurs serres des guirlandes de lauriers. Une large couronne entoure la colonne à sa base.

Puis, sur la face extérieure du fût, pareille à un immense ruban, se développe une sorte de frise, qui s'élève et déroule ses sculptures figurant les faits d'armes de la première campagne de Trajan contre les Daces, jusque vers le milieu de la hauteur. A cet endroit une victoire en bas-relief trace sur un pavois les exploits du conquérant. Vient alors une seconde série de bas-reliefs montant jusqu'au-dessous du chapiteau et qui racontent la seconde campagne de Dacie. Ce ruban s'élargit en

(1) Voir VIOLLET-LE-DUC, *Entretiens sur l'architecture.*

haut, de façon à diminuer à l'œil la hauteur de la colonne et à rendre les bas-reliefs toujours visibles. Le profil du chapiteau se rapproche du dorique grec et est orné d'oves (1). Un piédestal circulaire couronne le tout. C'est là que se dressait la statue de l'empereur; elle était en bronze doré; l'empereur debout, en habit militaire, s'appuyait du bras gauche sur une haste; de la main droite tendue en avant, il portait selon toute apparence une victoire posée sur un globe.

Tel est ce fameux édifice si souvent décrit, tant étudié (2). Tout semble faire croire qu'Apollodore en l'élevant eut une conception entièrement originale. Les Grecs avaient sans doute plus d'une fois placé des statues sur des colonnes; il y avait à Alexandrie un monument appelé le *Panium* et que Strabon décrit ainsi « une colline factice, qui a la forme d'une toupie, avec des degrés disposés en colimaçon pour conduire au sommet » (3). Mais nul n'avait encore imaginé la disposition d'un escalier intérieur.

L'aspect général de la colonne laisse une impression de gravité et de force. A l'examiner dans le détail, on se prend à admirer l'esprit de l'artiste, inventif sans recherche, qui a su grouper plus de deux mille figures dans des scènes enlevées avec un art accompli. L'uniformité même des sujets, commandée par la nature de l'œuvre, ne va pas sans une sorte de grandeur imposante. Cette série de scènes guerrières, triomphales dans leur simplicité, saisissent l'âme et l'emportent dans leur ascension monotone et majestueuse.

(1) Ornement d'architecture taillé en forme d'œuf.

(2) La statue de Trajan fut remplacée, sur l'ordre de Sixte-Quint, par celle de saint Pierre. Sixte-Quint, à cette occasion, frappa une médaille avec la devise : *Exaltavit humiles.*

(3) Voir FROHNER, *La Colonne Trajane.*

Si la conception est belle, la construction y répond. Elle se compose d'énormes tambours de marbre blanc dans lesquels est creusé l'escalier avec son noyau. Le chapiteau est d'un seul bloc et le piedestal est fait de huit morceaux de marbre (1).

Outre ce magnifique Forum, Rome devait d'autres embellissements à Trajan; citons dans le Champ-de-Mars une basilique à laquelle il donna le nom de sa sœur Marciana et un théâtre qu'Hadrien ne laissa pas subsister; il bâtit aussi des thermes qui, joignant ceux de Titus, formaient un ensemble incomparable. L'Odéon, commencé par Domitien, fut achevé sous le règne de Trajan; le Cirque, encore agrandi, reçut un meilleur aménagement intérieur.

Nous avons rappelé plus haut la plupart des grands travaux accomplis et achevés dans les provinces; il nous resterait pour terminer cette revue des manifestations de l'art architectural sous Trajan à décrire quelques-unes des Villas célèbres de cette époque; mais nous l'avons déjà essayé dans notre premier volume et nous nous permettons d'y renvoyer le lecteur (2). Il ne conviendrait pas non plus d'oublier les monuments funéraires : c'est sans doute alors que fut élevé à Petra, en Syrie, ce curieux tombeau dont les dimensions gigantesques le cèdent à peine à celles de l'arc de l'Étoile, à Paris : deux étages le composent; le premier,

____

(1) Il ne reste du temple qui se trouvait en arrière et au nord de la colonne que des fragments de fûts et de corniches. C'était sans doute la partie la moins originale du Forum, puisque, sauf quelques rares exceptions, les Romains s'en sont tenus, pour les monuments religieux, à une tradition dont il faut chercher l'origine en Grèce.

(2) Voir *Les Romains au temps de Pline le Jeune* (ch. VIII).

consacré spécialement à la sépulture, présente l'aspect d'un temple héxastyle (1); au-dessus s'élève un édifice semi-circulaire, sorte de temple monoptère (2) flanqué de colonnes qui supportent l'entablement général. Conception grandiose et hardie sans doute, mais qui reste isolée et se sent plus du faste asiatique que de la grandeur Romaine. Il importe davantage de signaler les très-nombreux sarcophages qui par leur aspect austère et leur décoration de bas-reliefs exprimant des mythes palingénesiaques (mythes de Cérès, de Bachus, d'Éros et Psyché) traduisent le besoin de renouvellement religieux et de purification morale qui travaillait alors le monde.

Beaucoup de ces grands travaux furent conçus et conduits par des architectes romains. L'architecture en effet était estimée à Rome : tandis que Cicéron feint d'ignorer le nom d'un des plus célèbres statuaires de la Grèce, il professe hautement son admiration pour les architectes. Les maîtres du monde avaient compris que cet art était utile à leurs desseins; ils le considéraient comme une création nationale; ils s'y croyaient supérieurs et Frontin (3) demande avec orgueil « s'il est possible de comparer aux aqueducs Romains les masses inertes des pyramides égyptiennes, ou l'inutile splendeur des célèbres monuments de l'architecture

(1) C'est-à-dire à six colonnes de face.

(2) Les temples monoptères étaient des temples circulaires, dont la couverture était soutenue par un seul rang de colonnes sans mur.

(3) Frontin, né au milieu du premier siècle de l'ère chrétienne et mort au commencement du second, (40?-106?) exerça de hautes magistratures, écrivit un traité de tactique (*Les Stratagèmes* en quatre livres) et un ouvrage sur les *Aqueducs de Rome.*

grecque. » Vitruve, qui écrit un traité sur la matière, est un Romain ; Romains aussi Sévère et Céler, célèbres au temps de Néron ; Romain encore Rabirius, qui bâtit le palais de Domitien ; Romain enfin Mustius, que Pline le Jeune chargea de l'édification d'un temple de Cérès, et Lacer, le constructeur du pont d'Alcantara.

Pourtant l'Hellade, si dégénérée qu'elle fût, conservait encore cet amour pour les arts qui avait fait sa gloire pendant plusieurs siècles et ne cessait de fournir aux Romains des légions d'artistes : plusieurs lettres de Trajan à Pline nous donnent sur ce point des renseignements très explicites. Ce n'est point une raison de croire que l'architecture romaine soit seulement comme on l'a dit, de l'architecture grecque, de décadence. « A Rome, dit fort justement M. de la Berge, les architectes grecs et asiatiques se trouvaient en face de besoins nouveaux et d'idées particulières, pour la satisfaction et l'expression desquelles leur tradition était muette et leur doctrine insuffisante : ils retrouvèrent alors les facultés créatrices dont le développement était étouffé ou paralysé sur le sol natal : ils dépouillèrent le faux goût, le sentiment maniéré et mesquin qui déparaient les monuments élevés par eux dans leur pays, et ils donnèrent à l'arc de triomphe et à la basilique la solidité, la hardiesse et l'harmonie sévère qui caractérisent le génie littéraire du peuple pour lequel ils travaillaient. Au service de la pensée romaine ils se sont montrés virils, austères et forts, comme les Romains, chez qui et pour qui ils ont bâti. »

Nous pouvons nous en tenir, pour conclure, à cette appréciation qui, très exactement, fait à chacun sa part : sans doute les Romains ne surent pas se passer des connaissances techniques et de la pratique ingénieuse des Grecs; ils ne le voulurent pas non plus, et eurent raison.

Car soumis par la forte discipline de ce peuple, qui essayait de marquer tout ce qu'il faisait du sceau de l'éternité, les artistes grecs ne retinrent leur délicatesse élégante et subtile que pour l'employer à la décoration de ces édifices destinés avant tout à servir les besoins d'une civilisation utilitaire et à traduire les tendances d'une politique pratique.

Tandis que l'architecture publique et privée déployait une activité si large et si continue, les statuaires et sculpteurs en tout genre ne pouvaient manquer de trouver des travaux. Ne fallait-il pas pourvoir à l'ornementation de ces constructions magnifiques? On peut donc affirmer que l'époque de Trajan fut, entre toutes, riche en productions plastiques; mais ne pouvant défier par leur masse les causes de destruction, beaucoup ont péri victimes du temps et des barbares; en outre, comme les écrivains ne nous ont point laissé de documents sur l'histoire de l'art au temps de Trajan, comme il est souvent impossible d'attribuer une date précise aux chefs-d'œuvre de la sculpture antique, nous serons contraints de nous en tenir sur ce point à des généralités.

La sculpture ne fut jamais un art romain : quand Virgile écrivait ses fameux vers :

> Excudent alii spirantia mollius æra,
> Credo equidem, et vivos ducent de marmore vultus (1),

il exprimait à la fois un fait qu'il avait sous les yeux et portait une prédiction que l'avenir ne démentit point.

(1) Enéide, liv. VI.

Après la réduction de la Grèce en province Romaine, il y eut à Rome une invasion d'artistes Grecs qui suffirent à tous les besoins ; au 1er siècle avant Jésus-Christ point d'autres sculpteurs connus que les Grecs Arcésilas et Diogène (1) entre autres ; plus tard au temps de Néron, c'est un Grec Zénodore qui exécute le colosse de l'empereur ; les auteurs du groupe de Laocoon, qui vécurent sous le règne de Titus, Agésander, Polydore, Athénodore sont des Grecs aussi : on ne peut douter de l'origine hellénique d'Aristéas et Papias, contemporains d'Hadrien et auteurs de deux beaux centaures en marbre noir trouvés à la villa Adriani. Parmi les noms de sculpteurs qui nous ont été conservés, à peine en rencontrons-nous un ou deux qui aient une physionomie romaine : tels ceux de Coponius et de Décius.

Jamais les Romains ne surent sentir et goûter comme les Grecs la beauté abstraite de l'harmonie des formes et des mouvements. A leurs yeux, la sculpture était plutôt un auxiliaire de l'architecture, qu'un art distinct et indépendant ; chez eux, quand elle cessait d'être décorative, elle devenait monumentale, c'est-à-dire qu'elle servait à figurer l'histoire sur la pierre ; — ou plus spécialement *iconique*, c'est-à-dire qu'elle reproduisait les traits de personnages que la reconnaissance nationale ou la vanité domestique voulait immortaliser (2).

Aussi Rome ne trouvait-elle point de ces représentations idéales des divinités qui ont fait des Grecs les

(1) Diogène orna de diverses sculptures, entre autres de Caryatides, le Panthéon d'Agrippa. — (Pour *l'histoire de la sculpture antique*, voir l'ouvrage d'*Emeric David*.)

(2) Voir RENÉ MÉNARD, *Le travail dans l'antiquité*.

suprêmes interprètes du sentiment, de l'intelligence, de la vie supérieure, pour tout dire. Transplantés à Rome les artistes helléniques semblent avoir abdiqué les qualités créatrices de leur race : en général ils furent peu inventifs et dans la sculpture religieuse ils se bornèrent a reproduire les types empruntés aux âges précédents, surtout à l'époque d'Alexandre, où avait fleuri Lysippe et son école. Ils donnèrent presque toujours des copies ou des imitations : de là ces nombreuses répétitions ou *répliques* de la même statue que l'on trouve dans les musées différents, sans qu'on puisse savoir au juste laquelle est l'original.

L'influence de l'esprit romain se retrouve dans la statuaire iconique : ne parlons que des statues des empereurs. On peut les diviser en deux séries : lorsque l'empereur n'est point divinisé, c'est véritablement un portrait que nous donne l'artiste. Le prince est alors représenté avec le costume de la vie réelle, soit le vêtement de la paix, la toge tirée sur la tête par allusion à la dignité sacerdotale, soit l'armure de la guerre. Nous avons ainsi au Louvre une remarquable statue de Trajan où il est figuré debout revêtu de la cuirasse. Les statues et bustes de ce genre, comme ceux de Plautine, de Marciana, de Matidie, ont pour caractère la vigueur avec laquelle l'artiste fait saillir l'individualité de son modèle ; nul idéal ; point d'autre préoccupation que celle de traduire fidèlement la réalité. Cest images sont de celles dont on ne peut mettre en doute la ressemblance, quoi qu'on n'ait point vu les originaux. Aussi sont-elles précieuses pour l'historien psychologue, s'il veut et sait les voir telles quelles sont, non à travers ses théories : elles constituent, en tous cas, la meilleure illustration du texte de Tacite.

Une autre classe de statues se compose de celles que les anciens nommaient *Achilléennes* : dans ces dernières le personnage figuré est toujours nu ; le corps devait reproduire les formes de quelque statue consacrée par l'admiration, un Apollon, un Mars, un Achille : là tête seule donnait la ressemblance.

Dans ces deux genres les artistes du Ier siècle ont laissé des ouvrages où l'art d'idéaliser les portraits (statues *Achilléennes*) est pratiqué avec autant de succès que celui de représenter le caractère réel et véritable d'une manière simple et animée. La facture reste ferme tout en étant souple et aisée : elle est exacte et précise sans raideur et sans minutie.

Dès le temps de Trajan pourtant, une décadence commençait à se marquer ; arrêtée un moment sous le règne d'Hadrien, où la statuaire gréco-romaine se renouvelle par l'imitation adoucie du style égyptien, elle se précipita sous les princes syriens. Résumons, en prenant pour guide le manuel d'archéologie d'Ottfried Muller (1), les symptômes qui déjà faisaient prévoir a chute de cet art : la réalité avec laquelle on rend les traits du visage dégénère souvent en trivialité ; l'artiste par exemple accusera avec une insistance brutale les plis qui se forment autour de la bouche et des yeux. Une élégance affectée se marque dans les soins qu'on apporte à traiter les accessoires ; c'est ainsi que la chevelure et la barbe sont travaillées avec une minutie puérile ; on ne doit pas tarder à marquer la pupille et les sourcils. Dans les draperies enfin on peut noter un commencement de manière et d'enflure.

(1) Ottfried Muller, *Manuel d'Archéologie* traduit dans la collection des *Manuels Roret*.

Si la statuaire en ronde-bosse n'eut à Rome qu'un éclat moyen et qu'un développement de courte durée, il est du moins un genre de sculpture où l'empreinte du génie national se marqua fortement et qui fut très florissant pendant deux siècles. Le bas-relief fut conçu et exécuté à Rome tout autrement que dans la Grèce.

Le bas-relief grec présente toujours une file de personnages disposés sur un même plan et alignés dans de nobles et calmes attitudes (1). Transportant dans la sculpture les artifices de la perspective picturale, les Romains imaginèrent de ranger sur des plans situés à différentes profondeurs les personnages qu'ils voulaient représenter. Il devenait alors possible de figurer de véritables scènes historiques avec toute leur complication et tout leur mouvement. Une sculpture de ce genre convenait à merveille à la décoration des édifices romains qui avaient surtout un caractère monumental : tombeaux et arcs de triomphe ne tardèrent donc pas à se couvrir de bas-reliefs et ce genre accomplit de rapides progrès. « Dans le bas-relief de Ravenne, qui représente l'apothéose de la famille *Julia*, on saisit déjà le germe des qualités qui vont se développer ; bientôt sur les fragments conservés de l'arc de Claude, l'art s'enhardit ; il touche à la perfection dans les deux grandes compositions qui décorent les parois intérieures de l'arc de Titus, et enfin, sous Trajan, il atteint le plus haut point où la sculpture historique soit parvenue (2). »

Sans parler du bas-relief récemment découvert sur le Forum, et qui nous montre la scène où Trajan fonde les institutions alimentaires et remet au peuple les

(1) Se souvenir de la Procession des Panathénées.
(2) DE LA BERGE, p. 286.

impôts arriérés dont il brûle les créances, il suffit de rappeler la magnifique spirale qui se déroule du haut en bas de la colonne Trajane. Dans cette savante composition « la puissance et la vigueur des formes physiques, le naturel et la vérité des attitudes, le caractère et l'expression des physionomies, l'ingéniosité avec laquelle sont distribués les motifs, l'art avec lequel la monotonie est dissimulée sinon évitée, le sentiment profond répandu sur les scènes pathétiques, comme celle où des femmes et des enfants implorent la grâce des vaincus, tout cela donne à ces sculptures une valeur unique (1). » Due à divers artistes, l'exécution du monument présente des différences sans disparate : l'un néglige les détails ; un autre, au contraire, se plaît au fini des accessoires ; un troisième cherche le relief plus saillant, cet autre rend les *nus* et les draperies d'une façon trop sommaire. Mais l'unité de l'œuvre subsiste pourtant ; partout on y sent l'impression de la réalité traduite avec élévation et sans réalisme affecté. La Procession des Panathénées évoque la pensée d'un chant d'Homère ; les sculptures de la colonne Trajane font songer aux pages de Tacite.

Les artistes travaillaient encore à orner les places publiques ou les somptueuses demeures des particuliers ; pour les promenades et les jardins ils faisaient de beaux vases, comme ce vase de Sosibius que possède le musée du Louvre, ou d'élégantes fontaines comme celle de la villa Adriani. Mais, alors même que nous posséderions de plus nombreux spécimens de ce genre, il nous faudrait nous interdire de les apprécier ; comment

______

(1) OTTFRIED MULLER, *Manuel d'Archéologie.*

juger de pareilles œuvres alors que nous ne les voyons plus sous la lumière qui leur convient ?

Il ne nous est parvenu presque aucun nom de sculpteurs du temps de Trajan. Les artistes de la colonne Trajane restent inconnus. Du moins a-t-on pu distinguer les tendances générales des divers groupes d'artistes de cette époque et les rattacher ainsi aux écoles dont ils relevaient.

Les Romains virent se développer chez eux trois de ces écoles de sculpture à la fin de la république et au commencement de l'empire : l'école Athénienne, vouée à la représentation des sujets religieux et des personnages mythologiques, tente de continuer les traditions de l'idéalisme grec; mais, manquant de l'inspiration qui avait animé les maîtres de l'Attique, la piété que les artistes de cette école professaient pour leurs modèles ne tarda pas à dégénérer en imitation servile; la stérilité vint vite et l'école, épuisée au temps de Trajan, ne produisait plus que des copies.

Plus vivante fut l'école d'Asie-Mineure; là on cherche surtout à obtenir des effets dramatiques, on se plaît aux attitudes hardies, aux mouvements violents. Le *Gladiateur combattant*, le *Laocoon* sont l'œuvre d'artistes qu'il faut rattacher à ce groupe. En même temps les Asiatiques s'appliquent au fini de l'exécution; ils se plaisent à accomplir de véritables tours de force en domptant les matières les plus rebelles. Cette habileté technique ne pouvait manquer d'avoir du succès auprès des Romains, qui, souvent, étaient plutôt des curieux que de véritables amateurs. L'école finissante n'eut plus d'autre mérite; et, peu de temps après Trajan, elle ne donnera plus des artistes mais seulement d'habiles praticiens.

Vient enfin ce que l'on peut nommer l'école Romaine. Elle fut fondée à ce qu'il semble par Pasitélès, qui vécut au premier siècle avant l'ère chrétienne, et, par lui, elle se rattachait à Lysippe. C'est à cette école qu'appartiennent la plupart des artistes de la colonne Trajane ; éclectique avec mesure, elle s'inspirait à la fois de l'étude des maîtres et de l'imitation de la nature. Soigneuse de la forme, elle évitait les minuties de l'exécution ; elle se proposait avant tout pour objet la vérité et la vie ; il lui a manqué d'ambitionner et d'atteindre cette suprême vérité, cette vie supérieure qui, à un moment unique dans l'histoire de l'art, animèrent les créations de Phidias.

Sur la peinture au commencement du IIe siècle, nous avons moins de renseignements encore que sur la sculpture ; bien plus les œuvres des peintres de cette époque ont à peu près toutes péri. Mais nous possédons quelques indications sur l'état de cet art sous le règne d'Hadrien ; elles nous apprennent qu'il ne s'est point engagé dans d'autres voies que celles où marchaient les artistes qui décorèrent les maisons de Pompeï et d'Herculanum. On a donc le droit de penser qu'au temps de Trajan on continua la tradition de l'âge précédent et sans doute le lecteur ne nous saura pas mauvais gré de remonter un peu en deçà du temps qui nous occupe pour résumer ce que l'on sait de la peinture chez les Romains (1).

Il ne semble pas que cet art ait eu à Rome beaucoup de représentants-indigènes ; on ne vit pas se renouveler la tentative de Fabius Pictor et de Pacuvius qui peignirent au IIe siècle avant l'ère chrétienne, l'un le temple

____

(1) Voy. BARRE, *Herculanum et Pompeï*. — Voy. aussi RoBIOU et LENORMANT, *Chefs-d'œuvre de l'Art Antique* (chez A. Lévy — Paris).

du *Salut*, l'autre le temple d'Hercule situé sur le *Forum Boarium*. Après eux nous ne trouvons plus guère que des artistes Grecs ou étrangers; au temps de César, Timomaque de Byzance et la fameuse Lala de Cyzique; sous Auguste, le *rhyparographe* Piraïcus, et vers le temps de Trajan Artémidore et Diognète, qui enseigna le dessin à Hadrien.

Les divers procédés employés par ceux qui se livraient à la peinture nous sont parfaitement connus.

Pline l'Ancien énumère les couleurs en usage parmi les peintres de son temps, et sur ce point les ressources sont si riches que vraisemblablement, elles ne s'accrurent point pendant de longues années. « Les couleurs vives... sont le minium, l'arminium, le cinnabre, la chrysocolle, l'indigo, le purpurissum. Les autres couleurs sont foncées. De quelque espèce qu'elles soient, les unes sont naturelles, les autres artificielles : la sinopis, la rubrique, le parœtonium, le mélinum, l'érétrie, l'orpiment sont artificielles,... les autres couleurs sont naturelles... par exemple parmi les couleurs communes, l'ocre, la céruse brûlée, la sandaraque, la sandyx, le syricum, l'atramentum (1). » Quel progrès matériel accompli depuis le temps où les anciens maîtres peignaient avec une seule couleur, le cinnabre, ces tableaux qu'on nommait monochromes, et celui où les grands artistes grecs, Polygnote, Apelle n'usaient que de quatre tons, le blanc de Melos, la sinope de Pont, le jaune d'Athènes et le noir de fumée !

L'atelier d'un peintre, à Rome, ne différait guère, sinon par le luxe du décor, de ceux qui avoisinent la place Pigalle ou l'avenue de Villiers. Arrêtons-nous de-

____

(1) Pline l'Ancien, *Histoire naturelle*, XXXV, 12.

vant la représentation caricaturale d'un atelier antique, trouvée dans la maison d'Adonis à Pompéi. L'artiste est devant un chevalet, de forme analogue à ceux qui sont en usage aujourd'hui ; il s'occupe à peindre un portrait ; près de lui sont établies les couleurs ainsi qu'un pot contenant un liquide destiné à les délayer. Un broyeur dans un coin est occupé à préparer les couleurs ; il a près de lui une sorte de bassine. Un personnage pose..... deux amateurs causent sur l'œuvre du peintre qu'une cigogne admire en tendant le cou.

Les pinceaux alors comme aujourd'hui étaient faits avec les poils de la queue de certains animaux ; c'est pourquoi Cicéron faisait dériver *penicillus* (pinceau) du mot *penis* (queue). Pour étendre et fixer les couleurs on se servait d'éponges ; chacun connaît l'anecdote du peintre Protogène, qui, désespéré de ne pouvoir rendre l'écume qu'il voulait mettre à la bouche d'un cheval, lança de dépit son éponge contre sa toile et obtint par hasard le résultat qu'il avait été impuissant à atteindre à force de travail (1). L'eau, la gomme ou la colle fondue dans l'eau servait à délayer les couleurs. « Une autre manière fort en usage était l'*encaustique*. Nous savons qu'on y employait de la cire et des burins dont on faisait rougir la pointe au feu, et à l'aide desquels on traçait le contour des figures. On suppose que dans les sillons ainsi creusés on coulait de la cire colorée et fondue et qu'ensuite on terminait l'ouvrage avec le pinceau et des couleurs délayées d'après le procédé indiqué plus haut. »

Dès les premières années de l'époque impériale la peinture de chevalet cessa d'être cultivée : on vit fleu-

---

(1) RENÉ MÉNARD, *Le travail dans l'Antiquité.*

rir alors presque exclusivement la peinture murale dont le développement se liait par nécessité aux progrès du luxe des habitations. Nous ne parlerons que de cette dernière puisque c'est la seule qui ait laissé des traces.

Parmi les trois mille peintures (1) environ, qui nous restent de l'antiquité romaine, on peut établir des divisions qui correspondent à peu près à celles marquées par les critiques anciens, Vitruve et le premier Pline.

Ce sont d'abord les sujets figurant des scènes ou des personnages mythologiques ou historiques; les anciens disaient des peintres qui traitaient ce genre, qu'ils faisaient de la *mégalographie*, c'est-à-dire de la grande peinture. A Pompeï, (2) les tableaux mythologiques foisonnent : M. Helbig en catalogue jusqu'à 1400. Bien plus rarement les artistes abordèrent l'histoire : à peine, en ce genre, peut-on citer quelques œuvres, comme *Sophonisbe et Massinissa*, *Alexandre et la Victoire*, un *Triomphateur*..... Souvent la fantaisie de l'artiste, confondant histoire et légende, rapprochait dans un même tableau les créations fabuleuses des poètes et les héros réels de annalistes. Ainsi fit Ætion, artiste qui vécut à une époque toute voisine de Trajan et auteur des noces de Roxane, dont Lucien nous a laissé une si agréable description : « Au milieu d'une foule de petits amours on en voit un qui écarte le voile de Roxane, pour la montrer à son époux; un autre, dans l'attitude d'une femme esclave, est occupé à lui ôter sa chaussure; un troisième a saisi Alexandre par son vêtement et l'entraîne de toutes ses forces vers Roxane. Plusieurs

(1) Un critique allemand, M. Helbig, en a catalogué 1698 pour Pompeï seulement.

(2) Voir le chapitre sixième des *Promenades archéologiques* de M. Boissier.

amours jouent avec les armes d'Alexandre : deux d'entre eux traînent sa lance et paraissent épuisés par cet effort; deux autres en portent un troisième sur un bouclier. Un amour s'est glissé dans la cuirasse d'Alexandre où il semble s'être mis aux aguets pour effrayer ceux qui passeront près de lui. »

Vainement chercherait-on dans toutes ces compositions rien qui rappelle la haute inspiration religieuse de Polygnote(1) lorsqu'il interprétait sur les murailles du *Pœcile* (2) les scènes funèbres du XIe chant de l'Odyssée. Les peintres de Pompeï et d'Herculanum ont perdu le sens de la gravité de la vieille mythologie ; ils se gardent de représenter des mythes sombres ou élevés ; travaillant pour des voluptueux, qui cherchent avant tout le plaisir des yeux, leur pinceau ne retrace que des scènes galantes, que des histoires d'amour. C'est à l'élégie Alexandrine, avant tout spirituelle et sensuelle, qu'ils vont emprunter leur sujets : c'est aux peintres qui ont fleuri dans les monarchies nées de l'empire d'Alexandre, qu'ils demandent leurs modèles. Du moins ont-ils gardé de leurs maîtres un goût d'ajustement, un sentiment du dessin, une foule d'intentions heureuses, de motifs pittoresques, d'expressions naïves et de détails vrais qui sauvent la frivolité des sujets et l'incorrection du *rendu*. Lorsque nous considérons ces peintures, nous sommes aujourd'hui, malgré la prestesse de l'exécution enlevée au bout du pinceau, choqués parfois par ce qu'elles offrent d'incomplet et de lâché.

(1) Polygnote, de Thasos, vivait vers l'an 400 av. J.-C.
(2) Le *Pécile*, célèbre portique d'Athènes, où l'on conservait les chefs-d'œuvre de la peinture. C'était un espace carré, enfermé entre quatre murailles et entouré d'une colonnade.

Gardons nous pourtant de condamner trop sévèrement ces défauts : nous regardons aujourd'hui ces tableaux à la pleine lumière : dans les maisons pompéïennes ils étaient placés dans des pièces éclairées le plus souvent par une seule ouverture, et maintenues dans une pénombre perpétuelle par les voiles et les tentures qu'on opposait au jour. Dans cette demi-obscurité les incorrections de détail n'apparaissaient pas ; les artistes pouvaient sans inconvénient se permettre quelques négligences.

La peinture de genre, comme nous dirions aujourd'hui, dut beaucoup moins à la Grèce : l'artiste regardait autour de lui et se contentait de reproduire ce qu'il voyait. Ces scènes où figurent des gladiateurs, des foulons, des marchands de poissons, des aubergistes mettent évidemment sous nos yeux des personnages du pays. « Le peintre avait observé lui-même ces paysans et ces ouvriers avec leurs tuniques à capuchon, comme nos moines, assis à une table en face d'un verre de vin ; il avait vu de ses yeux ce soldat au teint basané, chaussé de larges bottes, qui dit gaiement au cabaretier en lui tendant son verre : « Allons, un peu d'eau fraîche, *Dafridam pusillum* ». Ce qui prouve que ce sont bien les gens du pays que l'artiste reproduisait dans ses personnages, c'est qu'ils frappent encore aujourd'hui par leur ressemblance et qu'on les reconnaît au premier coup d'œil pour les avoir rencontrés sur les places ou dans les boutiques de Naples »(1).

L'exécution de ces tableaux de genre est sommaire le plus souvent, et parfois naïve et brutale, comme le sujet lui-même. Il est pourtant des figures, comme celles des danseuses idéalisées planant librement et

(1) Boissier, *Promenades archéologiques* (chap. VI).

s'enlevant sur un fond uni, qui nous captivent par leur singulière élégance. Une, entre autres, a séduit un critique pénétrant et délicat; nous ne résistons pas au plaisir de citer la vive description qu'il en a donnée : « La danseuse, dont le visage est de profil, monte dans les airs avec cet élan que Scopas avait cherché à rendre dans sa ménade de bronze. Ses yeux, sa bouche, tous ses traits, ont peu d'expression sans doute ; mais tout son corps est vivant et palpite. Les voiles transparents, qui flottent autour d'elle et s'arrondissent derrière ses épaules, laissent entrevoir les lignes ondoyantes de sa poitrine, de son buste et de ses reins. La pleine santé brille en elle de toute sa puissance. Ce n'est pas une jeune fille délicate et fraîche, blanche et chancelante comme un lis, pareille à celles que l'art et la poésie modernes aiment à représenter. Mais ce n'est pas non plus une fille ou une nymphe de Rubens, dont le teint trop florissant, dont les chairs trop riches nous étonnent. C'est une femme qui, peinte ou sculptée en de plus grandes proportions, serait une déesse. Sa beauté présente cette alliance de la grâce et de la force, dont le type le plus parfait a été fixé par la sculpture antique dans les caryatides de marbre de l'Erechteïon (1). »

Pline l'Ancien a voulu faire de Ludius, artiste qui semble d'origine romaine et vécut sous Auguste, l'inventeur du paysage. Il y a là une erreur ou du moins une exagération. Le paysage ne pouvait manquer dans les scènes de la *Lesché* (2) tracées par Polygnote ; mais

---

(1) Gebhart, *Essai sur la peinture de genre dans l'antiquité.*

(2) Le mot *Lesché* signifie en grec *conversation.* Dans chaque ville de l'ancienne Grèce c'était le lieu où l'on se rendait pour converser. Polygnote avait décoré la *Lesché* de Delphes de peintures qui représentaient la *Destruction de Troie.*

il est vrai que, si la peinture de paysage ne naquit point
à Rome, du moins elle y prit un singulier développement.
Les Romains, nous l'avons dit ailleurs, éprouvaient
un goût très vif pour les sites champêtres; il était naturel qu'ils voulussent revoir jusque sur les murs de
leurs demeures ces verdures et ces eaux dont ils étaient
si fort épris. Du reste les artistes interprétaient fidèlement dans leurs représentations de la nature extérieure
les sentiments qu'elle inspirait aux anciens; point de
vastes horizons, point de perspectives mystérieuses et
infinies, point de scènes violentes et de sites sauvages;
mais plutôt quelque retraite verdoyante et fraîche,
un arbre près d'une fontaine, de belle prairies ou de
riches vignobles. Ne cherchez pas non plus dans ces
compositions cet instinct de la vie secrète du monde
qui a animé quelques grands artistes modernes (1) :
préoccupés avant tout de l'homme, c'est à l'homme
encore que les anciens s'intéressent surtout, quand ils
peignent ou regardent un paysage, et non pas à la beauté
du ciel et de la mer. Telle qu'elle est, cette peinture
laisse une impression dominante de clarté et de sérénité qui réjouit les yeux et rafraîchit l'âme.

Dans la peinture de paysage, que les Romains nommaient la *rhyparographie*, rentre un genre qui a toujours eu beaucoup de vogue en Italie et qui, au dire des
voyageurs modernes, n'a point cessé d'être cultivé de
notre temps. Je veux parler de ces perspectives en
trompe-l'œil qui semblent percer les murs d'une maison
et lui donner des prolongements d'air, de lumière et de
verdure. Dans la maison de Livie, au Palatin, on voyait
ainsi sur une paroi l'aspect d'une rue de Rome avec

(1) Les Théodore Rousseau, les Corot, les Millet, les Chintreuil.

ses édifices et ses passants, tout son mouvement et toute sa vie. Les anciens avaient si fort le goût et l'habitude de la vie extérieure qu'ils voulaient la retrouver même alors qu'ils étaient entrés chez eux, et cet art du trompe-l'œil, inférieur sans doute, mais ingénieux, et qui exige de grandes ressources d'exécution, semble avoir été poussé fort loin.

On goûtait aussi ce que nous appelons la *nature morte*, ce que les Romains nommaient la *rhopographie*; en ce genre, l'habileté technique, la science de l'arrangement ne firent point défaut; peut-être même on s'en préoccupa à l'excès. On peut croire que les Romains demandaient surtout à ces compositions de produire adroitement l'illusion, qu'ils prisaient particulièrement, la dextérité, les tours d'adresse; en tout cas nous ne trouvons là rien qui se rapproche des toiles de notre grand Chardin, de ces œuvres, où l'intime poésie des choses humbles est saisie avec une subtilité si profonde et traduite avec tant de largeur.

Reste enfin une dernière classe de peintures : ce sont les peintures *scénographiques*. Au dire de Vitruve, elles représentent tantôt des imitations de *membres* architectoniques, de lambris de marbre et d'autres objets, tantôt elles donnent à une architecture transparente et aérienne des formes végétales qui s'y associent avec un charme imprévu. Ces paysages comme on n'en a jamais vu, où se jouent des oiseaux qui n'ont jamais existé; ces palais fondés dans les airs et qui tiennent du rêve, ces imaginations féeriques qui récréent les yeux et ne fatiguent point l'esprit, furent d'abord condamnés par les gens graves. « A présent, disait Vitruve, on ne peint sur les murailles que des objets extravagants au lieu de représenter des choses réelles. On met

pour colonnes des roseaux qui soutiennent un entortil-
lement de tiges de plantes cannelées avec leurs feuilla-
ges refendus et tournés en manière de volutes : on fait
des chandeliers qui portent de petits châteaux desquels,
comme si c'étaient des racines, il sort quantité de branches délicates où sont assises des figures ; en d'autres
endroits ces branches aboutissent à des fleurs, dont on
fait sortir des demi-figures, les unes avec des visages
d'hommes, les autres avec des têtes d'animaux ; toutes
choses qui ne sont point, qui ne peuvent être, qui n'ont
jamais été. Toutefois personne ne reprend ces imperti-
nents mensonges ; mais on s'y plaît sans prendre garde
si ce sont des choses possibles ou non, tant les esprits
sont peu capables de connaître ce qui, dans les ouvrages, mérite l'approbation des hommes (1). » En lançant
cette condamnation, Vitruve, on le voit, ne se faisait
point d'illusion sur son efficacité ; il savait bien sans
doute, qu'en se prononçant contre le goût général il ne
le ferait point changer. De fait, la vogue de ce système
de décoration persista, comme l'attestent les murailles
de Pompeï et d'Herculanum. Bien plus, nous autres
modernes, nous ne souscrivons point à la sentence
portée par Vitruve ; non seulement nous excusons les
Romains, mais nous les félicitons d'avoir laissé un re-
fuge à la fantaisie qu'ils avaient bannie trop sévèrement
des autres provinces de l'art. Nous avons plaisir à voir,
dans ces compositions scénographiques, l'espace et la
lumière distribués avec une parfaite entente de l'effet, ces
arabesques d'une invention si souple et si riche, ces archi-
tectures fantaisistes construites avec tant de légèreté et

(1) Vitruve, *Architect.*, VII, 5.

ces plafonds pour ainsi dire treillissés ou formant des
voutes de feuillage et de fleurs parmi lesquelles s'ébat-
tent des oiseaux merveilleux. Nous admirons aussi
l'éclat des couleurs distribuées d'une façon gaie et ré-
créative, avec un très juste sentiment de l'harmonie du
coloris. Nos bourgeois, pendant un temps, s'étaient en-
tichés de décorations pompéiennes et il n'est pas bien
sûr que les maladresses de nos peintres en bâtiment
les en aient encore dégoûtés.

Tous les genres que nous venons d'énumérer étaient
certainement florissants à l'époque de Trajan. Et pourtant, déjà sous Néron, Pétrone affirme que « la peinture
est morte et qu'il n'en reste même plus de trace » ; sous
Vespasien, le premier Pline déclare « que la peinture
est en train de périr » et dans un autre passage « qu'elle
n'existe déjà plus ». Suffit-il de l'exagération familière
aux moralistes satiriques pour expliquer ce ton d'orai-
son funèbre ? Non : les arrêts de Pétrone et de Pline ont
une autre portée. Ce qu'ils voulaient dire, et ce qui est
vrai, c'est que l'art de peindre avait alors cessé d'être
créateur. Ne nous y trompons point en effet : ces peintures de Pompeï et d'Herculanum ne sont point originales ; on a démontré sans peine qu'elles reproduisent
ou remanient des compositions antérieures, empruntées
pour la plupart aux artistes de l'école alexandrine ou
hellénistique, pour parler comme les Allemands (1). A
prendre les choses à l'extrême rigueur, ceux qui décorèrent les maisons pompéiennes furent plutôt des ouvriers que des artistes, puisqu'ils n'inventaient point ;
mais sans rappeler ce que nous avons déjà dit de l'habileté qu'ils déployaient dans l'exécution, si l'on se dit

(1) Boissier, *Promenades archéologiques* (chapitre sur Pompeï).

qu'ils surent combiner des motifs divers, — qu'ils trai-
tèrent avec indépendance, comme on en a la preuve,
des motifs déjà connus, on doit reconnaître qu'avec eux
on a affaire sinon à des artistes de génie, au moins à des
artisans d'un talent supérieur.

Pour être complet, nous n'omettrons point les manifestations de la peinture qui tiennent plutôt du métier
que de l'art.

Telle fut sans doute la peinture de portraits : on avait
alors, dit Juvénal, des faiseurs de portraits à la dou-
zaine, comme nous avons des peintres au mètre. Ils
exécutaient des copies de tableaux représentant les
hommes illustres que les amateurs voulaient placer
dans leur galerie ou leur bibliothèque. Pline le Jeune (1)
prie Sévérus de lui procurer pour son ami Hérennius
de bonnes copies des portraits de Titus Cassius et de
Cornélius Népos. Le portrait dégénérait en caricature
quand il était destiné à un plaideur qui voulait prévenir
les juges contre sa partie par l'exhibition d'un visage
repoussant. Les naufragés portaient ordinairement sur
eux, peintes sur un fond de mer gros-bleu, des images
du sinistre dont ils avaient été les victimes ; c'était un
moyen de solliciter la charité publique. Ceux qui
avaient échappé à quelque grand danger, à quelque pé-
rilleux accident offraient aux Dieux en *ex-voto* des
tableaux commémoratifs. L'art pouvait bien n'être pas
toujours étranger à ces ouvrages, lorsque la commande
avait été faite par un personnage riche, qui s'adressait
à un artiste en renom. A coup sûr, il se déployait du
talent dans la décoration picturale des bûchers impériaux ; le sommet de la pyramide où reposait le cer-

_____

(1) Pline, *Lettres*, IV, 28.

cueil du mort était orné de tableaux où se déroulaient les scènes principales de la vie du souverain. Mais tout cela devenait la proie des flammes, et de pareilles œuvres, destinées ainsi à périr, ne purent jamais être que des improvisations plus ou moins brillantes. Quoi qu'il en soit, une pareille extension du métier atteste que l'art de peindre avait alors, sinon de la grandeur, du moins de l'activité et de la vie.

La mosaïque n'est que de la peinture en marbre et, à Rome, sa destinée se lie très étroitement à celle de la peinture proprement dite. Dans ces maisons, où les murailles éclataient des couleurs les plus riches et les plus joyeuses, le sol ne pouvait rester triste et nu ; on le décora à l'aide des mosaïques.

« Voici comment on procédait pour les exécuter. D'abord on battait bien le sol destiné à les recevoir, ou bien on le tapissait de dalles en pierre ; puis on étendait dessus du ciment lent à sécher et très liant, où l'on enfonçait les morceaux de marbre carrés et bigarrés d'après un modèle dessiné à l'avance. Aussitôt que cette composition était sèche on polissait la surface. Le sol devenait ainsi une masse compacte où ne pouvait pénétrer ni la poussière ni l'humidité (1). »

Les mosaïques les plus ordinaires se composaient de grands carreaux de marbre d'une seule couleur coupés par des plaques de couleurs différentes et affectant diverses formes géométriques, telles que triangles, rectangles, hexagones, etc. ; cela se nommait *pavimentum sectile* ; d'autres fois on plaçait à côté les unes des autres des tablettes carrées figurant les cases d'un damier (*pavimentum tessellatum*). Enfin certaines mosaïques sont

____

(1) *La Vie antique*, de Guhl et Koner.

de véritables tableaux; elles offrent des sujets très-variés, appropriés au goût de celui qui les possède ou à la destination de la pièce où elles sont placées. Dans la *maison du Faune*, à Pompeï, une mosaïque fameuse représente la bataille d'Arbelles; à Pompeï encore, dans la maison du *poète tragique*, se trouve une mosaïque figurant un molosse enchaîné et hurlant avec l'inscription consacrée: *cave canem*. La mosaïque découverte en 1860 sur la promenade de Rheims retrace dés scènes empruntées aux combats de gladiateurs ou aux chasses de l'amphithéâtre. Le plus souvent des natures mortes couvraient le sol des salles à manger; tel était le fameux *opus asarotum*, exécuté à Pergame, par un certain Sosus, et si souvent imité ou reproduit, par exemple dans la mosaïque de Saint-Jean de Latran, œuvre du Grec Héraclite. « Sur le fond blanc sont répandues des feuilles de salade, des coquilles d'huîtres et d'escargots, des écorces de citron, des noyaux, des os rongés, des pattes et des ailes de poulet, des pattes de homard..... etc. Un seul être vivant apparaît au milieu de ces ruines: c'est une petite souris, accroupie, le dos arrondi, l'œil attentif, en face d'une noix qui sort de sa coquille brisée (1). »

Que dire de la musique de ce temps? Absolument rien n'en subsiste. Ce qui est hors de doute c'est que la connaissance s'en vulgarisa et que la pratique s'en répandit. A cette époque de dilettantisme, la musique de chambre ne pouvait manquer d'être en faveur; Martial nous apprend que dans un grand repas on ne peut échapper à des chœurs ou des symphonies; nous savons par Pline que les vers hendécasyllabes, alors si fort à

____

(1) Gébhart, *Essai sur la peinture de genre dans l'antiquité.*

la mode, recevaient des accompagnements de cithare.
La musique de scène faisait aussi de grands progrès, au
moins de grands progrès matériels; des ressources nouvelles et plus puissantes étaient mises à son service, et
l'orgue, inconnu avant Néron, mais très employé alors
(cet instrument est figuré plusieurs fois sur des médailles
de Trajan), lui prêtait ses sonorités puissantes. Nous ne
pouvons douter que les auditions fussent très suivies
puisque l'empereur jugea utile de faire achever le théâtre
de musique (*Odéon*) que Domitien avait commencé à
construire et qui contenait de dix à onze mille places.

Nous sommes arrivés au terme de cette longue revue
des productions artistiques au commencement du second
siècle de l'ère chrétienne; quelle impression en empor-
terons-nous?

Devant les constructions grandioses du Forum de
Trajan, nous admirons le génie de Rome laissant d'immortels témoins de ses victoires, et s'affirmant avec
grandeur et simplicité. Mais nous remarquons aussi
que, lorsque l'art ne peut plus servir, comme fait l'architecture, à traduire la pensée de tout un peuple, lorsqu'il doit exprimer des sentiments individuels, des conceptions particulières, alors il paraît faiblir et languir.
L'invention fait défaut; le respect de la tradition domine; l'initiative, l'originalité sont absentes. — Rome,
qui avait absorbé le monde, commençait à s'absorber
elle-même en un seul homme. La centralisation n'est
qu'à ses débuts; pourtant ses effets se marquent déjà.
Quand son œuvre sera accomplie, la décadence devien-
dra inévitable. Nous y assistons à partir des princes
syriens; mais, dès le temps de Trajan, il n'est pas malaisé de prévoir le moment où l'industrie artistique va
se substituer à l'art véritable.

TABLE DES MATIÈRES

FIN DE LA TABLE DES MATIÈRES

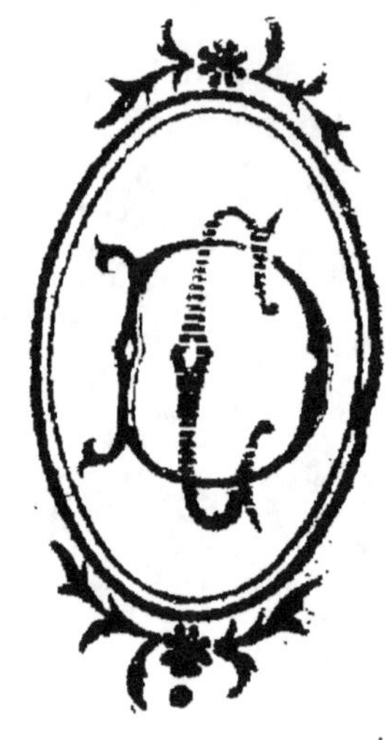

Paris. — Imp. G. Rougier et Cⁱᵉ, 1, rue Cassette.